だから知ってほしい「宗教2世」問題

塚田穂高／鈴木エイト／藤倉善郎 編著

筑摩書房

目次

第Ⅱ部 私たちの声を聞いてほしい
——当事者・実践編

だから知ってほしい「宗教2世」問題

はじめに――いま、「宗教2世」問題を問う

塚田穂高・鈴木エイト・藤倉善郎

二〇二二年七月八日、安倍晋三元首相の銃殺事件が起こった。実行犯は、母親が旧統一教会（現・世界平和統一家庭連合）の信者であり、その母親による多額の献金などによって経済的困窮・家庭崩壊などの状況にあった。それがために、教団と関係の深かった元首相を狙ったのだと取りざたされた。こうした前代未聞かつ言語道断の事件とその実行犯の背景の一つとして、「宗教2世」[*1]問題が急速に社会的にクローズアップされていった――。

このような書き出しをしなければならないこと自体が、ある意味での「ごまかし」に加担しているようで、心苦しい。悩み苦しむ「宗教2世」の存在と、その人たちが抱える問題は、この一年でにわかに発生したものでは決してない。ずっと、ずっと続いてきたものだ。その問題を、われわれとその社会が長らく放置してきたのである。確かに、事件前からも当事者を中心に問題を訴える声はあがっていたし、いくつかの報道や専門家の発信、取り組みも進められてきていた。

しかしそれでも、このような事件を経なければ、これほど大きな社会的注目を集めえなかった現実がある。そんな社会でいいはずがない。そうした悔恨からスタートしなければならない。

本書は、「宗教2世」問題を多角的かつ総合的に論じた論集である。

「宗教2世」とは、「特定の信仰・信念をもつ親・家族とその宗教的集団への帰属のもとで、その教えの影響を受けて育った子ども世代」のことだ。[*2] その定義や範囲、規模などをめぐる問題については、第1章を中心にあらためて述べる。ここでは、日本社会では相当数にのぼるだろうこと、他人事として片づけられないことだけは言っておこう。

その上で、「宗教2世」問題とは、何らかの「宗教2世」当事者が、その帰属や生育環境、家庭と集団における規範や実践の規定力・影響力ゆえに、何らかの悩み・苦しみ・つらさを抱えて生きていかなければならないという人権問題・社会問題のことを指す。当然ながら、「幸せに」、「平穏に」暮らす「宗教2世」もなかにはいるだろう。さまざまな2世がおり、0か100か、白か黒かではないことも当然だ。だが、本書ではあくまでその「問題」の側面に着目するのだ。「宗教2世」問題は、多面的だ。「宗教」や「新宗教」だけの問題でもなければ、「カルト」[*3]だけの問題でもない。家族・親子問題に限定されるものではないし、福祉が唯一の解決策でもない。当事者の声は何ものにも代えがたいが、それだけに立脚して政治や行政のみが取り組めばよいというものでもない。

事件から一年が経ち、「宗教2世」に関するさまざまな報道が積み重ねられた。まとまった本もすでに複数刊行されている。[*4] 報道枠や紙幅が限られたなかで迅速な発信がされてきたことの意義は大きい。だが、この問題の全体像や構造、歴史的展開が的確に把握され、具体的・現実的な解決策がどれほど提示されたと言えるだろうか。当事者の声は大事だが、その蓄積だけで解決に結びつくだろうか。一コメンテーターや、これまでこの問題に特に取り組んでこなかった「識者」などが、「私が考える「宗教2世」論」の類をいくら披歴しても、ただ消費されるコンテンツとして通り過ぎていくだけではないか。それでよいわけがない。

「宗教2世」問題は多面的なのだから、多角的に検討するのがよい。押さえられるべき視点・領域に腑分けし、それぞれの領域の専門家と当事者が、自身の専門や経験に根差して検討し、それを重ね合わせていく作業が必要だ。本書はそれを行う。

本書は大きく、「分析・対策編」と「当事者・実践編」の二部からなり、全二五章で構成される。特に以下の四つの問いを大きな柱として設定し、それに答えていきたい。

①「宗教2世」問題とは何か、どれくらいの広がりをもつ問題か（問題の性質・範囲）
②「宗教2世」問題はなぜ起きてきたのか（問題の構造・背景）
③「宗教2世」問題にどう対処するか（問題解決の方途）
④「宗教2世」問題の当事者は、何を経験し、考え、向き合っているか（当事者の実態）

「宗教2世」問題という共通テーマを論じる各章は、重なり合い、響き合いながらも、少しずつ異なる眺望を提供している。全体を通してみたときに、この問題への俯瞰的視座と、対応・解決への見通しがえられるだろう。第25章「だから、いま、語りたい――さまざまな宗教2世の声」では、多様な当事者一七名それぞれの経験、求める対策、メッセージが述べられている。本書のどこから読み始めてもらってもかまわない。[*5]

われわれは、この問題を本気で解決したいと思い、協働し、全体像と方策を示すことに注力した。社会は、この問題をスルーし、先送りしてはならない。解決には広い社会的理解と取り組みが必要だ。

だから、今こそ知ってほしい、「宗教2世」問題を――。

＊1　本書では、基本的に「宗教2世」と表記する。「1世」なども同様である。ただし、引用・参照した文で「二世」となっている場合は原文を尊重し、そのままとした。なお、「統一教会」「統一協会」表記は、各著者に任せている。

＊2　塚田穂高「「宗教2世」問題　信者だけの話ではない」『朝日新聞』二〇二一年七月一四日夕刊、ほかを参照。

＊3　「カルト」概念と用法をめぐってはさまざまな言説・議論があり、本書での統一的な定義や指示範囲をここで示すことは容易ではない。ただし、「カルト問題」とは人権問題・社会問題であること、主に「宗教」をめぐって取りざたされてきたが、今日ではそれに限らずさまざまな社会的領域において表出しているこ

と、それらの問題が改善・解決されるべきだ、という認識は基本的に共有されている。個々の用法については、各章の執筆者によって幅があることを、ここでことわっておく。

＊4 荻上チキ編著『宗教2世』太田出版、二〇二二年、横道誠編・著『みんなの宗教2世問題』晶文社、二〇二三年、横道誠編著『信仰から解放されない子どもたち――#宗教2世に信教の自由を』明石書店、二〇二三年、ほかを参照。また、当事者の手記類としては、特に冠木結心『カルトの花嫁――宗教二世 洗脳から抜け出すまでの20年』合同出版、二〇二二年、小川さゆり『小川さゆり、宗教2世』小学館、二〇二三年、正木伸城『宗教2世サバイバルガイド――ぼくたちが自分の人生を生きるためにできること』ダイヤモンド社、二〇二三年、ほかを参照されたい。

＊5 各章の本文中、関連する議論が他の章でなされている場合には、「(→第○章)」のように、その章を示した。なお、各章の注で示されたサイトの最終閲覧日は、すべて二〇二三年七月二九日時点である。

第Ⅰ部

「宗教2世」問題、その核心と解決への道

——分析・対策編

1　「宗教2世」問題の基礎知識

塚田穂高

本章では、続く各章の議論にスムーズに入ることができるよう、「宗教2世」問題の基礎知識・理解を共有しておきたい。まず、「宗教2世」とは何であり、どの範囲を指し、どの程度存在するかを示す。次に、「宗教2世」問題とは何かについて、宗教社会学の視点を参照しながら、述べる。さらに、「宗教2世」問題がなぜ起こってきたかについて、その背景と要因を検討する。

1　「宗教2世」とは何か？　どれくらい存在するのか？

「宗教2世」の定義と範囲

「はじめに」で示した通り、「宗教2世」の定義は、「特定の信仰・信念をもつ親・家族とその宗教的集団への帰属のもとで、その教えの影響を受けて育った子ども世代」とする。見ての通り、ここには「新宗教」の語も「カルト」の語も含まれていない。また、この定義自体には「問題」

は含まれていない。ニュートラルな語である。家庭において主に親から特定の教えや考えを教わることは「ふつう」だろう。また、意識していなくとも、地域社会など広い意味での集団のなかで特定の考え方などが伝えられることは広く見られる。その広い意味での「宗教」版の話ということである。その点では、日本社会で暮らす人びと全てが、何らかの「宗教2世」であると言ってもよい。もちろん、それでは広すぎるが、全く他人事というわけではないのだ。

なぜ、「新宗教」としないか。ここ一年の報道などでは、特定の「新宗教」のみが取りざたされているようにも見える。確かに、ある団体の成員に共通して現れる問題に注意する必要はある。だが、「問題」を抱えうるのは、それらの団体だけではないし、新宗教の2世だけでもない。伝統宗教、神道・仏教やキリスト教であっても起こりうる。そこで切り分けることはできない。

なぜ、「カルト2世」としないか。主に三つの理由が考えられる。一つ目は、この語を望まない当事者が少なからずいるからである。「宗教2世」という用語自体、当事者の側から積極的に使われてきた。愛情を持つ親もそこで生まれ育った自分も「カルト」の所属だと言われ続けるのは、とてもつらい面がある。問題性を自覚して批判的に自ら「カルト」と呼ぶのならともかく、「あなたが生まれ育った家と集団はカルトです」と外部から裁断される謂《いわ》れはないだろう。

二つ目は、「カルトか、宗教か」という議論が不毛かつ欺瞞的だからである。「「宗教2世」一般でなく「(新宗教の)カルト2世」の話だろう」などとするのは、伝統宗教の宗教者や随伴者などを中心に見られる姿勢だ。そこには、自分たちは「(しっかりした)宗教」側であって、「カルト」とは別ものだという考えが見え隠れする。しかし、現実はそうではない。繰り返すが、伝統宗教においても、同種の問題は起きうる。それゆえ、連続的に捉える姿勢を取る。

同様に、「カルト」認定の難しさ、煩わしさという問題がある。「これとこれがカルト」と明確に決まっているわけではない。社会的に「カルト」視されることが少ない団体のメンバーであっても、後述するような「宗教2世」問題が起こることはある。その団体が「カルト」かどうかの議論にかまけていて、問題に向き合うことが後回しになってはいけない。その点では、「どれがカルトか」ではなく、具体的にどのような手法によって、どのような社会問題や被害、人権侵害が起きているかに焦点化する「カルト問題」の捉え方と軌を一にするといってよい。[*1]以上から、「カルト2世」かどうかではなく、「宗教2世」の抱える問題とは何か、という姿勢を基本としたい。

次に、「宗教2世」の定義で「特定の信仰・信念」「宗教的集団」とした理由を述べる。いわゆる「宗教団体」に限られないからだ。現代社会においては、「宗教性」「宗教的なもの」は拡散して存在している。[*2]「宗教」とは新宗教や神道、仏教、キリスト教などだけではない。そのような拡散した宗教性を「スピリチュアリティ」と捉えたりもする。こうした考え方は、宗教研究・宗教社会学で広く共有されている。そうすると、明確に「宗教団体」でなくとも、スピリチュアル・グループ、「陰謀論」的集団、政治的集団、各種のセミナー、マルチ商法などにも広い意味での（いくぶん稀薄であっても）「宗教性」が認められることになる。それならば、それらの集団などの影響下で育つかぎり、同種の問題は起こりうる。「宗教2世」とすると、「宗教」団体だけのような印象を与えざるをえないが、カッコを付すのと、定義を広めに設定することで、この種の広がりをカバーしておきたい。

「宗教2世」の規模の推計

では、「宗教2世」は、日本社会にどれくらいいるのだろうか。「宗教」を広く捉えて、国民みな何らかの「宗教2世」としてしまうのは、ある日突然家族が（YouTube経由などで）何かに「ハマる」可能性も含め、他人事としないという意味では大切だが、あまりに広すぎる。もう少し限定的に考える必要がある。前述の通り、「宗教2世」を「新宗教」だけに限定するべきではないが、ここでは参考までに「自覚的な信仰を持った人びと」の割合から推定してみよう。

日本の総人口は、約一億二〇〇〇万人である。さまざまな世論調査において、「信仰あり」と答える人の割合は、質問内容や形式によっても差があり、一割弱〜四割弱とばらつきがある。例えば、二〇一八年のISSP国際比較調査では、「ふだん信仰している宗教がありますか」の問いに「神道」「仏教」などの回答が三六％である。二〇二一年のJGSS（日本版総合的社会調査）では、「信仰している宗教がありますか」の問いに対して、「ある」七・五％、「特に信仰していないが、家の宗教はある」二〇・〇％である。NHK放送文化研究所の二〇一八年調査では、「ふだんから、礼拝、お勤め、修行、布教など宗教的なおこないをしている」が九・七％だ。大学生への大規模調査では、「信仰あり」がだいたい一〇％程度である。なお、日本の新宗教には、かつてではあるが一〜二割の人々が何らかのかたちで関わっているとする概算もある。[*3] このように見てくると、低い方の値を取って一割程度としても、一二〇〇万人くらいの「自覚的信仰者」がいることになる。もちろんその「信仰」の濃淡がグラデーションになっているのは当然のことである。

では、このうち「宗教2世」はどれくらいいるのか。これも正確な数値を得るのは難しい。教団によっても、その割合は異なるだろう。ここでは、宗教社会学者の猪瀬優理による札幌市の創価学会員調査の数値が参考になる（→第6章）。それによると二〇〇二年時点で「第二世代以降」が五一・五％と、すでに半数以上であることが示されている。[*4] 創価学会の場合、それでも活発な布教を続けてきて、新規入会者も近年まである程度はいた（いる）ものと言える。しかしそのような団体でも、世代交代は確実に進んでいるということだ。これ以後、第一世代の方が多くなるということは考えにくい。また、創価学会でこれほどであるならば、少なくとも同時期やそれ以前に発生・伸張した多くの新宗教の方が、いっそう世代交代が進んでいるとみなしてもよいだろう。そのように考えると、「自覚的信仰者」のうち、「2世」は少なくとも半数以上、六〇〇万人以上という数値が得られる。誤差を考えても、「宗教2世」は数百万人以上、と推定できるのである。社会の中のごく一部の層だけが関わることだ、とはとても言えない。

2　「宗教2世」問題とはどのような問題か?――宗教社会学の視点の反省から

「宗教2世」問題という視点

こちらも「はじめに」で示した通り、本書で議論するのは、「宗教2世」問題である。それは、「何らかの「宗教2世」当事者が、その帰属や生育環境、家庭と集団における規範や実践の規定力・影響力ゆえに、何らかの悩み・苦しみ・つらさを抱えて生きていかなければならないという人権問題・社会問題のこと」だ。ここからわかるのは、数百万人と推計された「宗教2世」全員が、「虐待」を受けているとか、経済的に困窮しているとか、「かわいそう」とか「つらそう」とか、ましてや「あぶない」存在だというのでは断じてないということだ。この点は、強調しておきたい。「宗教2世」という存在は、さまざまだ。多様な生を生きている。

しかし、それでも本書が特に焦点を当てるのは、基本的には少なからぬ「宗教2世」が抱える「問題」の側面である(もちろん論者によって、多様な焦点の当て方をしている)。なぜそうするのかといえば、それは社会問題であり、人権問題であるからだ。

問題が取りざたされる団体やその現役信者らはしばしば、「メディアは脱会者や批判者の言説ばかり取り上げる」「幸せに暮らしている信者たちの声も報じるべき」などと言う。さまざまな信者や2世がいることは大前提であるとしても、率直に言って、認識があべこべであり、それらの声を取り上げる必要はない。いや、むしろそれらの「幸せな」声や成功例ばかりを「体験談」として取り上げてきたのが、それらの団体側がやってきたことではないのか。そうした声を聴きたいのであれば、教団サイトで体験談を探したり、機関誌・紙を読めばよい。また、「宗教2世」としての境遇に大きな悩みはなく、さまざまな「宗教2世」が存在することを示したいのであれば、SNSやブログや出版などで自由に発信すればよいだろう。しかし、それらによって、悩み苦しむ2世の存在や、虐待等も含む人権侵害や社会問題の実態が稀釈されたり、隠蔽されたりしてはならない。

別の例を挙げよう。いわゆる「ブラック企業」問題で、過労死するような勤務を強いられている人びとが声を上げる。それに対して、その企業を愛してやまない社員や、おかげで家族を養えている人もいるのだから文句を言うなと封殺する。おかしいだろう。大切なのはその問題性が解決されることなのであって、いろんな社員がいるのを示すことではない。移民やジェンダーの問題、部落差別の問題などでも、なかには何とも思わない当事者や、「成功」している当事者もいる。だが、深刻な差別や格差、偏見、生きづらさなどが実際に存在することが問題なのであって、社会問題としてその面に焦点を当てることに偏りも何もない。「宗教2世」問題の場合も同様だ。

見逃されてきた「宗教2世」問題――社会から、研究から

むしろ「宗教2世」問題をスルーしてきたバイアスこそ、批判的に反省されなければならない。「1世―入信」フレーム（認識枠組み）というバイアスである。それは何か。端的に言えば、社会の関心も、メディアの関心も、さらには学術研究の関心も、「（信仰を持っていなかった）人は、なぜ

（新）宗教に入るのか」にずっと集中してきたのではないか、ということだ。

少し、研究の話をする。宗教社会学・新宗教研究では、これらは入信論・回心論と呼ばれ、基本テーマの一つであった。戦後日本社会では、高度経済成長期を中心に、いくつもの新宗教が発生し、急拡大を遂げていった。それらについて、「なぜ新宗教が伸張しているのか、それは多くの人が新たに入信するからだ」という認識のもとに、その実態や要因の解明に向かったのである。そうすると、自然に、当の教団を通して、教団の協力を得て、熱心な現役信仰者たちに話（主に入信動機）を聴いたり、質問紙を配るという方法が取られたのも無理はないだろう。そこでは体験談も研究の対象となったが、いかに教えに出会い、救われ、紆余曲折や苦難を乗り越えて、現在熱心な信者として活動に邁進し、いかに幸せや喜びにあふれた毎日であるかを証言する、という内容がほとんどであった。このようにアクティブな信仰者の言説が大勢だった。それのみならず、教団・家庭内で信仰から距離を置いている人びとは、信仰について「ねぼけ」て「休眠」しているだけであり、何かのきっかけでいつかは篤い信仰に「目ざめ」るはずだという想定もあった。教団側・篤信者側からすればそうなるだろう。以上は、研究の枠組みの話だが、社会やメディアの関心や見方も、おおむねこうした入信論に近かったのではないだろうか。それは時に、「若者はなぜ新新宗教に入るのか」など、若干の変奏を伴いつつである。

そこに落とし穴があった。2世（研究上は「2世信者」と記すことが多い）、ならびに脱会・離脱者へのアプローチが後回しし、派生的なものになったのだ。『新宗教事典』（一九九〇年）は、刊行時点の新宗教研究の集大成・金字塔だが、六七二ページにも及ぶ本文のうち、「二代目以降の信者の入信プロセス」についての記述はわずか三分の二ページのみであり、「二代目以降の信者に関する調査はほとんどないに等しい」と記されている。[*5] 脱会者についての記述も、批判書の類のリスト以外にはほぼ見当たらない。

筆者が二〇〇〇年代前半に、新宗教の「2世信者」研究を行おうとした際も、研究や報道の蓄積は数えるほどだった。その数少ない例が、前述の猪瀬による創価学会の信仰継承研究であり、まさに多様な2世の姿の可能性を描いていた。[*6] そしてそれは『信仰はどのように継承されるか——創価学会にみる次世代育成』(二〇一一年)に結実した(→第6章)。だがそれも、2世は信仰を「継承」する存在であることに、やはり主眼が置かれていた。筆者の研究は、ある教団の2世のライフヒストリーを扱ったものだが、それも幼少期からのしつけに葛藤を覚えて親元からも教団からも一時離脱していたが「戻ってきた」事例だった。[*7] 当時は、そこに何の疑問もなかった。

脱会者研究も、後手にまわった。猪瀬によるエホバの証人脱会者を対象とする先駆的な研究[*8]などはあったものの、宗教社会学者の櫻井義秀らによる、社会問題としての「カルト問題」研究の展開を待たねばならなかった。一つエピソードを示す。二〇〇〇年代中ごろに、統一教会を脱会した2世のインタビューを行い、研究発表しようと準備を進めていた。しかし、先輩研究者に「学術的にどんな意義があるのか、おもしろさがわからない」と言われ、頓挫した。確かに、メディアなどでは、脱会者による告発的な記事などもあっただろう。しかし、それらはやはり1世らが中心で、いかに「洗脳」や「マインド・コントロール」などをされて「騙された」「苦しんだ」かが主眼だったと言えるだろう。ここでもやはり、「2世」の脱会者・休眠者の存在はスルーされていたのである。

「1世―入信」を関心の中心に据えた社会、メディア、研究。そのなかで、2世は信仰を「継承」する存在であり、脱会者はその「入信」過程を批判的に捉え返す存在であるとの役割を担わされた。このために、問題を抱え、悩み苦しむ「宗教2世」は蚊帳の外だったのである。宗教研究は、その意味で「共犯者」である。その自覚と反省が必要だ。

「宗教2世」問題の種類・内実

こうして「宗教2世」問題が社会的にも学術的にも見過ごされてきたのは、単に関心の中心からはずれていたというだけではない。人権侵害として、その問題性を捉える視点が稀薄だったからだ。では、「宗教2世」問題の具体的な問題性とは何か。腑分けして見ていく。

まず、幼少期からの「強制」である。その宗教等の教えに基づいて育てられ、教えや世界観を教え込まれ、儀礼や布教、集会などへ参加させられる、などである。[*9]「宗教2世」ならびに「宗教2世」問題の定義からしても、この点は「宗教2世」全般にほぼ共通の側面と言えるだろう。

もちろん、どこからが「強制」なのかという問題はある。親が子どもに何かを教えたり、育てたりする際に、あらかじめそのことについて同意を得るのは非現実的だろう。その意味では、「しつけ」一般となだらかにつながっているとも言える。

しかし、その内容が、「地獄に落ちる」「罰があたる」「神さまは見てる」など、恐怖や脅迫を伴うようなものである場合や、教団外の社会や人びとを「悪魔」「サタン」などとして隔絶させるような場合は、どうだろう。親は、それこそが「真理」だと思って教えるわけだが、子どもにとっては一生を規定するような世界認識を植えつけられることになる。大人になったら自由に選んでよいと言われても、自由に選べるものだろうか。児童の権利に関する条約第一四条二項には、子どもの宗教の自由について、「父母及び場合により法定保護者が児童に対しその発達しつつある能力に適合する方法で指示を与える権利及び義務を尊重する」とあるが、この「発達しつつある能力に適合する」をどう見るかにも関わる。また、幼い子どもに儀礼・布教・集会などを拒む自由があるだろうか。それを怠ることが「悪いこと」とされている家庭において、さらには懲らしめのムチ打ちなどが伴う場合に選択の余地はない。だからといって、「子どもに宗教を教えるのを禁じれば」でよいだろうか。

次に、社会の側の偏見である。一般に日本社会における「新宗教」のイメージは、神道・仏教・キリスト教に比べて明らかに悪い。[*10] 新宗教教団に所属し、その信者であること、あるいは「あの家は宗教をやっている」という状況は、それがどの教団であるかにかかわらず、奇異や警戒の眼で見られることがいまだにある。よって、2世の場合も、自らの家の宗教がバレないように注意を払うことが多く見られる。他方、エホバの証人のように、むしろ聖書と信仰に基づいて自らが信者である、よって学校などでできないことがあると「証言」することが信者として尊いとされるケースもある。いずれにせよ、偏見にさらされるのは「宗教2世」共通の状況と言える。端的に言って、これは社会の側の問題なのだから、社会の側が改めるべきことだ。「宗教2世」側が負う必要はない。

続いて、教義的タブー（禁忌事項）による自由の制限である。ここでは、教団等によってかなりのちがいが出てくる。新宗教研究の蓄積から言えば、概して日本の新宗教ではタブーは多くない。他方、一部の教団においてタブーがかなり目立つ。創価学会、天照皇大神宮教《てんしょうこうたいじんぐうきょう》、エホバの証人、統一教会、オウム真理教、などの例が挙げられる。最大の新宗教である創価学会が、この点においては少数派に入っていることが理解をややこしくしている。

世界の諸宗教にもさまざまな戒律があるから、それ自体はふつうなのかもしれない。しかし、それが子どもの自由な成長や選択を阻害するようなものだとすると、話はちがってくる。自由な交遊や恋愛、遊びを禁じる、進学を断念させられたり、教団系の学校進学を強制される、信者同士の結婚を強いられる、布教優先で職業選択の自由がない、などである。個別の例については、各教団を論じた章を参照してほしい。

特に指摘しておきたいのは、医療拒否に関わることである。エホバの輸血拒否は代表例である。また、日本には「手かざし」を実践する教団・団体が数十以上、信者が数十万人以上いる。その実践のあり方には幅もあるが、なかには「手かざし」の万能性を信奉し、薬などは毒であるとし、医療を極端に拒否するケースもある。これが病気を持った子どもに向けられると、適切な処置を受けられず、死亡する例もある。子どもが自由に医療を選択できない状況がありうる。

こうした自由の制限の例は、ムチ打ちのような身体的な「虐待」とは異なる。しかし、心理的虐待やネグレクトには当たりうるもので、対応が必要なケースもある。その際には、厚労省のガイドライン「宗教の信仰等に関係する児童虐待等への対応に関するQ＆A」が参考になる。

なお、これらの問題性は、ケースによって現れ方がかなり異なる。同じ教団であっても、そこまで苦しまない2世もいる。そうすると、それは個人の問題、あるいはその親と家庭の問題なのだろうか。ところが一方で、個人も家庭も異なるはずなのに、ある教団に共通した問題や苦悩が見られるケースも顕著だ。そうすると、それはやはりその教団の特性に起因する問題である。

以上のように見てくると、「宗教2世」問題とは、教団の問題、家庭の問題、社会の問題が絡み合って当事者に立ち現れているものであることが理解できるだろう。

3　「宗教2世」問題が社会問題化した背景・要因

このような「宗教2世」問題が、なぜ今、このタイミングで社会的に顕在化したのか。二〇二二年の事件がきっかけであっても、問題自体が新たに起きたわけではない。もちろん当事者の筆舌に尽くしがたい苦悩と、何とかそれを変えていこうとする当事者らの出現があってこその顕在化なのだが、それだけでなく、背景的・構造的な諸要因を分析して提示する。

日本の宗教状況・教団構造の変化

一つ目は、宗教の変化である。多くの「宗教2世」を生み出してきた新宗教の停滞が大きい。日本の新宗教は、高度経済成長期の社会変動を背景に教勢を伸張させ、何十万・何百万の信者を擁する教団がいくつもできてきた。そこでは新規入信者――1世の存在が大きく、そのリクルートにより成長が可能になった。それと同時に、入信した1世が子を生み、育て、教団の教えを伝えることで2世も同時に増え始めた。ところが、一九七〇年代以降、いくつかの新たな教団が生まれつつも、全体としては宗教性の拡散化も進み、教団組織に所属しての宗教実践が徐々に忌避されるようになった。新規入信者による教勢拡大は、やや頭打ちになってきた。その状況に拍車をかけたのが、一九九五年のオウム真理教事件である。これによって、「宗教嫌い」――特に教団宗教を忌避する状況が進んだ。今や、新宗教に新たに入る人びとが続出し、拡大中といった事例はほとんど見当たらない。日本の教団宗教のほとんどが停滞・漸減状況にある。[*11]

そうすると、新規参入がほとんど見込めないので、教団としては、次世代育成・信仰継承としての「2世」の教化、教団内再生産にウェイトを置くことになる。すでに世代交代も進みつつあり、教団内のボリュームゾーンが「2世」に移ってきていた。本章第一節で確認したように、半数以上からほとんどが「2世」という事態に至っているのである。

親が「正しい」と思う教えを、子どもにも継いでほしいという願い自体は自然なものであるとしても、そこに「教団が衰退していくかも」「教えが伝わらないかも」「家の信仰が途絶えるかも」といった「焦り」が加わるならば、子どもへの縛りは苛烈になっていく。そこには家族変動――少子化も影響を与える。三、四人の子どもがいて、その子らが大らかに信仰を続けていってくれればいいなと考える場合と、一人しか子どもがいない場合では、家庭内の教化の密度も変わるだろう。また性別役割分担のもと、専業主婦が子育てを一手に担っていたような時代状況も規定力を持っただろう。

このように、社会変動・家族変動に基づく宗教変動によって、「宗教2世」自体が増え、その存在の重みが増したこと、それを背景に問題状況を抱える2世もより現れてくるようになったことがまず指摘できる。

メディア環境の変化

2世の増加にともない、悩む2世も増えた、という背景だけでは、社会的な顕在化は説明できない。それを可能にしたのが、SNSの普及に代表されるメディア環境の変化である。脱会者や批判者自体の発信は以前からもあったが、一九九〇年代〜二〇〇〇年代のインターネット上のホームページや電子掲示板の時代を経て、二〇一〇年代にさらにフェイズが変わった。

第一に、SNSの普及・発達が大きい。特にツイッターの存在だ。二〇〇六年にサービスが始まったツイッターは、二〇一五年時点で三一・〇%の利用率、そのうち匿名での利用の割合は七六・五%と高い。さらに、二〇代以下の利用率が五二・八%と、世代的な特性もある。[*12] そうすると、悩む「宗教2世」にとって、意味の大きい環境が生まれる。すなわち、匿名で自由につぶやくことができ、相互参照も可能で、互いにつながることができるのである。自分の思いに対しては、同じような体験を持つ他のアカウントが共感を示し、共有され、拡散される。また、世代間のギャップにより、親世代はそこまでSNSを使わない、見ないということもある。確かに教団公式アカウントや現役の熱心な信者のアカウントもあるが、それらも数多あるアカウントの一つでしかない。SNS上では、組織においては封殺されていたようなことは起こりにくい。また音声会話ができる「スペース」機能などは、匿名のつながりを維持したまま、自助グループ活動などにも応用できる（→第17章）。他方、SNS上でこうしたやり取りが活発化すると、当事者外にも可視化される。拡散の度合いによって、注目されているコンテンツが何であるか、一目でわかるようになり、メディアなどもそこに注目するようになる。

この点は重要だ。二〇一〇年代に入って、2世らの手記・エッセイコミックが次々に刊行された（→第2・10章）。佐藤典雅『ドアの向こうのカルト――九歳から三五歳まで過ごしたエホバの証人の記録』（二〇一三年）、坂根真実『解毒――エホバの証人の洗脳から脱出したある女性の手記』（二〇一六年）、高田かや『カルト村で生まれました。』（二〇一六年）、いしいさや『よく宗教勧誘に来る人の家に生まれた子の話』（二〇一七年）、たもさん『カルト宗教信じてました。――「エホバの証人2世」の私が25年間の信仰を捨てた理由』（二〇一八年）など、枚挙に暇がない。注目したいのは、そのうちのいくつかはウェブ掲載・連載、ツイッター投稿などから始まっていることだ。いしいさやは、認知行動療法の本を読んで、自分のつらかった経験、その時の感情をマンガに描き、ツイッターに投稿したところ拡散され、連載、書籍化に至ったと語っている。[*13] 菊池真理子『「神様」のいる家で育ちました――宗教2世な私たち』(二〇二二年)も、もとになったウェブ連載がすでに評判を呼んでいた。冠木結心《かぶらぎけいこ》『カルトの花嫁――宗教二世　洗脳から抜け出すまでの20年』(二〇二二年)は、kindleでの手記の電子書籍出版がもとである。脱会者による書籍はそれ以前にもあったが、よほどの著名人か、特異な経験をした者による手記類や、あるいは教団批判ものがほとんどだった。ひとりの2世の体験談・人生記を出版するハードルは高かっただろう。しかし、SNS時代になって、出版社にもそのニーズが可視化された。すでにウェブやSNS上である程度の反応があり、反響が見込まれる。エッセイならびにエッセイコミックの盛り上がりなどもあり、「宗教2世」の声が社会的に顕在化する流れを後押ししたと言えるだろう。

虐待や家族問題への社会的認知の広がり、当事者重視の流れの進展

2世の数が増え、その問題や悩みがSNSやメディアで発信されたからといって、それだけで社会問題にはならない。それを受け止める社会の側の認識の醸成が必要不可欠だ。その点で言えば、虐待や家族問題などを人権問題や社会問題として受け止め、当事者の声に耳を傾けられる段階にようやく社会が至った、ということでもある。

かつては、それぞれの家庭にはそれぞれの方針があり、「しつけ」だとされた。そこにさらに、

「宗教のことはノータッチ」という捻じ曲がった「信教の自由」認識が加わり、不介入どころか遠ざける姿勢が貫かれてきた。それが「宗教2世」の苦しみを増幅させた面は否めない。

アダルト・チルドレンという概念は一九八九年に日本に紹介され、生きづらさが親との関係に起因すると考える人びとの存在が少しずつ社会的に認知されるようになっていった（↓第12章）。「毒親」概念も、一九八九年のスーザン・フォワード *Toxic Parents* が一九九九年に邦訳され、二〇一〇年代以降、広く使われるようになっていった。二〇〇〇年には児童虐待防止法が制定された。親子関係・家族関係は「不可侵」なものではなく、「つらい・ひどい親子関係」は存在し、それらを語ってもよい、介入も必要だという認識が醸成されていった。むしろ「宗教2世」問題については、「宗教」であることによって、この認識の到達が遅れたと言ってもよいかもしれない。ある宗教2世が筆者に語ってくれたことがある。「この宗教の家に生まれたから、こんなにいろいろ自由を制限された」とSNSでつぶやいたが、ほとんど広まらなかった。同じエピソードエピソードを「こんな毒親のもとで育ちました」とつぶやいたら、バズったと。この話は、示唆的である。同じもちろん「宗教2世」問題は、家族問題・親子問題だけではないことは繰り返しておくが、社会の受け止め方という点で、ちがいがあるということだ。

また、障害者や高齢者、女性、子ども、患者など、社会的に弱い立場に置かれた当事者の声に耳を傾け、社会の側も対応し、ケアしていくという流れも重要である。[*14] さまざまな自助グループにおける実践の重要性が、社会的に認められていった過程がある（↓第16章）。

こうしたさまざまな流れに、ようやく「宗教2世」問題が乗り、社会的に認知されたのだ。

おわりに——社会の側でできることから

以上の検討から、いまなぜ「宗教2世」問題か、を示すことができただろう。問題の構成、内容、背景などがクリアになれば、それぞれに応じた対策も立てやすくなる。では、どのような対応や施策が必要か。個々の処方箋は、続く各章で検討され、示される。

筆者としては、一点だけ特に指摘しておく。それは学校教育という場の重要性である。「宗教2世」も、基本的には多くの時間を一般の学校で過ごす。「家の信仰」を持ちつつ、それを持たない多くの他者のなかでどう生きられるかが、かなり重要な意味を持つ。教団外の他者としての教員や同級生の対応によって、救われもすれば、疎外感を強めることもある。仮に「外の世界は悪」だと教え込まれているのならば、「そうでもない」といかに実感させられるか。その点は、社会の側でできることにも通じてくる。そうすると、われわれも「当事者」ではないだろうか。

＊1　塚田穂高「「カルト問題」にどう向きあうか？——カルト、偽装勧誘、マインド・コントロール」大谷栄一・川又俊則・猪瀬優理編『基礎ゼミ 宗教学』世界思想社、二〇一七年、七六—八四頁、ほか。

＊2　高橋典史・塚田穂高・岡本亮輔編著『宗教と社会のフロンティア——宗教社会学からみる現代日本』勁草書房、二〇一二年、ほかを参照。

＊3　以上のデータの出典は、小林利行「日本人の宗教的意識や行動はどう変わったか――ISSP国際比較調査「宗教」・日本の結果から」『放送研究と調査』二〇一九年四月号、五三頁、JGSS「信仰する宗教の有無」回答（https://jgss.daishodai.ac.jp/surveys/table/DORL.html）、NHK放送文化研究所編『現代日本人の意識構造［第九版］』NHKブックス、二〇二〇年、巻末二一頁、國學院大學日本文化研究所編『学生宗教意識調査　総合報告書（一九九五年度～二〇一五年度）』國學院大學日本文化研究所、二〇一七年、井上順孝・孝本貢・対馬路人・中牧弘允・西山茂編『【縮刷版】新宗教事典 本文篇』弘文堂、一九九四年、iii頁。

＊4　猪瀬優理『信仰はどのように継承されるか――創価学会にみる次世代育成』北海道大学出版会、二〇一一年、八六頁。

＊5　渡辺雅子「入信の動機と過程」井上順孝・孝本貢・対馬路人・中牧弘允・西山茂編『新宗教事典』弘文堂、一九九〇年、二〇八頁。

＊6　猪瀬優理「信仰継承に影響を与える要因――北海道創価学会の調査票調査から」『現代社会学研究』第一七巻、二〇〇四年、二一―三八頁。なお、宗教社会学者の川又俊則は、日本のクリスチャンを事例に「信者周辺」「信仰グラデーション」という概念を提示して、必ずしも教会に継続的に通うのではない多様なクリスチャンの姿を捉え、描こうとしていた（「信者とその周辺――クリスチャンの自分史を中心に」大谷栄一・川又俊則・菊池裕生編著『構築される信念――宗教社会学のアクチュアリティを求めて』ハーベスト社、二〇〇〇年、一一―三四頁）。こうした試みを踏まえていれば、「宗教2世」問題の学術的・社会的発見ももっと早かったかもしれない。

＊7　塚田穂高「「2世信者」の信仰形成の過程と教団外他者」川又俊則・寺田喜朗・武井順介編著『ライフヒストリーの宗教社会学――紡がれる信仰と人生』ハーベスト社、二〇〇六年、八二―一〇四頁。

＊8　猪瀬優理「脱会プロセスとその後――ものみの塔聖書冊子協会の脱会者を事例に」『宗教と社会』第八号、二〇〇二年、一九―三七頁。なお、他に（社会）心理学領域からの脱会者研究がある。

＊9　宗教的行事への参加強制という点ですぐに想起されるのは、日本国憲法二〇条二項「何人も、宗教上の行為、祝典、儀式又は行事に参加することを強制されない」である。もちろん一般的には立憲主義に基づく

のならば、これは戦前の反省から、国や自治体、公的機関が強制することを禁止したものと解される。しかし、「信教の自由」がカルト問題の展開によって、教団や私人の間における「信仰を強制されず、自分で自由に選べる自由」をも意味するようになったのならば、本条項も、教団や親によっても参加強制をされないことをも示していると解せないのだろうか（↓第2章）。

＊10 石井研士『データブック 現代日本人の宗教 増補改訂版』新曜社、二〇〇七年、九九頁、一〇四頁。

＊11 塚田穂高「日本の〈新宗教運動＝文化〉研究の課題と展望」『國學院大學研究開発推進機構紀要』第八号、二〇一六年、一一―三五頁、ほかを参照。

＊12 総務省『情報通信白書　平成二七年版』、二〇一五年、二〇九頁。

＊13 いしいさや『よく宗教勧誘に来る人の家に生まれた子の話』講談社、二〇一七年、一五二―一五五頁。

＊14 中西正司・上野千鶴子『当事者主権』岩波新書、二〇〇三年、ほか。

（つかだ・ほたか　宗教社会学者）

2　カルト問題のなかの2世問題

藤田庄市

カルトは、宗教2世の人権をまるごと侵害する。本質の骨格を取り出せば、そう言わざるを得ない。生殺与奪の権を握る親＝教団は、親に対する子どもの本能的・根源的な情愛をいいことに、2世を、主観的な「子どもの救い」のために宗教システム（教義、儀礼・修行、人間関係など）の中に投げ入れ、社会に対しては「信教の自由」を主張し、自ら内閉化し、ほしいままに活動してきた。そのため、2世について看過できない問題が、社会に知られることなく置き去りにされてきたのが実情である。むろん、具体的様相はきわめて複雑多岐にわたる。

本論は、孤立を余儀なくされ、苦悩してきた宗教2世たちの問題を、年表形式の展開史をもって提示したい。問題の経緯と重大さを確認してほしい。

1　「宗教2世」問題の展開史

・一九八五年六月　エホバの証人。神奈川県川崎市で、交通事故に遭った一〇歳男児の両親が信仰を理由に輸血拒否。男児は死亡。（一九八八年に神奈川県警は、死亡と輸血拒否は因果関係がないとして両親と医師について刑事責任を問わない方針を固めた）

・一九八六年一一月　真理《みち》の友教会（和歌山市）の「神の花嫁」七人が、前日に病死した教祖・宮本清治《きよはる》の後を追って、近くの浜の宮海岸の砂浜で焼身による「殉死」。七人のうち教祖の妻と未婚の五人は同教会の2世。

・一九八八年一二月　消防隊員の父親が、風邪をこじらせた一九歳の長男を、自分の信じる新宗教の祈りで治そうとして信者数人と祈り続けたが、風邪が悪化し死亡。

※一九八九年　第四四回国連総会にて「児童の権利に関する条約（子どもの権利条約）」が採択され、一九九〇年に発効。第一四条に「思想、良心および宗教の自由についての児童の権利を尊重する」とある。日本は一九九四年に批准。（以下、事件項目以外は冒頭に※印を付す）

・一九九〇年三月　エホバの証人。静岡県浜松市で高校生がオートバイ事故に遭い、エホバの証人の家族が輸血拒否。医師は輸血をしない範囲で治療したが死亡。

・一九九〇年八月　オウム真理教の母親信者四人が子どもを連れて出家。その夫たちが母親に対して子どもたち一一人の人身保護請求を大阪地裁に提訴。裁判所は子どもたちに国選代理人をつけ、代理人は教団現地調査を行った結果、「子どもたちの将来を考えると、父親にひき渡すのが妥当」との意見書を提出。九月の判決で中学生を除く一〇人が父親のもとに戻された。

・**一九九二年四月** エホバの証人。神戸市立工業高等専門学校の学生信者が剣道実技の授業を受けなかったため二年連続留年し、内規により退学処分。学生は神戸地裁に処分取り消しを提訴。地裁では敗訴したが、九四年、高裁で逆転勝訴。九六年に最高裁で確定し、四月に復学した。信者子弟が子ども時代からどのような環境で信仰が形成されたかは、争点にならず。

・**一九九三年一一月** エホバの証人。広島市の信者夫婦が体罰をくり返していた四歳児を一晩中裸のまま縁側に放置し凍死させた。刑事事件となり、九四年、広島地裁は父親を懲役三年執行猶予四年に処した。報道では「しつけ」のためとされた。

・**一九九五年四月** 全国で強制捜査中のオウム真理教施設から子どもの強制保護がなされ、各地の児童相談所に送られた。総数は全国で一一〇人に上った。報道されたが続かず。

・**一九九五年七月** 福島県須賀川市の女性祈禱師宅で六人の変死体が発見された。そのうちの一人は、両親とともにその家に同居していた「宗教2世」の高校生。死亡する前に生活指導担当の教師が異変に気づき警察に相談したが、「家庭の宗教」を理由に対応してもらえなかった。

※**一九九五年** 山口和孝（教育学）が、論文「子どもの意思表明能力と信教の自由」で子どもの信教の自由を正面から提起。一九九七年に「子どもの宗教選択の自由と国家の宗教的中立性」を発表。

※**一九九六年三月** 元・現エホバの証人の青年の連絡会「フィリップスの未来」を秋本弘毅らが

設立。機関紙「あんどれいあ」（季刊）を発行。九七年一〇月にホームページ「エホバの証人の子供たち」を開設。九八年一二月に秋本弘毅『エホバの証人の子どもたち』刊行。

・一九九八年一一月　ヤマギシ会が同年四月〜五月に学校法人設立の認可申請。共同生活のヤマギシズム実顕地における小中学生の生活のあり方については以前から社会的批判があり、三重県が小学生一九〇人、中学生二一七人に対しアンケート調査。「世話係に殴られたことがある」小学生八五・三％、中学生七九・七％。「逃げ出したいとおもったことがあるか」小学生七四・二％、中学生八六・六％。なお、九九年に認可申請を取り下げ。

・一九九九年一一月　千葉県警の捜索により自己啓発セミナー「ライフスペース」の関連施設で見つかった九歳〜一七歳の子ども九人を、東京都児童センターは児童福祉法に基づき一時保護。

※二〇〇〇年前後　「エホバの証人ピアサポート陽だまり」開設。以後、二十数年にわたる活動のなかで数百人の相談に応じた。

※二〇〇〇年ごろ以降　インターネットの普及にともない、2世自身の恨みや怒り、あるいは教団が隠していた情報などがネット上に多く現れるように。ネット上の2世の交流も生まれた。エホバが目立ち、元エホバ2世の大下勇治のホームページは先駆的存在。大下は2世のオフ会も開催し、ネット連載を二〇〇五年に『昼寝するぶた　ものみの塔を検証する！』として出版。

・二〇〇〇年一月　「波動療法」を行っていた宗教団体「加江田塾」（宮崎市）で乳児と六歳のミイラ化した遺体が見つかった。病気で預けられた男児で、医療的治療を施されずに死亡。お清めと称し、放置されたもの。主宰者の男性は一九八六〜八九年まで統一教会員だった。

・二〇〇〇年五月　自称超能力師の女性が、喘息の持病のある一歳八カ月の男児に気功や祈禱を行っていたが、死亡。生き返らせるとして両親とともに遺体を損壊した。

※二〇〇〇年一一月　「児童虐待の防止等に関する法律」（通称「児童虐待防止法」）施行。

※二〇〇〇年一二月　米本和弘『カルトの子――心を盗まれた家族』刊行。

※二〇〇二年三月　『日本脱カルト協会会報』第七号所収「カルト集団における虐待」において2世問題を掲載。

※二〇〇二年四月　統一教会祝福2世の大山安正が手記『「人を好きになってはいけない」といわれて』を刊行。

・二〇〇四年四月　自己啓発セミナー「ホームオブハート」の栃木県那須町の施設などに、同県北児童相談所が立ち入り調査。子ども五人を保護。

・二〇〇五年四月　聖神《せいしん》中央教会（京都市）の主管牧師が、信者の女児たちに対する強姦容疑で逮捕。後に女性幹部二人も逮捕。牧師は懲役二〇年の判決。事件は大きく報道された。主管牧師は一九八八年にも信者の娘に性的虐待をし、一時韓国に逃亡した前歴があった。

・二〇〇五年七月　真光元《まこも》神社の「次世紀ファーム研究所」に滞在していた小児糖尿病I型の一二歳の少女が、インシュリンを打たれずに死亡。

※二〇〇七年三月　紀藤正樹・山口貴士『カルト宗教――性的虐待と児童虐待はなぜ起きるの

か』刊行。「本書は、カルトが必然的に引き起こす信者や構成員への人権侵害、とりわけ弱者である女性への虐待や児童虐待について、詳細に論じたわが国初の単行本」（はじめに）。
※二〇〇七年五月　土光四郎『引き裂かれた二十年――私と五人の子供たち――「鐘の音」』刊行。オウム真理教の出家した子どもへの虐待や、裁判、行政の対応について書かれている。
・二〇〇七年九月　紀元会（大和神社。長野県小諸市）で信者が暴行され死亡。三三人（女性三〇人、うち未成年者四人。男性は三人）が逮捕された。報道では主犯の女性は「教団創始者」の娘と称していたという。一〇代〜三〇代が多く、2世が多かったと推定される。
・二〇〇七年一二月　「神世界《しんせかい》」（ヒーリングサロン）グループの霊感商法事件。一一年八月、2世の教祖らが組織的詐欺容疑で逮捕。一三年に最高裁で懲役四年六カ月の実刑判決。
※二〇〇八年　統一協会被害者家族の会に、2世からウェブサイトを見たと急に相談が寄せられるようになった。カルトの被害相談組織には数年前から2世の相談が入り始めていた。
※二〇〇九年一〇月　藤倉善郎、鈴木エイトによりウェブ新聞「やや日刊カルト新聞」発刊。同サイトは2世問題も積極的に報道。
※二〇〇九年一〇月　全国霊感商法対策弁護士連絡会（全国弁連）主催の全国集会で、統一教会の「信仰2世」の女性が体験を語った。
・二〇一〇年一月　宗教団体「新健康協会」（旧、晴明教。福岡市）の2世信者夫妻が、アトピー性皮膚炎の乳児に医療を受けさせず死亡させ、殺人容疑で逮捕。夫妻は病気が治るとして同会が

提唱する「浄霊」をくり返していた。過去にも、信者の子ども2人が死亡していた。

※二〇一一年三月　『日本脱カルト協会会報』第一六号に「特集Ⅱ「2世が語る、脱会と回復」」掲載。

・二〇一一年八月　中山身語正宗《なかやましんごしょうしゅう》玉名教会（熊本県長洲町）で、中学生の娘に悪霊が憑いていると、僧侶と父親がいすに縛りつけ、六時間滝行をさせ、窒息死させた。

※二〇一〇年代後半以降　インターネットから出版界へと2世の発言の場が広がる。2世自身の自伝が多く出版され、教団＝親による虐待のさまと苦悩が当事者によって明らかにされた。とりわけエホバ2世が続々と自伝を上梓した。いしいさや『よく宗教勧誘に来る人の家に生まれた子の話』（二〇一七年）などマンガも目立つ。

※二〇一二年三月　全国弁連主催の全国集会で、統一教会の「祝福2世」の女性が体験談を発表。高校生の時、恋をしたため親に監禁され、脱走、野宿を繰り返し、自死を決意したという内容。

・二〇一三年七月　千葉県茂原市で女子高校生（一七歳）が行方不明。二カ月後に自宅近くの神社の社殿の中で制服姿のまま発見された。統一教会現役信者のブログによると、彼女は合同結婚の両親をもつ祝福2世。信仰の強制から逃れようとして家出したものとみられる。

・二〇一五年九月　幸福の科学2世信者の高校生が祖父母を殺害。教団が運営する学校への進学費用目当ての犯行だった。

・二〇一六年一一月　『実名告発　創価学会』刊行。組織の官僚化・権威化を批判した三人の創価学会2世職員が、二〇一二年に「宗教法人の業務の遂行を著しく妨害する行為にあたる」として懲戒解雇され、一四年に除名された経緯を中心に告発。安保法制に反対した創価学会員への本部の対応についても言及する。

※二〇一六年　『日本脱カルト協会会報』第二三号に「特集　カルト「二世」問題を考える」掲載。「学校などのカウンセリング現場では既に「二世」問題が認識され始めており」とある。

・二〇一七年二月　若手女優の清水富美加が幸福の科学へ「出家」。三月四日付の「やや日刊カルト新聞」は社説で「清水富美加出家騒動の本質はカルトの2世問題」と論じた。

※二〇一八年六月　鈴木エイト「「親の付属品」脱け出した」（『ＡＥＲＡ』二〇一八年六月一一日号）は、マスメディアで、「新宗教元2世信者」という表現で2世問題を取り上げた嚆矢。

※二〇一八年一〇月　ライブハウスのネイキッドロフト（横浜市）でトークショー「「宗教2世だョ！全員集合！」〜信仰ある人もない人もみんな集まれ〜」。

・二〇一九年一月　「ＭＣ《ミロクコミュニティ》救世神教」（三重県津市）の研修会に参加した一〇代〜二〇代の男女が麻疹《はしか》に集団感染。同教管長は2世、信者たちも2世だった。

※二〇一九年八月　女性用ケアハウス「ＬＥＴＳ仙台」設立（所長・松田彩絵）。宗教2世も対象（→第11章）。

※二〇二〇年五月　情報共有サイト「宗教2世ホットライン」（→第19章）開設。

※二〇二〇年五月　横道誠主宰の当事者自助グループ「宗教2世の会」発足（→第16章）。

※二〇二一年二月「Compassion　井上嘉浩さんと共に、カルト被害のない社会を願う会」の機関誌『悲　Compassion』二号は、「カルト脱会後の深刻な後遺症」問題として2世の苦悩をとりあげた。なお同誌三号（二〇二二年一一月）は「宗教2世」を特集。
※二〇二一年　インターネット、出版に加え、テレビ番組でも2世問題が取り上げられた。しかし、教団名は伏せられ、親子問題に焦点を当てる傾向が目立った（↓第10章）。
・二〇二一年二月　NHK・Eテレ「〝神様の子〟と呼ばれて～宗教2世　迷いながら生きる～」（「ハートネットTV」、九日）。
・同五月　NHK総合「宗教2世　親に束縛された人生からの脱出」（「逆転人生」、一〇日）。
・同五月　NHK関西「私たちは〝宗教2世〟見過ごされてきた苦悩」（「かんさい熱視線」、二八日）。
※二〇二一年八月　カルト問題学習会（鈴木エイト代表）発足。宗教2世問題を集中的に検討。
※こうした動きをうけて、『現代用語の基礎知識二〇二二年版』（二〇二一年一一月刊）の「今日の論点　宗教（塚田穂高）」のタイトルは「「宗教2世」問題の沸騰は何を問いかけるか」。
・二〇二二年二月　集英社ウェブサイトの菊池真理子の連載マンガ『「神様」のいる家で育ちました～宗教2世な私たち～』（二〇二一年九月～二二年一月）に幸福の科学からクレームがあり、一〇日には全五話とも「公開終了」。同年一〇月に文藝春秋より刊行（↓第10・13章）。
・二〇二二年七月　安倍晋三元首相が八日、参院選応援のため奈良市で演説中、狙撃殺害される。現行犯逮捕されたのは山上徹也（当時四一歳）。母親が統一教会信者となり高額献金、育児ネグレクトなどで、家庭も徹也の人生も破壊された恨みが動機。

同事件後、統一教会の「霊感商法」被害をはじめ、主に自民党安倍派政治家、地方政治家との隠された癒着と政策への影響、相互利用関係が不完全ながら明らかになった。また、統一教会の地方行政や社会への浸透度もわかってきた。

さらに、狙撃犯の山上徹也が「統一教会2世」だったことから、宗教2世の存在が注目されると同時に、統一教会のみならずエホバの証人など、多くの2世たちがSNSを駆使し、またマスメディアに登場して実情を訴え、意見を述べた。国会では野党が「旧統一教会問題に関する国対ヒアリング」を持続して開き（二〇二三年三月二〇日現在、計四四回）、2世たちから事情聴取を重ねた。自民党のごく一部の議員もヒアリングを行った。元統一教会2世信者の小川さゆり（仮名）はメディアに素顔を出し、訴えのリアリティーともあいまって象徴的存在となった（翌二〇二三年三月に小学館から『小川さゆり、宗教2世』を刊行）。

以上、統一教会問題ならびに「宗教2世」問題が、マスメディアの集中的な調査報道によって、かなりの正確さで広く社会に知られ、政治・行政を動かすことになった。下記は二〇二二、二三年の主な動きである。
・二〇二二年一〇月一七日　岸田文雄首相が衆院予算委員会で宗教法人法にもとづく報告徴収・

質問権を行使して、統一教会の実態解明をめざすと表明。

・一〇月一七日　消費者庁「霊感商法等の悪質商法への対策検討会からの提言」。同提言の総論④において、相談対応として「特にこどもの立場に立って、児童虐待からの保護はもちろん、いわゆる宗教2世に対する支援を行う必要がある」と明記。

・一二月九日　宗教2世らが呼びかけたインターネットによる統一教会法人解散請求署名約二〇万五〇〇〇筆が、文化庁宗務課に提出された。

・一二月一〇日　国会で不当寄付勧誘防止法（救済新法）が成立。付帯決議において「宗教2世を含むこども」について「法的支援にとどまらず」精神的支援、虐待や困窮問題の支援体制の構築を明記。「成人した宗教2世」については、心の悩み、社会参画への支援体制構築に言及。

・一二月二七日　厚生労働省子ども家庭局長が「宗教の信仰等に関係する児童虐待等への対応に関するＱ＆Ａ」を都道府県知事、市町村長へ通達。

※一〇月　日本脱カルト協会（西田公昭代表理事）が、宗教2世の支援について、諸大臣あてに要請書を提出し、記者会見をひらいた。

※一一月　冠木結心《かぶらぎけいこ》『カルトの花嫁――宗教二世　洗脳から抜け出すまでの20年』刊行。荻上チキ編著『宗教2世』刊行。編者のラジオ番組を基にしたもので、同書掲載の「社会調査支援機構チキラボ」によるウェブ上の宗教2世アンケート調査の回答者は「創価学会四二八名、エホバの証人一六八名、旧統一教会四七名、その他三三五名」。なお、この調査によって、創価学

会2世の苦悩が量的に明らかになった。ウェブ上では、正木伸城《のぶしろ》（創価学会前理事長の長男）らの手記が六月から掲載された（↓第14章）。正木は二〇二三年六月、『宗教2世サバイバルガイド』を刊行。なおマスメディアは、創価学会2世をほとんど取り上げていない。

※一二月　宗教2世一一人により「宗教2世問題ネットワーク」（監事、阿部克臣弁護士）発足。同ネットワークは「宗教2世問題の防止啓発活動を行い、宗教2世の権利擁護をはかり、その生きづらさの緩和と解消を目指すことを設立活動の目的」とする。

※一二月　リンク総合法律事務所（紀藤正樹所長）から、宗教2世の相談・支援に尽力してきた竹迫之《たけさこいたる》（日本基督教団牧師）に「リンク人権賞」が贈られた。

※一二月　「現代用語の基礎知識選　二〇二二ユーキャン新語・流行語大賞」のトップ一〇に「宗教2世」が入った。

※二〇二三年一月　加藤勝信厚生労働大臣は、統一教会の信者間での養子縁組について、「行政指導の局長通知を発出する」と述べ、養子縁組斡旋法違反にあたる行為が行われないよう教団に求める考えを示した。収集した情報は捜査機関に提供し、同省の調査も引き続き進める。

※一月　「エホバの証人問題弁護団」設立。弁護士とアドバイザーの医師などから成り、情報集積・法的見地からの検討、社会的対応を行う方針。「むち打ち」や「輸血拒否」など虐待の実態調査をふまえ、同年二月に厚労省に情報提供と記者会見を行った。マスメディアは「エホバの証人」と教団名を明示し、報道した。

※二月　横道誠編『みんなの宗教2世問題』および同編・著『信仰から解放されない子どもたち――#宗教2世に信教の自由を』刊行。

※三月　厚生労働省は、統一教会の信者向けのハンドブック（改訂版）の養子縁組の内容に懸念点があると指摘。養子縁組された2世が苦しみの声をあげるなかで、改訂版でも養子縁組を推奨している記載があり、児童福祉法などに照らして適切でないと教団に通知した。

※三月　「エホバの証人ピアサポート陽だまり」を発展解消し、一般社団法人「宗教2世支援センター陽だまり」（秋本弘毅理事長）設立。エホバ、統一教会、創価学会の2世の支援を主に想定。

※三月　宗教2世支援の一般社団法人「スノードロップ」（夏野なな代表）を、元2世が設立。

※三月　エホバの証人元2世信者らの「JW児童虐待被害アーカイブ」が、「むち打ち」に関する実態調査結果を厚生労働省に提出した。二〇二二年にインターネットで調査したもの。「むち打ち」の時期については、2世信者二一七人のうち一六二人が未就学児の頃からと回答。

※三月　宗教2世と、弁護士、末冨芳《すえとみかおり》日大教授が、児童虐待防止法への「宗教虐待」の明記と、教団による組織的虐待に対する「第三者虐待防止法」立法化等を求める要望書を、国会議員、厚生労働省に提出し、記者会見を開いた。

※三月　厚生労働省は、エホバの証人の元宗教2世から児童虐待行為の指摘があったことから、事実確認を行った。教団は、児童虐待を容認していないと回答。

※三月　統一教会の宗教2世などの有志が設立（二〇二二年一二月一日）した「統一訣別統一地方選

実行委員会」（代表・もるすこちゃん）は、同教会と関係のあった都道府県議会議員と政令指定都市市議のデータベースをネット配信し、候補者に決別を呼びかけた。データによれば上記議員三七〇〇人強のうち、約一〇%が統一教会と関係をもっていた。同代表は、政治家の教団行事参加は信者の信仰を強化し、献金の励みになる、という。[*1]

2 「宗教2世」問題、突然の可視化

安倍元首相狙撃殺害事件後、山上の状況が知れると、宗教2世が自らを彼に重ね合わせてSNSで声を上げた。注目すべきは、統一教会2世だけではなかったことだ。ある元オウム2世は「（山上の）生い立ちを聞いたときに、崩れおちるような気持ちがした」という。[*2] エホバの元2世たちは、統一教会元2世とともに積極的に発信し、行動した。

そうした状況下、かつて統一教会の献身者だった1世の元食口《シック》（信者）から、筆者に印象的なメールがあった。それは、2世の親である1世の本質を、宗教や個々人の多様性を超えて鋭く突くものだった。

「2世の問題の根源は1世。1世は抱えている悩みの為の正解をもらい（幻想ですね）、悩まないですむかわり、悩む自己を放棄して、偽りの自由と解放を得た気分になっているように思ったりしています」

メールを筆者なりに解釈しよう。

社会のただ中、カルト1世信者の日常は信仰による幻想に包摂されており、実生活はリアルであるはずだが、主観を蔽う「自由と解放」が「偽り」とは気づきようもない。表面の日常意識は生きがいを感じている。

統一教会信者であれば、「地上天国」実現を担う優越意識の中におり、その実、意識下には棄教＝堕地獄の恐怖が潜んでいる。正体を隠して霊能恐喝による献金に導く伝道に狂奔し、政治や行政に触手を伸ばす運動員になる。エホバの証人信者であれば、ハルマゲドンで生き残れるのは自分たちだけという選民意識と、裏返せば、滅ぼされ「永遠の命」は得られないという恐怖。そのためひたすら伝道に励み、組織の指示に従う。

2世はそうした親から生まれ、繰り返せば、生殺与奪の権を握られて、信仰による幻想生活のなかで育てられる。心は、教団＝親の信仰と価値観を所与のものとして、呪縛と気づくことなく、偽りの人生の目的を与えられて成長する。統一教会、エホバの証人の子どもたちは日常生活や進路、結婚にまつわるタブーゆえに、教団コミュニティの中でしか生きられないように仕向けられる。2世にとっては、その幻想と偽りの世界こそがリアル生活そのものである。ここが1世と決定的に違うところだ。

しかし2世がさまざまな理由で教団から離れたり、コミュニティを出たら、リアル社会のなかでひとり生きる以外にない。子どもの時からの宗教が「幻想と偽り」だったと気づき、信仰にケリをつけたとしても、彼らの思考枠組みも行動様式もカルト時代のものしかない。これまでの

「リアル」は、世間のリアルと正面衝突せざるを得ない。

どうなるか。以下は、カルトいかん、家庭いかん、個性いかんを超えた、本質をつく宗教2世像である。

「社会常識が身についていない、人間関係の基本ができていない、スキルや技能の面で劣る、人と接するのが苦手など。これでは海図と羅針盤なしに航海せよと命じられるようなもので、人生において、難破しないほうがおかしい」

社会への適応困難に宗教2世はえんえんと苦しむことになる。これは、筆者あての私信に綴られてあった、人間への洞察力に富んだある人物の把握した2世の姿である。その人物は、獄中にあったオウム真理教の中川智正元死刑囚（二〇一八年に死刑執行）を俳句に導き、二人だけの同人誌刊行に心を砕いた俳人だった。

一九六七年七月の朝日新聞で統一教会の「親泣かせの原理運動」を知って以来、われわれの社会は、統一教会をはじめとするカルトとその被害に脅かされていることに気づいていたはずだ。にもかかわらず、カルトに対して根本的に考えることを放棄し、対策をとることを怠った。ましてや、宗教2世たちが苦悩の声を上げていても、耳を傾けることすらしなかった。その果てが安倍元首相殺害事件だったのである。

展開史を構築しながら宗教2世たちの姿を回想するや、これまで聞いたことがないような叫び声が聞こえてきた。「人権というフィルターをもって宗教団体をよく見てほしい」（エホバの証人2世の鈴木徹、五〇代）、「子どもにも信教の自由を！」（統一教会2世の冠木結心、四〇代）。安倍元首相狙撃殺害事件の数年前から、二人の声は筆者の胸に響いていた。が、それに対して、どれほどの切実さをもって応えていたか。恥ずかしい思いがする。

一九九五年のオウム真理教事件後、教育学者の山口和孝は子どもの権利条約を踏まえて「子どもの信教の自由」について「〝保管状態にある権利〟としての子どもの宗教選択権」を提起した。[*3] 山口に啓発され、筆者が言いたいのは次のことである。親には、自分の信じる宗教を教える権利、信教の自由があるにしても、それより大切なのは、さまざまな意見・思想を学び、自分の考えで信仰を選び取る、あるいは信仰をしないという判断力を持つ子どもを育てる、そうした扶養義務がある、ということだ。それは、社会全体が社会常識として確立すべきことだと思う。

次に「信教の自由」についてである。ここをはっきりさせないと、子どもの信教の自由についても論議できない。結論からいえば、現代日本は「靖国問題」型の政教分離と信教の自由が一体となった「信教の自由」については、国民的経験も理論構築もなされてきた。だが、2世問題に密接に関わってくる「信教の自由」は、カルト問題から発生してきた。それは宗教団体やスピリチュアルグループの諸活動と「信教の自由」との関係と言うこともできよう。弁護士の郷路征記はこの問題について、一九八七年に統一教会を提訴した「青春を返せ裁判」を理論化してきた[*4]（→第4章）。筆者はこれを「スピリチュアル・アビュースと精神の自由」の枠組みで捉えている。

「カルト問題型」信教の自由の問題といえようか。

加えて、「信教の自由」というのは世俗の掟であって、宗教者の所有物ではない。それが鋭く顕在化したのが、坂本堤弁護士（オウム真理教被害対策弁護団）と上祐史浩（オウム真理教外報部長）のやりとりである。一九八九年一〇月三一日、交渉が決裂した時、上祐が「こちらには信教の自由がありますから」と言い放つと、坂本は「他人《ひと》を不幸にする自由はない」と即座に切り返したと伝えられる。その三日後の一一月四日未明、教祖麻原彰晃の命令に従いオウム真理教信者六人が、坂本と妻、一歳の子どもの家族全員を惨殺したことを忘れることはできない。宗教学者の井上順《のぶ》孝《たか》は、上祐が「信教の自由」という法の枠組みを持ち出したのは「世俗への依存」であって、信仰に立脚しているとは言い難いのに対し、坂本弁護士の「自由」発言は、彼の哲学、生き方から発した深いレベルでの応答である、という。[*5] 弁護士の紀藤正樹は、一九九五年のオウム事件後まもなく、「信教の自由の限界」について著した。[*6]

2世問題を通して見えてきた「信教の自由」の問題は、「子どもの信教の自由」の問題にとどまらない。これまで我々の社会が、カルト宗教と「信教の自由」に対する正面からの議論や理論構築を怠ってきたことがはっきりしたのである。2世たちが突き付けてきた諸問題の根幹にあるのは、「信教の自由」「精神の自由」の確立である。この視点にたてば、現今の日本において、カルトや宗教団体が声高に主張する「信教の自由」が、いかに自分たちの現世利益のためかということが明瞭に見えてくるのである。[*7]

＊1　本節の展開史の作成にあたっては、日本弁護士連合会消費者問題対策委員会編『宗教トラブルはいま――判例と報道から見えてくるもの』教育史料出版会、二〇〇三年、塚田穂高「宗教事件関係年表」藤田庄市『宗教事件の内側――精神を呪縛される人びと』岩波書店、二〇〇八年、巻末一―一五頁、ブログ新聞「やや日刊カルト新聞」(http://dailycult.blogspot.com/)を参照した。また、全体の執筆に際して、(公財)国際宗教研究所宗教情報リサーチセンターの宗教記事データベースを参照、利用した。

＊2　横道誠編・著『信仰から解放されない子どもたち――#宗教2世に信教の自由を』明石書店、二〇二二年、八二頁。

＊3　山口和孝『子どもの教育と宗教』青木書店、一九九八年、一六九―一七六頁。

＊4　郷路征記『統一教会の何が問題か――人を隷属させる伝道手法の実態』花伝社、二〇二二年。

＊5　前掲藤田、二〇〇八年、三〇七頁。

＊6　紀藤正樹『21世紀の宗教法人法』朝日新聞社、一九九五年。

＊7　脱稿後、山元一「信教の自由・宗教団体・市民社会秩序」(河上正二責任編集『消費者法研究　第13号〔特別号〕――霊感商法・高額献金の被害救済』信山社、二〇二二年、八五―一二一頁)を読んだ。「信教の自由」について、著者の考えていたことが独りよがりでなかったことを知り、力を得た。

（ふじた・しょういち　フォトジャーナリスト）

3　統一教会と2世問題

鈴木エイト

二〇二二年下半期、最も可視化の進んだ社会問題の一つとして挙げられるのが、統一教会の2世たちをめぐる一連の問題だ。「宗教2世」という言葉は、この年の流行語大賞にもノミネートされた。私自身は、かねてから指摘してきた問題点との齟齬や、2世問題が「宗教」という枠に嵌められてしまうことに危惧を抱くと同時に、宗教系に限らないカルトにおける問題であるとの認識から「宗教2世」という呼称は使わず、「カルトの2世問題」、あるいは単に「2世問題」としてきた。呼称の問題はさておき、統一教会の2世、セカンドジェネレーションの問題がこれほどクローズアップされるとは思いもよらなかったことは確かだ。

安倍晋三元首相銃撃事件と統一教会

安倍晋三元首相の銃撃事件が起こった二〇二二年七月八日。この日を境に統一教会の2世を取り巻く環境は劇的に変わった。事件から一年以上が過ぎた時点で振り返ってみても、2世問題に関わってきた私自身が激動の日々を過ごしてきた。これは2世当事者のみならず、支援者や研究者なども同様であろう。

メディアも連日、統一教会にかかわる問題を報じた。多額の献金被害や霊感商法など教団自体の問題が報じられる中、本書のテーマである2世問題は大きな注目を浴びた。一般に「カルト」と指摘される団体の内部における人権侵害が最もいびつな形で表れるのが、2世にまつわる問題だからだ。

安倍元首相を手製の散弾銃で銃撃したのは、統一教会に取り込まれた母親を持つ山上徹也（事件当時四一歳）。山上の母親は入信後、霊感商法や高額エンドレス献金によって一億円以上を教団に収奪されたという。教団によって家庭が崩壊し、兄も近年自殺している。報道された容疑者の供述などから、銃撃の動機として、一家を破綻に追い込んだ教団への恨み、そんなカルト教団の体制保護に寄与してきた政治家への憤りが挙げられている。動機面の〝担保〟については、私が『自民党の統一教会汚染 追跡3000日』[*1]で記したように、安倍元首相と統一教会は少なくとも第二次安倍政権発足以後、継続してギブアンドテイクの関係にあったことが判っている。

長すぎる鑑定留置を終え、二〇二三年一月に殺人等で起訴された山上被告。統一教会の信仰を持った時期はないとされるので、厳密には統一教会の2世とは言えないのかもしれない。だが、同教団の被害者でもある1世信者の次の世代、セカンドジェネレーションが事件を起こしたことは特筆すべきであり、広義の統一教会2世問題の一つとして捉えるべきである。

予想された2世問題の噴出

私は二〇〇二年から、統一教会が行う組織的な街頭での偽装勧誘の現場に介入し、その実態を摑んできた。その多くが、「手相の勉強」「意識調査アンケート」といった口実で、統一教会信者の勧誘員が声をかけるというものだった。

時には街頭だけでなく、統一教会の信者〝生産〟拠点であるビデオセンターを訪れ、信者予備群である受講生を救出する活動も行ってきた。当然ながら私が相対してきた信者たちは主に1世だった。勧誘、教化、そして脱会と、1世にまつわる問題が中心だったカルト対策。そんなカルト問題に取り組む人々の間で近年、必ず話題に上っていたのが2世問題だった。統一教会に関しては、有名芸能人が参加し大騒動となった一九九二年の三万双合同祝福式、そして九五年の三六万双合同祝福式が一大トピックだった。これらの合同結婚式でマッチングされた信者夫妻は、数年の〝聖別〟期間をおいて「家庭出発」と呼ばれる同居生活を始める。その祝福家庭において生まれた子どもたちが思春期や成人を迎える二〇一〇年代以降、カルト問題の新たな課題として2世問題が一気に噴出するだろうと予想されていた。

一〇万人程度とされる教団信者のうち未成年の2世は数万人いると見ている。

「祝福2世」と「信仰2世」

ここで、統一教会の2世にはカテゴリーがあることを指摘しておきたい。まず「祝福2世」である。これは前述の合同祝福式を経てマッチングされた信者夫妻から生まれた2世のことを指す。同教団の教義では、人類の始祖であるアダムとエバに嫉妬したサタン・ルーシェルがエバと姦淫したため、人類全てにサタンの血が入ったとされる。全人類に原罪があるとの設定から、原罪を浄化するために様々な〝蕩滅《とうげん》条件〟（神の赦しを得るための一定の条件）を積んで罪の清算を行う。血統を神（「天の父母様」と呼ばれる）の下に「転換」するには、人類のメシア（救世主）である文鮮明・韓鶴子夫妻（「真《まこと》の父母様」と呼ばれる）が行う祝福を受ける必要がある。祝福式で聖酒《せいしゅ》を飲むことなどによって血統が転換するというものだ。その後も様々な儀式を経ることで、生まれてきた2世は「原罪のない神の子」とされる。祝福2世は、生まれたときから自動的に入信させられているという構図だ。

そして、親が入信する前に生まれた子どもで、親に誘導されて教団の信仰を持たされた場合は、「信仰2世」というカテゴリーに入れられる。母親が入信して多額の献金によって家庭が崩壊した山上徹也のケースでは、山上自身が入信していたならば「信仰2世」となる。

「祝福2世」と「信仰2世」とは、厳密に〝身分〟が分けられている。「祝福2世」と「信仰2世」のマッチングは認められておらず、近年になって例外的に許可される例が出てきたが、あくまで特例的な措置である。

2世を縛る厳しい戒律

統一教会では教義上、自由な恋愛は一切認められていない。「原罪のない神の子」が自由恋愛やその末の〝姦淫〟によって穢れた血が入ると、せっかくの血統転換が無に帰すことになる。よって2世は、厳重な戒律で縛られることになる。幼少期から継続して行われる刷り込みは、生活様式や個人の考え方まで侵食していく。過度な献金ノルマなどから貧困に陥るケースも多く報告されており、いじめの事例も指摘されている。そして思春期になれば多くの場合抱くだろう異性への感情なども厳しく制限される。

一般的に禁忌（タブー）が多い組織ほど、内部での人権侵害の度合いは高くなる。自然に抱く感情を否定され、自由な意思決定を侵害され続ける2世。一連の抑圧による精神的な影響が懸念される。実際に精神を病んだり、葛藤に苦しむ状況を訴える2世の声はSNSにも溢れている。

また、親が海外宣教などを含む伝道活動や関連団体の活動に邁進する一方、その当然の帰結としてのネグレクトや、高額かつエンドレスな献金・霊感商法などによって貧困に追い込まれるケースも多々報告されている。

そして祝福2世に顕著なのが、自身のアイデンティティにまつわる葛藤だ。教団に疑問を抱いたとしても、親の信仰や合同祝福結婚式という儀式、教義がなければ自分はこの世に生まれていなかったということを嫌でも自覚させられるのだ。特徴的なのは、人間のコアな部分にまで教団の教えや戒律が入り込み、それに縛られるということだ。人が生育過程で抱く自然な感情まで否定される上、「脱会すれば地獄に落ちる」とまで刷り込まれている。生まれながらに抑圧されているのである。

2世がこうした事態と向き合わないようにするには、自らの境遇や生い立ちなどを深く考えず、抱いた疑問を押し殺し、ただ目の前の現実を受け入れればよい。従順な2世信者は、親や教団、教義を否定したりせず、自身のアイデンティティをそこに一致させてきたとも言える。

こうした中で、自身の内なる声を聴き、外に向かって多くの2世が声を上げ始めたのが二〇一〇年代中ごろだった。統一教会の2世が自らの葛藤と苦難をSNSに投稿するようになったのだ。

統一教会2世のオフ会

私は二〇一七年、都内某所で行われた2世の即席オフ会に赴いた。明確な取材を目的としてではない。アーティスト活動を続ける元統一教会2世がバーテンダーを務める会が、都内のイベントバーで開かれることとなり、ツイッターで日々交流を続けていた2世たちが集うと知ったからだ。2世たちの肉声を聴いてみたかった。

週末の夜。私鉄沿線の住宅街の一角にあるバーの狭い店内には、カウンター席を中心に七〜八人の若い男女が集まっていた。自己紹介をすると、警戒や歓迎の声など様々な反応。2世たちと個別に、そして皆で一緒にしばらく歓談させてもらった後、先に店を出た。私のような部外者がいることで、2世同士の交流を妨げたくなかったからだ。

私が帰ったあと、2世たちは時間を惜しみながら話を続けたという。

「今まで誰にも相談できなかった」「2世の気持ちが分かるのは同じ2世だけだよね」

様々な思いを語りながら皆で一緒に最寄り駅まで歩いたという。統一教会を脱会した2世たちが初めてリアルにつながり、思いを共有した夜だった。

『AERA』記事で用いた「難民」という言葉の真意

この時のエピソードを交えて二〇一八年に『AERA』へ寄稿した。

その記事のタイトルは「〈時代を読む〉「親の付属品」脱け出した 新宗教2世信者「目に見えない檻の中に隔離された」」というものだった。[*2] 同記事が『アエラドット』に転載された際のタイトルは以下。「新宗教団体2世信者たちの葛藤 オフ会が居場所、難民化の懸念も」

記事で「難民」という言葉を使ったのは、2世が置かれている状況を表しているからだ。まさに現代日本で難民問題が起こっているのだ。1世であれば戻れるところがあるが、2世は脱会したとしても、育った家自体が団体の下にあるため逃げ場にならず、そもそも居場所すらない。

両親が信者であっても、その上の世代である祖父母が非信者だった場合には、まだ光明がある。高校卒業直後に行われる合同結婚式参加を父親に迫られていた東北在住の女子高生2世がいた。抑うつ状態にあった彼女を心配したクラスメートが相談先を探し、カルト問題、特に2世の問題に取り組む牧師につながった。牧師の助言を受ける中、祖父母が学費を出してくれることとなり、上京して大学に進んだ女性は、親の呪縛から逃れることができた。

この牧師は女子大で講師を務めている。統一教会2世の学生から、「親が自分の学費まで献金したため退学の危機にある」との相談を受けた際、教え子の社会福祉士が金銭的サポートを得られる公的制度を探し出し、勉学を続けることができた。2世問題への取り組みは、このような現場の草の根的な有志のつながりによりかろうじて行われてきた。

二〇一八年の時点で、『AERA』という一般誌に2世問題の記事を掲載できたことは大きい。というのもその後、2世問題に関する企画は、書籍はもとより週刊誌や月刊誌でもなかなか通らなくなったからだ。メディア・出版業界に「2世問題」を重視する動きは、安倍元首相銃撃事件が起こる二〇二二年七月まで、ほとんど見られなかった。

公開講座、オフ会&2世イベント

二〇一九年八月、立正大学品川キャンパスにて日本脱カルト協会（JSCPR）が夏季公開講座「子どもの虐待と家族・集団の構図」を開催した。テーマは以下。「外部からは見えにくい集団や家族内での虐待。その背景に何があるのか。私たちはどのように連携すべきなのか。具体的な対応や支援の方法を探る。」

この公開講座で私はテーマの発案とモデレーターを務めたのだが、前年のイベントバーで出会った元統一教会2世も何人か来てくれ、再会できたことが何より嬉しかった。

ＳＮＳの効用として、様々な葛藤を抱えた2世同士で交流できることが挙げられる。二〇一七年以降、小規模ながらオフ会も行われてきた。

私も、2世が集うトークイベントを数回主催した。特定の団体の2世たちが集うオフ会ではなく、様々な団体の2世たちが集い、問題の共通項を探り、解決の糸口を探るという狙いだ。このイベントに毎回参加してくれる統一教会2世の女性がいた。親との関係は良好、教義や教団にも反発心はないが、どこか引っかかるところがあり同じ境遇の2世たちと話がしたいという。このような2世が抱く言語化できない感覚こそ、実は2世問題の核ではないかと今も感じている。

2世問題と山上のツイート

安倍元首相の銃撃事件の背景にはセカンドジェネレーションの問題があることが明らかになり、統一教会2世に関する記事が多くのメディアに掲載された。

それほどまでに注目されることとなった2世をめぐる一連の事象を表現した言葉として、「可視化」「顕在化」「表面化」などがある。一つ言えるのは、安倍元首相銃撃事件の前から問題はあり、被害の声がなかなか届かなかったことの検証が改めて必要となってくるということだ。

安倍元首相銃撃事件の直後に私が懸念したのは、統一教会の2世たちが、山上に対して必要以上にシンパシーを感じてしまうことだった。事件によって2世問題への社会的関心が高まったことは事実であり、それまでいくら発信をしても、2世問題が人々の間に浸透しなかったことは、当事者だけでなく、私も含めこの問題に関わる多くの人が感じていたことだ。

「統一教会の被害者の陰で見過ごされてきた被害者が、追い込まれた末に起こした事件」との見方をした場合、同情すべき点が多々ある。ただし、銃撃という形でしか世に問えなかったのか、との思いは常に浮かぶ。

統一教会の2世に対する人々の受け止め方の大半は〝同情〟である。ただし、当の2世たちが山上の減刑嘆願運動などを始めたとしたら、それまで寄せられてきた〝同情〟は、一気に逆のベクトルを向くことになるのではないかと危惧した。

その危惧は今のところ杞憂で済んでいる。山上のツイッターアカウントが特定され、2世に関する次のようなツイートが広まったからだ。

「#宗教2世　まぁあれだ、宗教2世の「結婚ガー就職ガー孤立ガー」なんてカルトのやってきた事に比べりゃずいぶん高尚なお話なことだ」[*3]

それだけでなく、「宗教2世」として発信していた統一教会元2世信者のアカウントに対しても、辛辣な言葉を返していた。

「2世の苦しみか。実に下らない。親を殺してニュースになる2世が現れて統一教会の名が出れば許してやろうかとも思うが」[*4]

これらのツイートを見て、山上のメンタリティは自分たちとは違うと多くの2世が感じたのではないか。一方で、この元2世に対して山上がアプローチしようとしていた形跡もツイッターにはある。容疑者の動機に関しては今後、公判などを通じて明らかとなっていくであろう。
教団には精神を病む2世が相当数いることが指摘されている。精神疾患を持つ2世の親の会も教団内にはある。抑圧を受け続けた2世が精神を病みやすくなっている可能性も考えられる。実際、2世の自殺という痛ましい情報も時折、耳に入ってくる。

安倍元首相銃撃事件を機に、養子の問題もクローズアップされた。統一教会では、「神の子」が祝福家庭に存在することを前提に教義が成り立っている。そこで、子宝に恵まれない祝福家庭に「神の子」を養子として〝提供〟する取り組みが行われてきた。教団は養子縁組を行った信者に「養子縁組申請書」を提出させており、一九八一年から二〇二二年五月までに七四五件の養子縁組が行われ、教団本部は申請書を受け取っていた。このうち三一件は、無許可での仲介事業を禁じた養子縁組あっせん法が施行された二〇一八年四月以降のものである。教団は「信者間の個人的な関係を基にした縁組であり、教団は縁組の法的手続きには一切関わっていない」と弁解しているが、その継続性などから、同法違反の可能性への抵触が指摘されている。

養子縁組あっせん法では、あっせんを反復継続して行う場合は都道府県の許可を受けることが義務づけられており、違反した場合、一年以下の懲役または一〇〇万円以下の罰金が科される。厚生労働省はあっせんに当たるのではないかと調査を行った。同教団は都道府県の許可を得ていないことから、不法行為の一つとして、教団に対し解散命令請求を行う根拠となり得る。ツイッターには養子として育ち、二重の葛藤に悩む2世の声が散見される。

利用される従順な2世信者

私は2世問題の別の側面にも注目した。二〇二二年九月に上梓した『自民党の統一教会汚染　追跡3000日』でも2世問題を取り上げたが、そこで論じたのは、教団内で従順な信者として活動し、教団やその関連政治団体、そして政治家に利用されてきた2世たちの姿だった。

二〇一六年一月、「憲法改正支持」「安倍政権支持」「共産党反対」「安保法制賛成」を主張する大学生組織が全国で遊説活動を始めた。「国際勝共連合大学生遊説隊UNITE（ユナイト）」と名乗る若者たちは、安保法制反対デモなどで注目を集めていたSEALDs（シールズ）に対抗する保守派の学生運動としてメディアにも取り上げられた。その主張のすべてがSEALDsの逆張りで、夏の参院選に向けて野党統一候補に応じる姿勢を見せていた共産党が脅威となった安倍政権にとって都合が良過ぎる存在だった。

ユナイトは「国の行く末を憂いた保守派の大学生が自主的に結成した」としていたが、その実態は統一教会の従順な2世信者たちで、その結成と活動については、安倍政権の意向が働いているのではないかとの疑惑が持たれた。取材を進める中で私は、ユナイトの実体が乏しいこと、表向きは二つの看板「国際勝共連合」「国際勝共連合大学生遊説隊UNITE」を背負いながらもその実態は一つであることを暴いた。さらに、安倍政権の意向を受けて教団サイドが2世信者に対しユナイト研修を行い、偏った政治活動を行わせていたことを摑んだ。

その後、ユナイトは辻褄を合わせるように「勝共UNITE」と団体名を変え、国際勝共連合の傘下団体としての体裁を整えた。ユナイトが定期的に開催する憲法改正イベントでは、複数の政治家が激励に駆け付けている。ユナイトの正体を私が報じたことで、2世信者を利用した策動自体は低調となったものの、依然として活動を続けている。

国際勝共連合による二〇二一年一一月の改憲イベントでは、勝共ユナイトのメンバーによるスピーチが行われ、「勝共女子」と呼ばれる合唱隊が勝共応援歌を歌い上げた。

偽装勧誘員にも2世が

街頭での偽装勧誘では二〇一五年ごろから2世信者の勧誘員が増えており、幹部研修として偽装勧誘を行っていたケースも確認している。このようなエリート研修を受けた2世たちが二〇二二年一〇月、教団が開いた会見に登場した。2世問題を解決するための取り組みとして教会改革推進本部は、2世として〝同じ悩みを経てきた〟信者たちを教区長として登用し、スーツ姿の男性2世信者を会見場に並べた。評価されると教団側は思ったのだろうが、実際にはその異様さが際立った。なぜ男性だけなのか、従順な2世として育ってきたエリート信者たちに、葛藤を抱き悩み苦しむ2世の気持ちや、置かれている状況を理解できるのかといった疑問が噴出。教団側との認識のズレが露わとなった。教団にとっての2世問題の解決とは、「神の下から離れた2世」を教団が望む形で引き留め、組織の中に再度取り込むことである。脱会した2世たちが訴える被害は、教団にとって真摯に向き合うべきものではないのだ。

2世の勧誘員が増えるとどうなるか。一般の人への勧誘もさることながら、2世信者による友人への勧誘が増えていく。1世である親の世代であれば、ほとんどが経験する霊感商法や偽装勧誘といった不法行為に携わっていない2世も多く、教団へ誘い込むことに抵抗がない。実際、教団が作成している「2世圏(2世信者たちの総称)」の動画番組では、国際勝共連合会長と同じ梶栗《かじぐり》姓の女子学生が大学のサークル仲間を教団へ誘い込む過程が美談として紹介されている。

ダブルスタンダード

統一教会は二〇一九年末から翌年一月初旬にかけて、第一地区(関東圏)の日本人2世信者の学生ら約一〇〇〇人を、韓国にある教団聖地・清平での研修に参加させた。従順な日本人2世信者たちが韓国で行ったのが、「元徴用工と従軍慰安婦への謝罪」「西大門刑務所歴史館見学」「日本大使館前少女像脇での安倍政権に対する謝罪要求会見」とあって、韓国の一般メディアは大々的に報じた。日本国内では、安倍政権を支持する活動を2世信者組織ユナイトに行わせておきながら、韓国ではその同じ日本人2世信者を、安倍政権への謝罪要求に使っているのだ。

私はこのダブルスタンダードについて論評した記事を、扶桑社のウェブメディアに寄稿。[*5]都内で偽装勧誘に従事する2世信者がその研修の場で韓鶴子総裁から表彰を受けた場面の写真を、この2世信者が偽装勧誘を行っている写真とともに報じた。すると教団は、2世信者のプライバシーを侵害するものだとして、記事削除の仮処分命令を、東京地裁に申し立てた。記事を配信した扶桑社は弁護士を立てて対抗、申請は取り下げられた。すると教団サイドは、この2世信者自身に記事削除の仮処分申請を行わせた。扶桑社の代理人は、この勧誘員が正体を隠して伝道活動を行っていたことを示す映像や反訳《はんやく》（文字起こし）を提出、またしても申請取り下げに追い込んだ。

統一教会は、自分たちに都合の悪い記事を削除させるために、従順な2世信者を使った。教団にとって2世は〝使える駒〟であり、自らの野望や体制保持のために利用してきたことが、このことからも判る。

極端な政治思想や、反共産主義の刷り込みを受けた2世たちは、教団やその関連政治団体のみならず、教団とつながりのある政治家にも〝駒〟として使われてきた。私が入手した資料や情報には、「現在、衆議院議員の秘書をしている方（食口《シック》の青年。食口は韓国語で「家族」を意味し、「信者」を示す教団用語）」などと、統一教会の複数の2世信者が国会議員秘書となっていることを裏付けるものがあった。2世信者を用いて政治家へ浸透を図る試みは各所で見られ、選挙運動員やスタッフとして多くの2世が政治家の下へ派遣されている事実が明らかとなりつつある。

問題解決への動きを牽引する当事者

そんな従順な2世であることをやめた2世たちの話に戻る。2世問題への社会的な関心が高まりを見せた時期に、当事者の中から、問題を解決しようとする動きを牽引する人物が出現した。まず挙げておきたいのは、二〇一七年の即席2世オフ会で出会い、本書にも寄稿してくれた

〝もの〟さんだ。2世ツイッター黎明期の〝姉御的存在〟として、多くの悩める2世たちの相談に乗り、自身の体験を語っていったものさん。彼女のツイッターの固定ツイートにある言葉（↓第18章）に、多くの悩める2世たちが励まされてきた。

そして本書でも言及のある「宗教2世ホットライン」を開設（↓第19章）したWさんという元2世の功績も大きい。大学の研究で2世問題を取り上げたいと相談を受けた私と藤倉善郎氏は彼女と面談、協力してきた。Wさんはツイッターを駆使して大規模なアンケートを行い、当事者2世が何に悩み、何を望んでいるかなどについて詳細な統計を取った。その後、2世たちが自身の体験などを投稿する「宗教2世ホットライン」を開設、2世問題の周知と解決に向けた取り組みを続けた。

2世問題を象徴する存在

そして二〇二二年後半の2世問題を象徴する存在としてメディアが最も多く取り上げたのが、元祝福2世の小川さゆりさん（仮名）だ。地方の教会長の娘として高校生まで模範的な2世信者として過ごし、教団から表彰まで受けた彼女は、様々な葛藤を経て脱会した後に夫と出会い家庭を築いていた。安倍元首相銃撃事件後、自分と同じような思いを2世にさせまいと立ち上がった小川さんはSNSで発信、メディアからの取材を多く受けるようになった。そんな小川さん夫妻が二〇二二年一〇月に日本外国特派員協会（FCCJ）で開いた会見が、2世問題を取り巻く状況を変える大きなきっかけとなった。この会見は海外メディアに対して、統一教会が起こしてきた各種の社会問題やその背景や経緯を詳細に解説したものだった。

安倍元首相銃撃事件後のメディア報道について教団は「宗教迫害」「報道被害」だと主張、海外の人権活動家や人権団体を利用しアピールしていた。その欺瞞性を会見で暴かれることを危惧したのだろう。教団サイドは小川さんの人権を無視し、悪質なデマを交えた両親の署名入りFAXをFCCJへ事前に送り会見を中止させようとした。会見が予定通り開かれると知った教団サイドは顧問弁護士を使い、会見直前にFCCJへの法的措置をほのめかすFAXを送信、何としてでも会見を中止させようと画策した。一連の策動が会見中に明かされたことから、教団の悪質性が広く知れ渡ると同時に、当事者2世への同情が一気に集まった。

「私が正しいと思ってくださるなら、どうかこの団体を解散させてください」

親や教団からの妨害にも屈せず気丈に発言したことで、小川さんは2世問題のシンボル的存在となった。

解散命令請求と救済法制定

小川さんをはじめとする2世当事者の真摯な訴えは当初、なかなか政府には届かなかった。小川さんは野党だけでなく自民党のヒアリングにも呼ばれて発言していたが、国の動きは鈍かった。統一教会に何らかの規制を行うことは、教団と関係を持っていた政治家への追及や非難につながるからだ。

解散命令請求に消極的だった岸田文雄首相は、政権支持率の低下などを受けて、秋の臨時国会初日、請求要件には民法の不法行為も含まれると言及し、統一教会への解散命令請求へのハードルを下げた。また統一教会の献金被害を念頭に置いた被害者救済法案では、立憲民主党などの野党案に対して与党は歩み寄りの姿勢を見せ、修正案が一二月に衆参両院で可決された（↓第9章）。

悪質な資金集めを行う統一教会のような団体を直接規制する法律ができたことは評価に値する。2世の救済にかかわった心ある政治家が与野党を問わず存在したことも忘れてはならない。だが、残念ながらこの法律は、「救済新法」を謳いながらも過去の被害救済には適用されないばかりか、2世の被害を直接救済することもできない。親の監護下にある未成年の2世の場合、返金を請求する権利を行使するには親の同意が必要なため、そもそも使えないのだ。家庭裁判所が入って、成年後見制度などを使って賠償請求ができるように制度を拡充する必要がある。また、被害金を取り戻せても養育費の範囲内でしか適用されず、親である1世が実際に納めた額よりも大幅に少ない額しか担保されない。それでも多くの2世は、この法案を自分のためでなく、次世代の2世たちを救えるものとするために奮闘した。

同法案は、1世を含む被害者の救済という点でも不十分な内容だ。教団が採用する集金手口をすべてカバーするには、この法案には抜け道が多く、実効性の面で期待できるものではない。

被害者救済法を実態に即したものにしていく取り組みのほか、人権侵害を取り締まるカルト規制法やカルト予防法のような理念法（ある事柄についての基本理念を定め、具体的な規制や罰則は特に規定しない法律のこと）の制定も求められる。解散命令請求が出されたとしても、裁判確定に数年はかかり、新法制定も含め数年単位で取り組むべき課題だ。

2世取材のきっかけ

私が統一教会の2世問題について最初に書いたのは二〇一二年三月、『やや日刊カルト新聞』に寄稿した「「死ぬために生きた」統一教会2世、壮絶な半生を告白」という記事である。[*6]同月、岡山において全国弁連（全国霊感商法対策弁護士連絡会）が開いた全国集会に登壇し、自らの体験を話した祝福2世の女性について記したものだ。当時の記事や取材メモの一部を抜粋して以下、紹介したい。

「両親や教団が憎い」

そう話し出した元2世。従順な2世信者だった彼女は、成長するに従って、狂信的な両親から常軌を逸した束縛を受けた。人として自然に抱く異性への恋愛感情ですら頭ごなしに否定される環境にあって、親から逃れる手段として「祝福（合同結婚式）」を切望していた彼女だったが、2世には決して赦されない禁断の恋に落ちる。そんな娘を親は監禁。脱走を繰り返し、死ぬと決めた二〇歳までの数年間、彷徨《さまよ》いながらも生き延びた彼女は、牧師と出会い教祖の欺瞞に気付く。

心に深い傷を負った人間だけが発することのできる言葉は圧倒的な説得力で聴衆の心を打った。

「死ぬために生きた」と当時の心境を吐露した女性は最後に言葉を区切りながらこう話した。

「傷ついた心は深い愛と時間によってでしか、癒されません」

「立ち位置を変えて見た新しい景色は、そのすべての色はあまりにも鮮明で多彩で美しかった。私はこの美しい世界で生きています。これからも、生きていきます。人が人らしく生きていけるこの世界で」

「脱会すれば地獄に落ちる」。そう刷り込まれた2世が、統一教会が謳う「神の下」から脱して辿り着いた世界を美しいものだと認識できるようになった。そこに至るまでに、どれほどの時間を必要としただろうか。

傷つき葛藤する2世を護るために

子どもによる意見表明を支援する「子どもアドボカシー」という概念がある。その支援者である「子どもアドボケイト」のように、2世の声を聴くシステムの構築と支援者の養成が必要とされている。

教団や親の呪縛から逃れようとする2世のための居場所も必要だ。既存の民間シェルターを頼るケースも多々あると聞く。居場所のない2世の受け皿として児童相談所を拡充すること、そして、カルト問題とその被害者への理解を深めることも重要である。

我々社会の側は、傷つき、葛藤の中にある2世をどう護《まも》っていくのか。その当事者の年代によっても変わってくる。未成年の2世の場合、緊急避難的に保護したとしても、未成年者略取誘拐罪に問われるおそれがある。大学進学を控えた2世であれば、前述のように祖父母からの援助も期待できる。成人して自立しても、過去の抑圧から来る心の傷が影響を与えるケース。2世の年代やその時の状況によって、必要とされるケアや支援は異なる。

これまで私は、多くの2世を取材してきた。自身の葛藤を乗り越え、また折り合いをつけて客観視できている2世たちへの取材で、私が必ず訊く質問がある。「当時の自分に何と声をかけてあげたいですか?」

その回答は現在、同じような境遇で苦しんでいる2世たちが、おそらく求めているものだ。

「その苦しみはいつまでも続かないから大丈夫、乗り越えられる」

「同じ境遇に悩んでいる仲間がいるよ、一人じゃないよ」

安倍元首相銃撃事件後の半年で我々が見てきたのは、「当事者がアクションを起こさない限り事態は動かない」ということだった。

二〇二二年後半、我々はそのことを実感させられた。本来であれば、元首相が銃撃されるような事件が起きないうちに、そして当事者2世を前面に立たせることなく、悪質なカルト教団への規制を行い、その教団のせいで苦しむ2世の救済を図らねばならなかった。

私が取り組んできたのは2世問題を広く認識してもらうことだったが、政治家と統一教会の癒着をテーマにした書籍や2世問題についての書籍は、どの出版社に企画を持ち込んでも実現に至らなかった。だが、二〇二二年七月八日の事件後、私の書籍『自民党の統一教会汚染　追跡3000日』を皮切りに、こうした書籍の出版が相次いだ。

銃撃事件が起こる前に、これらのテーマの書籍や記事が世にもっと多く出て、社会の知るところとなっていたら、事態は変わっていたのではないか、2世問題の周知が進んでいたのではないか。自問自答するばかりである。

＊1　鈴木エイト『自民党の統一教会汚染　追跡3000日』小学館、二〇二二年。

＊2　『AERA』二〇一八年六月一一日増大号、二七―二九頁。AERA.dot 掲載記事（二〇一八年六月二六日）は、https://dot.asahi.com/articles/-/126001。

＊3　silent hill 333@333_hill 二〇二一年五月二八日ツイート。web archive : https://archive.md/tJKfM

＊4　silent hill 333@333_hill 二〇二一年五月一八日ツイート。web archive : https://archive.md/tJKfM

＊5　鈴木エイト「「統一教会」のダブスタについて、教団と近い政治家や論客の見解を聞いてみた〈政界宗教汚染～安倍政権と問題教団の歪な共存関係・第二六回〉」ハーバー・ビジネス・オンライン二〇二〇年一月二二日。https://hbol.jp/211310/

＊6　『やや日刊カルト新聞』二〇一二年三月一二日。http://dailycult.blogspot.com/2012/03/blog-post_12.html

（すずき・えいと　ジャーナリスト）

4　2世に対する統一協会の法的責任

郷路征記

1　はじめに

私は、統一協会の伝道・教化活動が、憲法の保障する国民の信教の自由を侵害するものだという裁判を、三五年間にわたって闘い続けています。その裁判をおこなうために全力を尽くしてきましたので、2世問題について独自に研究したことはありません。集会等での報告を聞いて認識を得る程度です。

山上徹也被告の事件以降、2世問題が大きな問題として浮上してきました。機会を与えられたので、2世に対する統一協会の法的責任について、私が考えていることを述べたいと思います。

私は、2世の苦しみを発生させた根源は、親である1世（以下、1世）の信教の自由を統一協会が侵害して、文鮮明を再臨のメシアだと信仰させ、その結果、統一原理（統一協会の宗教教義）を強固な判断基準として植えつけ、統一原理によって子どもを養育させたことにあると考えています。例えば「人を好きになってはいけない」「テレビを見てはいけない」等の1世による養育は、統一原理を判断基準として子育てをしたことの表れです。1世にとってそれ以外の選択肢はなくさせられてしまっていたのです。従って、2世に発生した結果について、統一協会は法的な責任を負わなければなりません。

2世に対する統一協会の法的な責任を明確にすることは、2世自身の精神的な回復のためにプラスになるはずです。2世が責任者＝加害者を親ではなく統一協会であると認識することは、統一協会によって分断された1世と2世の絆の回復に道を開くものだと考えます。

そのために、まず、1世が受けた統一協会の伝道・教化課程を詳しく述べることによって、それが1世の信教の自由を侵害し、統一原理を判断基準として植えつけるための違法なものであることを解明していきたいと思います。

2　統一原理を真理だと確信させると、価値観全てが転換する

統一原理を人の判断基準（意思決定の基準となる知識や信念など）とさせるためには、統一原理を真理だと確信させる必要があります。しかし、統一原理は、それを学ばせられることによって、真理となるものではありません。統一原理を学ばされることは、文鮮明を再臨のメシアとして実感する（信仰する）ための前提知識を与えられることなのです。

統一原理を前提知識として与え、神の実在を実感させることによって、文鮮明を再臨のメシア

であると受け入れさせることができます。その状態の受講生に意図的に感動を与える(後述の④を参照)ことによって、文鮮明を再臨のメシアだと実感(信仰)させることができます。その結果、前提知識として与えられていた統一原理は、文鮮明が解き明かした真理となるのです。

以上の教化によって統一協会員に植えつけられた、統一原理は真理であるとの認識は、文鮮明が再臨のメシアであるという宗教的な確信＝信仰に支えられています。したがって、この認識＝判断基準は極めて強固で固定的なものです。

また、統一原理を判断基準とすることは、普通の人の全価値観を転換することなのです。したがって、その人のほぼ全生活に関して、終生、統一原理を実行しようとする人間に変えられてしまいます。子どもの養育についても例外ではありません。子育ては、親の情愛の表れではなく、統一原理の実践の場とされてしまうのです。

以下、文鮮明を再臨のメシアとして信仰させる過程について、違法性がないかどうか検討していきます。

3　文鮮明が再臨のメシアであるとの信仰を与えられたことが違法である根拠

統一協会の伝道・教化活動、すなわち文鮮明を再臨のメシアとして信仰させる活動が、国民の自主的な信仰選択の権利(信教の自由)を侵害しているか否かが問題となります。以下、若者への伝道・教化課程を分析します。1世のほとんどがそれを受けているからです。

①　正体を隠した伝道活動

宗教団体における伝道活動は、特定の宗教団体の伝道活動であることを明らかにしておこなわなければならない、とすべきです。

たとえば、「家庭連合である」と告げるだけでは不十分です。名称を明らかにしただけでは、それが宗教団体であることさえ不明な場合がありますから、宗教団体であることを明らかにすることが必要不可欠です。そして、伝道を目的とした接触であることが最初の段階で明らかにされなければなりません。そうでない場合は、判断のために決定的に重要な情報が隠されていることになります。そのことによって、誤った判断をさせられ、統一協会員にされてしまった人が圧倒的に多いと推測されます。その結果、2世問題が発生したのです。正体を隠した伝道がなければ、ほとんどの2世問題は発生していないはずです。

②　宗教教義である統一原理を真理として教える

宗教団体の伝道・教化活動では、宗教教義は、宗教教義であると明示して教えなければならない、とすべきです。

統一協会の伝道・教化課程で教えられるのは統一原理です。正体を隠した、最初の段階であるビデオセンターへの勧誘は、統一原理が宗教教義であることを隠したまま、それが真理であり事実であると教えることを可能にします。そのことは、「宗教に親和性のある人」として選別された受講生の多くに対して、統一原理が事実であり真理であると信じやすくする効果を持っています。宗教教義の勉強をするのだと分かっていれば、それが宗教の勧誘につながっていることが理解できますから、すぐ辞めたり、他人の意見を聞いたりして検討することができるのですが、その機会が奪われています。

そして統一原理は、文鮮明が再臨のメシアであることを実感する（信仰する）ための前提知識として教えられています。教義書である『原理講論』では、創造原理、堕落論、終末論、メシヤ論、復活論を総論として、アダム・エバ家庭から東西冷戦時代までの人間の歴史が、その実証として叙述されています。その歴史は神の意思としておこなわれたとされ、人間の、堕落からの復活の歴史であり、この歴史の結論として、再臨のメシヤがこの地上に今生まれているということが書かれています。右に記載したことが真理であり事実であると理解されていけばいくほど、再臨のメシアがこの地上に今あらわれているという知識が、真理であり事実であるとして、勧誘された人の認識により深く根づいていくことになります。その認識を前提に、文鮮明の個人史である「主の路程」の講義がおこなわれることで、文鮮明が再臨のメシアであることを知的に受け入れることが可能になるのです。

③ 心理操作で、神の実在を実感させる

神の実在を実感させることは、文鮮明が再臨のメシアであることを受け入れさせるための直接

的な土台です。そのために統一協会はまず、信者の救いのためには教義上、何もできない神であることを伏せたまま、受講生が喜ぶような神の側面についてのみ、前提知識を与えます。

ビデオセンターの次の段階である「2Days」という一泊二日の「セミナー」では、「(神の)創造目的」について講義がおこなわれます。

この講義の目的は、「親」である神の愛を受講生に感じさせることにあります。受講生各人は、神によって作られた個性真理体であるとされ、一人ひとりが異なる存在で、「天宙無二《てんちゅうむに》」だとされます。そして、自然万物を人間が見て感じて喜ぶことができるのは、生まれてくる我が子のために親が色々と準備するように、親である神が、子である人間が喜ぶように作ったからだといいます。たとえば、みかん。そのサイズは人間にとって丁度食べやすい大きさで、手でむくことができ、香りも良く、美味しく食べられるように神が作られたとしか考えられないといいます。

2Daysの次の「ライフトレーニング」という段階では、統一原理の神は親たる神であり、人間である我々はその子どもであると教えます。神の愛は親の愛であるから、無条件で絶対的で無償の愛であるのに対して、人間の愛は相対的なもので条件付きの愛だと教えます。どうやっても愛せない人についても、祈ること、すなわち神の働きを願うことで、自分が変化し愛せるようになると教えます。その結果、愛せなかった人との関係がよく変わることがあります。そのようにして、この変化は神の愛、神の働きによるものだと実感させるのです。

神を意識した生活をさせ、集団への順応という人間の心理を利用することで、神の実在を実感させます。ライフトレーニングに参加した受講生は、食事の時の話し合いのなかで、「今日、神様にであった人は？」と班長に聞かれます。それによって、受講生が神を意識し、神を求める日常生活を送るように操作しているのです。受講生は、班長や他の受講生から評価されることを望むようになり、「今日は、何が神様の働きだったんだろう」と、単なる偶然の出来事にすぎないことも、神の働きとサタンの働きに分けて考えるようになります。そのうちに、ささいなことを神の働きと解釈し、神の実在を実感してしまうのです。集団に順応させられる人間の心理を利用して、神を実感させているのです。

神を実感させられることの効果について、ビデオセンターでカウンセラーを務めていた現役信者は、東京地裁民事第四三部二〇二一年三月二六日判決の事件で提出した陳述書で、以下のように述べています。

「同年（平成一〇年）四月一八日に、Kさんはビデオ受講を通して文鮮明師が再臨主であることが明かされ、ビデオセンターで学んだ教義が家庭連合の教理である統一原理であることを明かされました。Kさんはそれまでの受講を通して神の愛と導きを実感していたため、何の違和感もなく文鮮明師を再臨のメシヤとして受け入れました」

④ 文鮮明を再臨のメシアと実感させる

文鮮明を再臨のメシアとして受け入れさせるためには、自分が「原罪を負った罪人」だと自覚させることが必要です。罪人であるとの自覚を持たせるための前提知識を与えるのが、堕落論という講義です。

ビデオセンターでは、性に関する自分の思い、行為、経験を罪として認識させることができるかどうかが重視されます。若者の多くは、性についての経験が乏しく、その衝動が激しい時期にありますが、そのことが利用されるのです。

「2Days」で講じられるメシア論では、神により地上に派遣された、神のひとり子であるイエスは、人間たちの不信のために摂理に失敗し、自らの責任を果たせないまま、サタンに命を奪われたと教えられます。イエスが処刑される際に、手の平に五寸釘を打たれる場面などをリアルに説明することで過剰な刺激を与え、罪意識を持たせる内容になっています。

「ライフトレーニング」の講義では、受講生に対し、自らの過去を振り返らせます。人間は意識の表層では自分のことを良心家と考えているが、無意識の世界では、自分が罪人であることを知っていると説きます。どんな人でも、過去の記憶を遡れば、ほとんど必ず「罪」を発見できることを利用するのです。

アメリカ映画『フラットライナーズ』（ジョエル・シューマカー監督）を見せるということもします。主人公の医学生らは、自らの心臓を止めてから蘇生するという臨死実験をおこないます。その後、実験体験者の一人が子どもの頃に、木の上に追いつめて誤って殺してしまった少年が実体化して傷を負わせ、実験に参加した他の四人も、潜在化されていた過去の罪が蘇ってくるという内容です。この映画は、統一協会の伝道・教化課程の教材として、長らく使われています。下層意識（潜在意識）に存在している「自犯罪」（統一原理は人間の罪について、原罪・遺伝罪・連帯罪・自犯罪の四種類があるとしています）を呼びおこし、実感させるために有効だからです。

文鮮明がメシアであることを証す前に、再臨論の講義によって、第二次世界大戦中の韓国における旧日本軍の残虐な行為を取り上げ、日本民族としての「罪」を自覚させます。

ここまで見てきたように、「自犯罪」を実感させ、神を実感させることを前提にし、ライフトレーニングの終盤に、文鮮明を再臨のメシアであると証して受け入れさせます。そして次の段階である三泊四日の「4Ｄａｙｓ」セミナーでは、三日目の夜に、一堂に会した受講生に、「お父様の詩」という詩を朗読して聞かせることによって、文鮮明を再臨のメシアとして実感させます。

そのやり方は次のとおりです。「お父様の詩」が朗読される前のメシア論で、受講生に対し自分は罪人だという認識をさらに強める話をします。イエスが処刑される場面を事細かく説明し、イエスの悔しくも悲しい気持ち、それを見ている神の気持ち、サタンの気持ちを語るといいます。メシア論が終わると、講師は、聖歌を受講生と一緒に歌います。統一協会の聖歌六八番「十字架に向かえり」は、「イエスの十字架を越えて、勝利の道を進む」という内容で、参加者の感情を強く刺激するものです。その上で、講師が激しい祈禱をします。その後、照明を消して蠟燭の灯りの中で「お父様の詩」が朗読されるのです。

メシア論の講義によって、自分は罪人だとさらに強く思わされた受講生は、「お父様の詩」を聞かされることで、神の「真の愛」を体現した文鮮明によって自分は受け入れられ、許されたという気持ちにさせられ、感激します。会場は嗚咽《おえつ》や号泣に包まれるといいます。このように、人為的に感情を高揚させられる中で、文鮮明は再臨のメシアだと実感させられてしまうのです。

その結果、受講生の間に集団的な宗教的回心が引き起こされ、統一協会への信仰を持つようになります。それまで教えられてきた統一原理と感情を高揚させられる心理操作によって、文鮮明は再臨のメシアであるという実感（＝信仰）が生まれ、それに支えられて、統一原理こそが真理（＝判断基準）であるとされるのです。

⑤ 逃げられない状態にさせられ、救いのためには命懸けの経済活動等が必要だと言われる

このようにして受講生の判断基準となった統一原理には、この原理に従って人生を送らなければ「霊人体《れいじんたい》」（人間を構成する霊的な存在。肉体の死後、霊界で永遠に生きるもの）は完成せず、天国には行けないという教えがあります。天国に行きたいと願う以上、統一協会から逃れられない状態にされてしまうのです。したがって、過酷な宗教的実践課題が明らかにされても、統一協会を辞めることができないのです。

初めて明らかにされる宗教的実践課題は、「堕落性を脱ぐ」（＝邪心を克服する）ためだとされます。具体的には、誠の限りを尽くしての献金、命懸けの経済活動、愛情をこめた伝道活動をしなければならないとされます。これらの課題を実践して七年後に、文鮮明が原罪を脱がしてくれる

場としての「祝福」（合同結婚式）が、「希望」として用意されているのです。文鮮明が与えてくれる配偶者は「理想相対《そうたい》」とされ、生まれてくる子どもは「無原罪の子」だと教えられます。

4 統一協会の責任とその追及の方法

このようにして1世は、統一原理を、終生にわたる強固な判断基準とされてしまうのです。この判断基準に対する統一協会員の確信は、日々の実践活動によって、より強められ深められていきます。「アベル」と言われる統一協会の上司に「報連相《ほうれんそう》」（報告・連絡・相談）を強いられることで、統一協会に隷従するよう仕向けられ、逃れられないようにされていきます。

統一原理に反する生き方をすれば「霊人体」は完成せず、地獄に行くことになるとか、統一協会に対して不信を持ってはならないとか、分からないことにも深い意味があると考えろといった、思考停止させることを教化されます。活動が進展するのにともない、世界を「神」対「サタン」の対立としてとらえるようになるため、協会員以外の人たちに対して排他的な姿勢や恐怖心を持つようになっていきます。これによっても、統一協会から逃れられなくされていきます。

協会員は、「祝福」によって生まれた子どもは「無原罪の子」だという信念を持たされ、その子たちをサタンから守り、「純潔」のまま合同結婚式を受けさせることが、統一協会員として絶対におこなわなければならない道だと信じさせられます。そのような信念（＝統一原理）を実践した結果、宗教的信念を子どもに過度に押しつけるということが生じるのです（→第3・18章）。

以上のことから私は、2世の苦しみの原因は、統一協会が1世に対して、その自主的な選択を侵害して統一協会の信仰を植えつけたことにあると考えています。1世は、違法に植えつけられた統一原理に縛られて子育てをしたのであり、本来の自分の意思で子育てをしたのではありません。自由意思のないところに責任はありません。2世に対する責任は、1世の自由意思を排除して、統一原理で拘束して子育てをさせた統一協会にあります。

ただ、統一協会に対して2世が単独で裁判を起こした場合、極めて困難な訴訟となります。協会側は、1世が自由な意思によって子育てをしたという立場から、2世の請求を争ってきます。それを克服するためには、1世が統一協会の伝道・教化活動をいつ、どこで、どのような形で受けたのか、それによって考え方をどう変えられ、どのように信仰を植えつけられ、判断基準を変えられたのか、その立証が一番大事なことなのですが、1世が協会員のままである場合、それは極めて困難で、不可能といっても過言ではありません。

それを打開する道は、1世が統一原理の誤りに気づいて統一協会を脱会すること、脱会した1世と2世が一緒になって統一協会に対する裁判を起こすことです。その過程で、1世と2世の間に新たな家族としての結びつきを形成することが可能になるのではないか、それは2世の生きる土台を安定化させるためにも重要なのではないかと考えています。

（ごうろ・まさき　弁護士）

5 エホバの証人の「宗教2世」問題
——教団史的な観点からの考察

山口瑞穂

筆者はこれまでに、日本におけるエホバの証人の歴史展開を、宗教運動論や教団組織論などの宗教社会学的な視点から研究し、その成果を、二〇二二年に『近現代日本とエホバの証人——その歴史的展開』として上梓している。[*1] 本稿では、その内容をもとに、エホバの証人における「宗教2世」問題[*2]の背景にある救済観や組織構造に焦点を絞り、考えてみたい。

管見の限りだが、「エホバの証人2世」に関する言及は、一九八五年に信者の子どもが亡くなった交通事故と輸血拒否に関する大泉実成《みつなり》のルポルタージュ『説得』（一九八八年）が始まりであり、同書には、信者たちが「「エホバの証人二世」達を、〝真理の内に育てられた子供達〟と呼んでいる」と記されている。[*3] 当時の教団内では既に「2世」という語とその存在が認知され、定着していたことがわかる。その「エホバの証人2世」の当事者（元2世信者）による最初の著作は、秋本弘毅《ひろき》による『エホバの証人の子どもたち――信仰の子らが語る、本当の姿』であり[*4]、刊行された一九九八年における日本の信者数は、二二万二三四七人とピークを迎えていた[*5]。同書はキリスト教系のメディアで紹介されたが[*6]、それまで有志の牧師たちが対応してきたのは、おもに入信第一世代の親族（夫や親たち）からの相談であり、子ども世代の問題については、フォローの範囲を超えていたと思われる。宗教研究の動向をみると、世代間の信仰継承を研究する猪瀬優理《ゆり》が、2世を含む脱会者の問題やカルト問題に関する論考を二〇〇二年と二〇〇九年に発表している[*7]。

エホバの証人には、信者としてカウントされている人びとのほかに、「研究生」と称される信者候補が存在し、最多となる一九九五年の研究生は、月平均で二四万一二二一人にのぼる[*8]。この中には、戸別訪問などの布教を受けた第一世代の信者候補や、信者の子どもたちも含まれる。つまりこの教団に関わった実際の当事者の人数は、信者の周辺も含めると、多い年で四〇万人以上いたことになる。研究生未満の子どもたちの存在も、過少評価できない。このうち筆者は、二〇二一年時点で二一万人強となっている信者の宗教運動について、通史的な研究をおこなってきた。本稿では、これらの信者たちが、いったい何のために布教活動をおこない、またどのようにして活動に動員されてきたのかを整理し、エホバの証人における「宗教2世」問題がなぜ生起し、時に先鋭化するのか、その教団内的な論理を考察する。

なお、ひと口に2世といっても、個々の当事者の自己意識や教団との距離の取り方はさまざまであり、本稿は、全てのエホバの証人2世が問題化すると主張するものではない。あくまで、

「宗教2世」問題が自覚されたり認知されたりする場合についての、この教団の宗教的な背景に限定した考察であることを断っておきたい。

1　宗教的な世界観とその教団史的な背景

エホバの証人の宗教運動を大きく方向づけてきた要素の一つは、「ハルマゲドン」に代表されるラディカルな終末予言の修正や更新を、長年にわたり繰り返してきた点である。

アメリカ発祥のエホバの証人（Jehovah's Witnesses）は、一八八〇年代の初頭にチャールズ・T・ラッセル（一八五二―一九一六）によって創設された。再臨派（ミラー派）に宗教的な源泉をもつこの宗教運動は、天におけるキリストの再臨（臨在）――そのため、目で見ることはできない――という見方を取り入れ、キリストの再臨や千年王国の時期を聖書の記述から研究する小さなグループから始まった。一八八四年にペンシルベニア州で法人格を取得し、現在は「ものみの塔聖書冊子協会」となっている（以下では「協会」と記載）。現在に至るまでに、教説は大きな変遷を遂げたが、どの時代においても、ハルマゲドンと称される裁きが信者たちの存命中に生じるとされ、信者自身や周囲の人びとのために、布教活動に専心することが強く推奨されてきた。

とりわけ大きなインパクトをもたらしたのは、協会の三代目の会長となるネイサン・H・ノア（一九〇五―一九七七）の時代に展開されたハルマゲドン一九七五年説である。実際にそのような名称で呼ばれていたわけではないが、「一九七五年」を強調する教団刊行物の記事や講演は一九六六年頃から展開されており、一九七五年が近づくにつれ、世界各地で信者数が急増した。

エホバの証人のいうハルマゲドンとは、核戦争や環境破壊、自然災害などではなく、また象徴的なものでもなく、エホバ神によって地球上の諸問題が根本的に解消される現実的な裁きを指す。その教えによると、現在の地上を支配しているのは悪魔サタンであり、世界はサタンと共に清算される運命にある。一九七五年説のように、特定の年代を示す予言は、布教活動の緊急性をもっともらしく感じさせ、教勢拡大のカンフル剤的な効果をもたらす半面、予言の失敗も露呈しやすく、運動衰退の要因ともなる。しかしエホバの証人におけるこの難点は、教団組織の権威の正統性を顕示するという方法で補われ、運動の継続が図られてきた。

教団側の自認するところによると、エホバの証人における権威の正統性は、キリスト教を名乗る地上の全組織をキリストが検分した結果、神の意志（予言の解釈など）を伝達するにふさわしい唯一の経路として是認されたのが、ラッセルの率いる聖書研究グループだったという点に求められる。一九七〇年代に協会は、神の唯一の経路の中心組織が「統治体」という名称であるとする説を強調し始め、現在に至っている。

統治体を構成するのは協会の会長と一〇名前後の男性信者であり、彼らと信者一般を分かつものは、想定されている救済のレベル（天／地上）の違いである。大半の信者に開かれている救済は、ハルマゲドンを通過し、地上の楽園で永遠の生命が与えられるというものであるのに対し、統治体の構成員は、没後に天にあげられ、キリストとともに統治する側（一四万四〇〇〇人）になるとされている。つまり統治体と信者は、宗教的に正統性を与えられた統治する側／される側という関係にあり、協会はこの組織構造を「神権組織」と呼んでいる。そして神権組織で最も重視されるのは、「神権的な服従」[*9]と称される従順な態度である。

なお、神権的な服従は、家庭内にも適用されるものであり、たとえば、一九八〇年代に提供されていた若者向けのテキストによると、両親には、家庭における一定の権威が神によって与えられているとされている。[*10]神権組織や神権的な服従によって成り立つ関係を簡潔に整理すると、エホバ神―キリスト―統治体（協会の世界本部）―日本支部―各種の監督―会衆の指導者―個々の信者（夫―妻）（親―子ども世代の当事者）に整序されるヒエラルキーの構造があり、親への従順／不従順には、神への従順／不従順と同様の意味が与えられることさえある。

その上でさらに重要な要素は、エホバの証人における信仰の根幹が、永遠の命などの利害関心であってはならないとされ、最も重視すべき問題は、「神の主権の正しさの立証」とされている点である（以下では「主権の立証」と記載）。その論拠は、神に対し悪魔サタンが持ちかけた挑戦的な議論にあるとされており、かつて悪魔サタンは、人間は、神から与えられる祝福や利得を目あてに神に従っているに過ぎないと主張したという。エホバの証人においては、「宇宙主権の論争」とされるこのテーマを背景に、「主権の立証」こそが、人生の目的であり、救済は結果論に過ぎないとされてきた。こうした教説から引き出されるものは、エホバ神対悪魔サタンという極めて明快な二者択一の世界であるため、「宇宙主権の論争」というテーマを正確に理解できていない信者も、この二者択一を指針に、世界を解釈することとなる。こうして、救いを得たいかどうかといった信者個人の望みや、幸福を実感できているか否かといった現実的な問題とは全く無関係に、より多くの信者を教団に留まらせ、「主権の立証」のために生きることを課し、布教活動に動員することが、論理上は可能となるのである。そもそも、人類にとって何が幸福であるかを理解できるのは創造主エホバ神のみとされ、幸福と従順は矛盾しないからである。

2　終戦から一九九〇年代半ばまでの伸張

日本での宣教は、協会の二代目会長のラザフォード（一八六九―一九四二）から任命された明石順三（一八八九―一九六五）によって、一九二六年に始まった。灯台社という名称で展開された日本支部の活動は、良心的兵役拒否や戦時下での抵抗で知られている。しかし戦後、当時の世界本部のありようを批判する公開質問状を送ったために、明石は日本支部の代表者の地位を追われ、新たに派遣された日系人や外国人の宣教者たちによって戦後の宣教は再開された。支部の運営が日本人指導者に委ねられたのは、一九七五年の初頭、信者数が三万人に達した頃のことである。

ここで、エホバの証人の「信者数」について補足しておきたい。新宗教運動の公称信者数には、名義だけの「信者」が含まれているケースもみられるが、エホバの証人の信者数は、一カ月に一定程度の時間の布教活動を報告した者の人数（平均伝道者数）を指す。ここでは、神への「奉仕」として布教活動に費やした時間を報告するよう求められるのだが、伸張が著しかった時期と現在

表1　1992年の開拓者の比率上位国・地域

国　名	信者数（人）	開拓者数（人）	開拓者の割合（%）	信者一人あたりの伝道時間／年
日本	165,823	75,956	45.8	514.9
大韓民国	68,955	28,846	41.8	466.9
台湾	2,014	603	29.9	414.4
エチオピア	2,968	770	25.9	427.7
ペルー	40,419	9,954	24.6	354.9
アメリカ	866,362	106,031	12.2	209.1

注：ものみの塔聖書冊子協会『ものみの塔』『エホバの証人の年鑑』各号に公表された統計資料をもとに作成。
出典：山口瑞穂『近現代日本とエホバの証人――その歴史的展開』法藏館、2022年、145頁

とでは、信者たちの活動の密度にも濃淡があると思われる。しかしこの方針は、布教活動への動員という点で効果的であるからこそ、長年にわたり踏襲されてきたと推察される。

信者たちには、講演や書物を介し、ことあるごとに「開拓奉仕」と称される活動に参加するよう、強く呼びかけられてきた。開拓奉仕者（以下では「開拓者」と記載）には、特別開拓者、正規開拓者、補助開拓者などの立場があり、伝道に充てる「要求時間」がそれぞれ設定されている。たとえば一九九〇年代（一九九八年まで）の正規開拓者には、一年間に一〇〇〇時間の要求時間が課されていた。信者に占める開拓者の割合でいうと、日本支部のピークは一九九二年の四五・八％であり、全支部の中で第一位であった（表1参照）。しかし、同年のアメリカは一二・二％であり、そもそも歴史を通じて一〇％台の支部も多い。こうした差は布教活動の時間に反映され、同年に信者一人あたりが布教活動に費やした時間は、アメリカが二〇九・一時間であるのに対し、日本は五一四・九時間にのぼり、日本人信者た

ちのコミットメントの高さがわかる。

教団側の機関誌によると、一九八〇年代の日本支部における開拓者の約六割は、非信者の夫をもつ主婦であったという。[*11] エホバの証人の布教活動は、会衆ごとに地域を振り分け、一件も余すことなく戸別訪問するというものだが、布教の導入部においては「家族生活や子育てに聖書の助言が役に立つ」といったアプローチをとるよう推奨されていた。インターネットによる情報収集という選択肢はなかった当時、訪問者が主婦であり、入り口となる話題が「子育て」や「家庭」であったことは、多少なりとも警戒心を解き、関心を惹く助けになっただろう。むろん、入信のきっかけや動機はさまざまであり、一九七〇年代半ば頃までの入信者には、反戦や平和という関心から、戦時下抵抗をおこなったエホバの証人に感銘を受け、入信する人もいた。とはいえ、高度経済成長期に生み出された専業主婦という存在は、布教する側と訪問を受ける側の双方において、教勢拡大を可能にした条件の一つであった。

ただし、主婦たちの時間やエネルギーが、なぜほかの活動――たとえば子育てサークルや平和運動など――ではなくエホバの証人の布教活動に振り向けられたのかという点で、世界本部の布教戦略にも注目が必要である。

前節で述べたように、信者たちは、ハルマゲドンという現実的かつ焦眉の危機をつねに眼前に提示され、「主権の立証」というテーマを背景に、エホバ神か悪魔サタンかという二者択一を迫られ、布教活動に駆り立てられてきた。扶養家族のいる男性信者の中にも、開拓奉仕に参加するために安定した職業を棄て、必要最低限の収入で生計を立てる者もおり、教団側もそうした選択を称賛した。また子どもや若者も、なるべく早く入信し、進学や正規の就労よりも開拓奉仕を目指すよう、繰り返し声高に督励されてきた。宗教的な意味づけのもと、ハルマゲドンまでの期間限定の特別な任務という前提があるからこそ、主婦に限らず全ての信者たちの時間やエネルギーを布教活動のために差し出すことが肯定されてきたのである。

その際、時間という尺度は、神への捧げ物の多寡を、周囲の信者や他国の支部と比較する上で極めて合理的であり、信者たちに達成感やプレッシャーを与えるものともなった。また時間という尺度は、金銭と比べると、要求や提供が問題化しづらい面もあった。

なお、日本では、敗戦によって日本人が喪失した価値観や指針を、エホバの証人が供給するだけでなく、拡大家族的な役割をもち、コミュニティの機能を代替していたことも指摘されている。[*12] そこに参加する喜びや、やり甲斐もあっただろう。世界本部から出される方針は、神権組織と宗教的コミュニティがもつ拘束力を背景に、日本人信者を布教活動に駆り立てるものでもあった。

3　社会的な摩擦への対応と組織統制

社会的な摩擦に対してどのような対応が図られていたか、また組織内での統制はどのようになされていたかについても確認しておきたい。社会的な摩擦としてしばしば指摘されてきたのは、剣道や柔道などの格技拒否や輸血拒否の問題である。

日本で生まれた新宗教が海外に進出して布教を展開する際、布教先の社会との間に葛藤が生じる中で宗教運動としての独自性を保ちながら、その社会に適応することが課題となり、異質性を薄めようとする宗教もある。社会への適応度をもって、その宗教の是非などを安易に評価するべきではないが、現地の信者獲得という点では、異文化社会にどう適応するかが大きな課題となるのは確かだ。結論からいうと、アメリカ発祥のエホバの証人は、日本社会にとって極めて異質性の高い宗教運動でありながら、妥協や譲歩をほとんどすることなく教勢を築き上げ、日本社会に定着した。その経緯において見過ごせないのが、信者を原告とする訴訟である。

格技拒否をめぐる最初の訴訟は一九九一年に始まり、一九九六年に最高裁判所が原告の訴えを認める控訴審判決を支持する形で終結している。[*13] 訴訟による問題解決は、統治体の一員でもあるロイド・バリーという人物が一九八六年に日本支部を訪れた際、提案したものである。原告の生徒は、体育の授業で剣道の実技に参加しなかったため、単位不足で留年し、通っていた工業高等専門学校から退学処分を受けていたが、判決の後、五年遅れの復学が認められた。エホバの証人における格技の拒否は、聖書のイザヤ書二章の「戦いを学ばない」などの記述に基づく良心の問題とされているが、たとえば一九六四年刊の『ものみの塔』には、体育の授業における柔道などに対してこの句が用いられており、聖句を何にあてはめるのか、その解釈は教団側から示されていたことがわかる。[*14] この記事では、自分の立場を、聖書を使って教師に説明するよう勧められている。

この訴訟によって、格技をめぐって信者たちが不利な扱いを受けることはなくなったが、退学を余儀なくされた過去のケースも含め、学校との間で厳しい摩擦に直面し、矢面に立つことになったのは、教団ではなくこうした生徒たちであった。

輸血拒否の問題については、事前の約束に反し、手術中に同意なく輸血を施された患者（信者）が、病院や医師を相手に損害賠償などを求める訴訟を一九九三年に起こしている。この訴訟は、緊急の場合は輸血をおこなうという説明を医師が怠ったとする東京高等裁判所の判決を、最高裁判所が支持する形で二〇〇〇年に終結した。[*15]

エホバの証人における輸血拒否は、「血を食べる」ことを戒める聖書のレビ記一七章などを根拠とする個々の信者の信条の問題とされているが、これにくわえ、『ものみの塔』誌上では、輸血によるウイルス感染の問題が併記されるなど、健康への害という視点からも輸血への忌避感を高める記述がなされてきた。[*16] さらに重要な点として、エホバの証人には、神に忠実な者は、ハルマゲドン後、楽園が回復された地上に生前と同じ人格と肉体をもって復活させられるという教説があり、輸血を受け容れた場合、その可能性は極めて低くなると考えられている。一見すると、こうした観点に依拠する輸血拒否は、荒唐無稽で生命を危険に晒す行為と映るかもしれないが、信者にとっては、信条と健康の両面において、輸血こそが生命を軽んじる行為であり、自身や家族の生命が大切であるからこそ、輸血拒否が選択される可能性があるのである。エホバの証人に対応可能な病院が見つからなかった場合、信者や親族は大きな葛藤を抱えることになるが、少なくとも成人患者の意思は、最高裁判決によって尊重されるようになった。

このようにしてエホバの証人は、世界本部の指導や方針のもと、日本における教育や医療に変容を迫る形で、日本社会との摩擦や葛藤を回避していった。むろん、個人の意思が尊重される教育や医療は、エホバの証人だけでなく社会全体にとっても望ましいものである。しかし、エホバの証人の救済観に照らしてみると、この教団において最も重要な信仰実践は、世直しや社会改良ではなく、神の代理組織と位置付けられている世界本部に従順さを示すことなのである。そのことは、この教団における除名処分や脱会者との交友の制限といった局面において先鋭化し、信者個人への排除的な対応となって現れる。

エホバの証人の除名処分は「排斥」と称され、この処分を受けた者とは交友を断つよう告知され、注意が促される。排斥は、会衆の「道徳的清さ・霊的清さ」を守るためにおこなうとされ、組織統制という側面が強い。喫煙や婚外交渉・婚前交渉、そして組織への批判などの背教的行為が排斥の対象となる。また、自分の意志で棄教を表明する「断絶」、つまり入信後の脱会は、非信者以上に罪が重いという。排斥・断絶のいずれも「霊的な死」と称され、家族であっても、宗教的な会話、家庭内の親睦、食事を伴う集まりに参加させないなど、いわば忌避するよう提言されており、こうした対応は、悔い改めを促すための神の愛だとされる。

なお、この状態に時効のようなものはなく、本人が「悔い改め」や「復帰」の意志を表明し、会衆の指導者に認められない限り、延々と続く。こうした状態になるのを避けるために、明確な脱会の形とならないよう、少しずつ布教活動への参加から離れるケース（「不活発」と称される）もあるが、いずれの場合も、信者としてカウントされた後に、それ以外の生き方を選択する際のハードルは、他の新宗教と比べて類をみないほど高い。「隔離型の宗教[*17]」と称されることもあるエホバの証人は、布教活動のために世俗社会での交友関係が最小限に留まるため、脱会を機に自らのルーツともいうべきコミュニティと、それによって形成されてきた自己イメージを一挙に喪失することになるのである。

二一万人にのぼる教勢と宗教集団としての凝集性の高さは、教団側のいう「道徳的な汚れ」や「背教者の影響」から教団を守るためのこうした組織統制によって維持されたものでもあった。

4　教勢の停滞にみる「宗教2世」問題

一九九〇年代後半になると、信者数の増加は頭打ちとなり、現在もその傾向は続いている（図1の網かけ部分）。特徴となっているのは、離脱者の増加である。入信者の減少、信者数の停滞はエホバの証人に限らず、新宗教全般にみられるものだが、離脱のハードルが極めて高いエホバの証人の場合、離脱者の増加はそれまでになかった現象である。離脱者が増加した背景として、本稿では二つの要因のみ、挙げておきたい。

一つはインターネットの普及という教団外的な要因である。教団へのコミットメントの度合いは、人によって異なるものであるため一概にはいえないが、インターネットが普及することによ

図1　日本におけるエホバの証人の信者数・信者候補者数・入信者数の推移

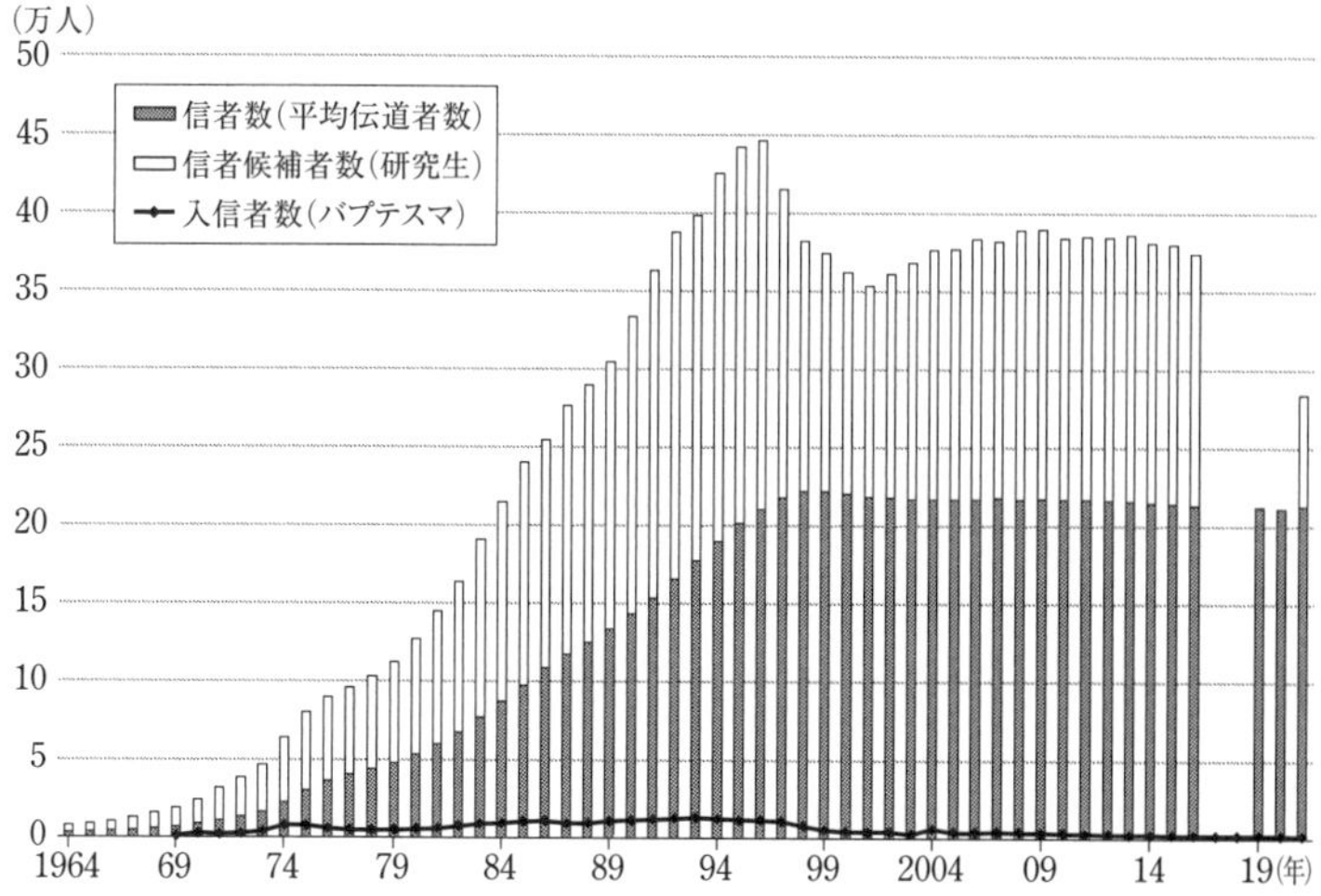

注：ものみの塔聖書冊子協会『ものみの塔』『エホバの証人の年鑑』各号に公表された統計資料をもとに作成。2017年から2020年については、数値が公開されていない項目があり空白となっている。（単位：人）

り、教団関係者に知られることなく情報を収集したり、交流したりすることが容易になった。離脱に伴う当事者の苦悩には依然として計り知れないものがある一方、教団側による情報統制や組織統制は、以前と比べると極めて難しくなった。情報収集や交流に道が開かれたことによる影響は、信者としてカウントされている当事者だけでなく、納得のいかないまま、入信を迫られ続けてきた子ども世代の研究生にも及んでいるだろう。

　もう一つの要因は、ハルマゲドンをめぐる予言の切迫感が希薄化してきたという教団内的な事情である。長年にわたり、ハルマゲドンは遅くとも信者の存命中に生じるはずだった。しかし、一九九五年に提示された教説には、予言を時代的なものとしてではなく、質的なものとして理解する方針が盛り込まれたために、ハルマゲドンは無期限に先延ばしになる可能性もでてきたのである。それ以降も、ハルマゲドンが近いとも遠いともとれる新たな教説が打ち出されているが、一九九〇年代前半までは顕著だった切迫感が徐々に弱まってきたことは否めない。

協会の指示や方針に忠実であるほど、信者の生活は自身の将来を度外視した、布教活動中心のものとなる。とりわけ、子ども世代の信者たちが待ちわびていた救済は、楽園や永遠の命といった漠然としたものというより、報われることの少ない布教活動中心の生活からの解放といったほうがよいケースもある。教義の変更は、そうした解放を無期限に延期し、将来設計という現実を否応なく突きつけるものとなった。信者の危機感、ひいては恐怖心にさえ訴える予言の修正や更新を延々と繰り返し、信者たちの期待感や義務感に支えられて右肩上がりの教勢拡大を達成したのも事実だが、そこには潜在的な離脱者も含まれていたのであり、現在の停滞は、潜在的な離脱者が顕在化した結果とみることもできるのである。

5　問題が生じ、時に先鋭化する三つの理由

本稿の冒頭で、エホバの証人における「宗教2世」問題がなぜ生起し、時に先鋭化するのか、という問いを設定した。教団内的な事情に限定した考察ではあるが、その理由として、①想定されている救済が彼岸的なものではなく、あくまで現世と地続きの根本的かつ切迫した裁き（ハル

マゲドン）と表裏一体であったこと、②「神権的」とされる論理によって、信者関係だけでなく家庭の親子関係においても従順であることの重要性が強く説かれてきたこと、③離脱者に対し忌避的な態度を徹底するなど組織統制が図られ、それが神権組織という論理によって肯定されてきたこと——を挙げることができる。

ただし、①については、終末論的な救済観そのものが、エホバの証人における「宗教2世」問題の直接的な要因となるわけではない。戦前の灯台社の事例がそうであったように、終末論的な救済観には、危機や困難に直面した人びとにとって抵抗の原動力となる側面があり、日本発祥の宗教運動にも、終末思想的な救済を説く新宗教はあった。

しかし、②の神権的な服従の論理に日本支部や日本人信者も組み込まれているエホバの証人では、教説の運用範囲が極めて狭く、日本の社会状況や時代状況に応じて教義や組織構造が変容する可能性は極めて低い。このため教育や医療サイドとの間に摩擦が生じたが、格技や輸血の拒否に見て取れるように、信者を原告とする訴訟によってその低減が図られたのであって、この教団が社会に対して妥協や譲歩をすることはなかった。むしろ神権組織は、教団の変容や分派が生じるのを回避するために構築されてきた側面もある。

実際、③の組織統制によって、宗教集団としての凝集性が保たれてきた。そして、長い時間をかけて確立されてきた協会世界本部の方針は、信者の生活をひたすら布教活動に振り向けさせるものであった。神権的な服従という論理が家庭や親子関係にも浸透している場合、親は子どもに対して、協会の方針を教える務めを神から課されるのであり、子どもにとって、親のその方針は、神から与えられた権威を帯びたものとなる。そして、時にそれは、エホバかサタンかという二者択一を迫る形で、子どもの将来設計や交友関係に影響を及ぼしてきた。

ただし、これは教説を受容した信者に起こりうることについての考察である。冒頭でも述べたように、信者の周辺には多い時で二四万人の研究生（信者候補）がいて、入信に至らないケースが大半であっただろう。しかし、信者として数えられるに至った二一万人にとって、世界本部の方針は一教団の方針ではなく、神権組織の彼方にいるとされるエホバ神からの指示と同等の拘束力を発揮する。脱会者への対応に代表されるように、一見すると非情で冷酷なものと映る世界本部の方針も、「霊的な死」から引き戻すための神の愛として意味づけられているため、家族への忌避でさえ愛の表出だと合理化されてしまう。もともと愛情深かった親が、わが子がハルマゲドンで滅ぼされるようなことだけは回避したいと思うあまり、皮肉にも、戻ってきてほしいはずのわが子に対し、忌避的な態度を徹底するようなケースもあるだろう。

これとは対照的に、もともと問題を抱えている親が入信し、神権的な服従を子どもに要求する場合、反抗的な態度が認められないこの教団では、その子が問題を訴えることは困難なため、事態が深刻化する可能性が高い。とりわけ「懲らしめのムチ」として、子どもへの体罰が正当化されていることの影響は大きくなる。いずれも、前記の①〜③の要因があるからこそ生じる問題であり、そのことをふまえると、少なくとも教団側が、エホバの証人において生じる「宗教２世」

問題の全責任を、親子関係、あるいは問題を抱えている親に求めることには無理があると考えられる。

教団の外部からみると、予言の失敗や修正、会長の代替わりなどに応じて、組織のあり方も整えられてきたと解釈されるかもしれないが、信者たちにとって、神の意志を伝達する唯一の経路とされる組織の正統性は、大切な問題だったのである。信者たちの人生の目的は、従順という信仰実践を通じた「神の主権の正しさの立証」にあるとされ、時間という計測可能な捧げものが要求される形で、布教活動への動員がなされてきた。エホバの証人における「宗教2世」の問題は、信者親子や信者の子どもが、こうした論理に巻き込まれた結果ともいえよう。

もっとも、問題はいわゆる「信仰の押し付け」だけではない。「宗教2世」問題には、教団外の社会との関係によって生じる側面もあり、本稿の記述内容をもって、エホバの証人2世全般をステレオタイプでみることもまた、「宗教2世」問題の端緒となりうる。「イヤイヤやらされているに違いない」「脱会したいに違いない」と周囲から決めてかかられることも、2世特有の生きづらさの要因となるからである。しかし、子どもの信仰が変化する可能性は残る。仮にその兆しがみられた際、周囲の大人はどう振る舞えばよいのだろうか。教団外の世界が虚偽や悪意に満ちている、と教えられ信じているかもしれない子どもの目に、自らの言動がどう映るか、よもや教団の教えどおりの反応と映ることのないよう、想像力を働かせる必要があると、筆者は考える。「宗教2世」の状況によっては、教団や家庭のみならず、社会からも孤立する可能性さえあるからである。むろん、尊重という形をとった「放置」は問題外である。しかし少なくとも、我々にとってのあるべき信仰や教団に対する評価を、目の前にいる「宗教2世」に押し付けていないか、考えてみる必要もあるだろう。子ども時代の経験は、将来、この社会に根をおろす際の支えとなるかもしれないからである。

＊1　山口瑞穂『近現代日本とエホバの証人――その歴史的展開』法藏館、二〇二二年。

＊2　3世以降のケース、子どもがある程度成長した後に親が入信したケース、両親とも信者か否かなど、実際の世代関係はさまざまであるが、本稿では便宜的に「2世」と記載する。

＊3　大泉実成『説得――エホバの証人と輸血拒否事件』現代書館、一九八八年、七五頁。草思社文庫、二〇一六年、九五頁。

＊4　秋本弘毅『エホバの証人の子どもたち――信仰の子らが語る、本当の姿』わらび書房、一九九八年。

＊5　『1999エホバの証人の年鑑』ものみの塔聖書冊子協会、三四頁。

＊6　『クリスチャン新聞』一九九九年二月二一日付、『キリスト新聞』同年三月六日付、など。

＊7　猪瀬優理「脱会プロセスとその後―ものみの塔聖書冊子協会の脱会者を事例に」『宗教と社会』第八号、二〇〇二年、一九―三七頁、「第3章　脱会過程の諸相――エホバの証人と脱会カウンセリング」櫻井義秀編著『カルトとスピリチュアリティ――現代日本における「救い」と「癒し」のゆくえ』ミネルヴァ書房、二〇〇九年、一一三―一四三頁。

＊8　『1996エホバの証人の年鑑』ものみの塔聖書冊子協会、一九九六年、三六―三七頁。なお、同年の信者数は二〇万一二六六人であった。また、研究生は聖書研究生の略称である。

＊9　『エホバのご意志を行なうための組織』ものみの塔聖書冊子協会、二〇〇五年、一五九―一六三頁。

＊10　『若い人が尋ねる質問──実際に役立つ答え』ものみの塔聖書冊子協会、一九八九年、一二一頁。
＊11　『ものみの塔』ものみの塔聖書冊子協会、一九八五年六月一五日号、二一頁。
＊12　ブライアン・ウイルソン「日本における「エホバの証人」の発展と親族関係の諸問題」（鶴岡賀雄・林淳訳）『国際宗教ニューズ』第一六巻第三・四号、一九七八年、四一─六二頁。
＊13　最高裁判所、平成七年（行ツ）七四号。
＊14　『ものみの塔』一九六四年九月一五日号、五七三頁。
＊15　最高裁判所、平成一〇年（オ）一〇八一号。なお、訴訟の途中で原告が亡くなったため、遺族が訴訟を継続した。
＊16　たとえば、ヨハネ・パウロ二世が輸血によってウイルスに感染したとする事例を挙げるなど（『ものみの塔』一九八二年九月一五日号、二二─二三頁）。
＊17　島薗進『ポストモダンの新宗教──現代日本の精神状況の底流』法蔵館文庫、二〇二一年、二八四頁。

（やまぐち・みずほ　宗教社会学者）

6　創価学会と2世

猪瀬優理

1　「ふるさと」としての創価学会

本章の課題は、創価学会を事例にして、「宗教2世」の経験を画一的・一面的なものではなく、それぞれの個人や家族、地域などの状況に応じた多様で多面的なものとしてみる視点を提示することである。具体的には、「信仰継承」における創価学会と一人ひとりの2世信者との「つながり」のあり方に着目する。「信仰継承」とは、教団の構成員を維持・拡大する過程を教団側から捉えた集合的な側面の強い概念であるが、「つながり」という観点からみることによって、一人ひとりが持ち得る教団との関係性のあり方について、考えてみたい。[*1]

一〇年ほど前、拙著を読んでくれた創価学会員2世の方が自分の経験を話したいと連絡をくれた。その時点で、創価学会組織からある程度離れていたものの、まだ割り切れない思いを残しているという方だった。創価学会に対しては幼少のころから違和感を持ってきたが、そこで受けとってきたこともあり、単に切り捨ててしまうのは忍びないという心情があって、その思いが拙著の論調と符合したのだという。直接お話を伺ったほか、メールでもやりとりをする中で、印象に残っていることがある。それは、生まれ育った「ふるさと」として創価学会を捉える視点である。「創価家族」、「創価の庭」で育った人にとっては、「学会」はあたたかさもあり、しがらみや抑圧もある「ふるさと」そのものである。

その方には「ふるさと」との距離を測りかねて揺れ動く心があった。必死の思いで離れた「ふるさと」ではあるけれども、よく知りもしない人や一面的にしか見ようとしない人から批判・非難されること、「ふるさと」の中で現在も生きている人たち（また、かつて生きていた人たち）が差別され、排除されることは忍びないという思いもあった。創価学会に対する自分自身の「本心」を見つけることが難しくもあった。

「ふるさと」との向き合い方に落としどころを見つけることに難儀するのは、「否定か肯定か」という二元論的発想で「ふるさと」を捉えようとしてしまうからかもしれない。しかし、一人ひとりのかけがえのない人生においては、「否定か肯定か」という評価を無理に確定する必要はない。「ふるさと」の影響をすべて受け入れる必要もない。必要なのは、「自分」と「ふるさと」との「つながり」のあり方を確かめること。そのあり方は当然、一人ひとり異なっている。

2　教団側が提示する信仰継承モデル

まず、教団側が示している信仰継承モデルについて確認しておきたい。

信者の子どもたちを教団組織の構成員としていくことは、宗教集団の維持・存続にとって重要な課題である。信者数を維持するには、常に新たな信者を獲得するために布教を行うこと、およびすでに信者になっている人を教団に引きとめることが、主要な戦略となる。信者の子どもたちを信者として育てる過程は、この二つの戦略を複合的に実践する過程である。そのため宗教集団は、次世代をつなぎとめる戦略を教理的・組織的に考案し、実践している。ここでは、創価学会が教団として提示する「理想的な信仰継承モデル」を教団機関紙・誌を通して確認する。

子どもの信仰モデル──「学会っ子」として

戸田城聖第二代会長時代には、子どもたちに対しても「御本尊様への純真・素直な信心」と「大人と同様に自ら会合運営・折伏《しゃくぶく》など学会活動に励む主体性」が重要視されていた。[*2]

一九六〇年以降、池田大作第三代会長の時代となる。特に一九六〇年代後半になると、子どもたちが所属する組織、未来部が制度化され、「未来部活動を経て青年部になる」という創価学会2世信者としての人生モデルが構築された。信仰継承することを期待される子どもたちは、創価学会の機関誌や会合などで「学会っ子」と表現されている。

『聖教新聞』一九六五年九月二五日号の記事は、「池田先生は御存じですか?」と問われて「ハイ、知ってます。僕、大好きです」と全員が答えたことを、「じつに学会精神に満ちた子供らだ」と評している。このように多くの記事や子ども向けの指導集では、子ども時代に「池田先生」を慕う気持ちを育てることが期待されている。

また、「学会っ子」たちは、主体的な学会活動をすることよりも、「勉学第一」に過ごして、将来において創価学会の役に立つ人材となることが求められるようになった。未来部から青年部へと移行するあいだに、創価学会組織の象徴である「池田先生」を師匠、自身を弟子として、あるいは「池田先生」を父、自身を子として捉える「学会っ子」としての「つながり」が、創価学会と2世信者との間に作られることが教団側からは期待されている。

創価学園と未来部

創価学会の教育機関として、札幌に幼稚園、東京と関西に小学校、中学校、高等学校、東京に大学と女子短期大学がある。熱心な学会員の親には、これらの学校で子どもを学ばせることが期待される。その子どもたちにも「創価学園で学びたい！」、あるいは「親孝行のために創価学園に入学したい！」という思いを抱くようになることが期待されている。創価学園は「池田先生」との強い「つながり」が象徴的に示される場であるからである。

創価学園では、創価学会の宗教的な教理や儀礼に関する教育は、カリキュラムの中でも学内行事の中でも行われていない。しかし、「池田先生」が創立者である以上、創価学園は「学会精神」を養う場として十分に機能する。創価学園、創価大学の構内には、創立者によって名付けられた橋、建物、小道、創立者から贈られた写真や石碑、創立者の言葉が刻まれたレリーフ、創立者が訪れた場所とそこで語り継がれるエピソードといったものがいたるところにある。かつては創立者本人が現れ、児童・生徒・学生を激励することもあった。

だが、創価学園で学ぶ2世信者は、全国的にみれば学会員2世のうちのごく一部にすぎない。したがって、多くの学会員2世にとっては、創価学会の地域組織、未来部の活動で信心の基礎を築くことが基本モデルである。未来部に所属する部員（子どもたち）は、月一回程度、地域単位で開催される会合に参加するほか、未来部担当者（親以外の大人の学会員）による家庭訪問の対象になっている。また、未来部には各種の人材グループがあり、将来有望とみられる創価学会員の子どもたちに特に念入りに教学等を伝える機会を増やしている。未来部とそこから派生する人材グループは、教団組織による子どもたちへの教化の場であり、創価学会との「つながり」を育む実質的な場である。

親子関係

創価学会では、各家庭における信心のあり方についてもある程度のモデルを示している。教団機関誌『大白蓮華《だいびゃくれんげ》』では二〇〇九年一月号から、「私が信心を継承した時」という連載が掲載されていた。連載第一回のリードにはこうある。

〝わが子に信心の継承を〟。信心に励んできた親なら、だれもが抱《いだ》く、切《せつ》なる願いである。親から子へ――どうすれば、信心は継承できるのだろうか。

その連載第一回目に掲載された体験談を、紙幅の関係で要約して提示する。

娘（女子地区リーダー[*3]）

小学生の時は、部員会に出席、題目もしていたが、中学一年の時にいじめに遭い、生きるのもつらいほど心に傷を負った。「お願い、そばにいて」と母に訴えたが、母は学会活動に楽しそうに参加していたため、学会を嫌いになり、題目もしなくなった。不登校、引きこもりを経験し、高校卒業後は働きに出たが、職場で同僚が創価学会の悪口を言うのを聞いて衝撃を受けた。そして、腹が立った。母親から「池田先生」の素晴らしさを聞いていたため、「眠《ねむ》っていた学会っ子としての誇りがわき上がってきた」。そして、無理解な社会に対して、母が「池田先生の正義」を語っていたことを誇らしく思うようになった。そして、「ずっと変わらず私を励ましてくれた女子部のお姉さんに誘われ、会合に出」た。母が伝えようとしていた「学会の世界は〝誰人《たれびと》をも受け入れ、一人《ひとり》を大切にする〟温かい世界」だった。「今、女子部のリーダーとして、母と同じ道を歩んでいることに、無上《むじょう》の喜《よろこ》びを感じています」。

母（圏副婦人部長）

娘には「小さいころから、ずっと池田先生のことを語り聞かせて育てて」きたが、いじめがきっかけで、次第に信心から離れた。「本当につらい日々でした」。「そばにいて」と娘から言われたが、いつか分かってくれると信じ、「心を鬼《おに》にして、学会活動に出かけました」。しかし、なかなか分かってくれなかった。ひきこもりの娘とともに、心療内科で診察を受けたとき、医師から、「お母さんは世間体《せけんてい》を気にしすぎです」と言われた。「私は自分の立場や周囲《しゅうい》の目にこだわりすぎていたのです。目の覚《さ》める思いでした」。「〝もっと娘《むすめ》のことを見つめ、祈《いの》りきっていこう〟――そう心を定めて戦《たたか》い始めてから」、娘は変わった。「もともと人の気持ちの分かる優《やさ》しい子」で、その娘の心に、「娘《むすめ》を愛《あい》する私の気持ちが通じたのでしょうか。娘《むすめ》は勤行《ごんぎょう》をし始めました。〝信心《しんじん》が継承《けいしょう》された〟――私は涙《なみだ》が出るほど、嬉《うれ》しくなりました」[*4]。

この体験談から、教団が提示する信仰継承モデルの要素を読み取ることができる。

まず、親のとる態度として、「小さいころから池田先生のことを語る」ことが、信仰継承のために重要なこととして期待されている。また、子どもから「お願い、そばにいて」と懇願されたとしても「心を鬼にして」学会活動に励むことも、創価学会員としては望ましい行動である。「自分の立場や周囲の目にこだわりすぎ」て学会活動を止められないのは、活動的創価学会員としてその期待に応える必要があったからである。

創価学会だけに頼るのではなく、医療機関など外部の支援に頼ることも想定されている。教団外部の機関が状況改善のきっかけになることも否定されていない。しかし、このアドバイスを聞いて「心を定めて」行ったのは、「戦い」という名の学会活動であることが推測される。

子どもが親から信仰継承することは親の喜びであり子の喜びであると、親子ともに解釈することが期待される。そして、たとえ子がいっとき信心から離れたとしても、根本において「池田先生の正義」を信じ続けることが期待され、いつか信心に戻ってくることも期待されている。

親・家族だけでなく、教団組織から派遣される未来部担当者（「女子部のお姉さん」）の継続的励まし（子どもたちへの家庭訪問）が効果を発揮することも期待されている。

実際には、懇願する娘を置いて、学会活動に行く親の行動は、この体験談でも示唆されているように、親にそれをさせる学会とそれに従う親への嫌悪感を子どもに抱かせる可能性が高い。しかし、何をも犠牲にして学会活動に打ち込む親世代の姿勢が維持されなければ、教団運営もままならない。ゆえに、親が学会活動を重視することは、学会員の模範として描かれる。

そのため、複数の教団機関紙・誌に掲載される体験談には、「信心」に不信を抱く過程が含まれている。教団が信仰継承モデルの中に「不信」を含めていることは、大変重要である。不信を持つこと自体は逸脱ではないわけである。不信を乗り越えて信心の実証を素直に受け止め続けることこそが、創価学会では理想とされる信仰態度である。

信仰活動から離れてしまっている子どもたちは、信仰熱心な親からは「成長が不十分」だと思われやすい。親の信仰に反発することは、子どもが立派に成長し、自立した精神がはぐくまれていることの証であるが、創価学会では、「成長」＝「信心に打ち込めるようになること」と解釈されるため、創価学会との「つながり」を強く持つことだけが、望ましい人生のあり方となる。

3　信仰継承プロセスのバリエーション

活動から離れる経験

一九九七年から二〇〇四年までに断続的に行った創価学会信者へのインタビュー調査をまとめた拙著にもとづき、[*5] 創価学会と2世信者との「つながり」のあり方について考える。

まず、全体像をつかむため札幌市の活動的会員一二三〇人を対象に実施した調査票調査（二〇〇二年一一月実施、回収票八二二）の結果を確認する。調査対象者の抽出については、創価学会の地区名簿から無作為抽出で対象地区を選び、その地区の幹部を通じて壮年部・婦人部・男子部・女子部に調査票を配布してもらった。つまり、回答者は、創価学会の地域組織と調査票調査に協力するよう頼める程度の「つながり」のある会員である。

本調査では、創価学会から離れたことがあるか尋ねている。表は割愛するが、離れた経験がある人は全体で三六％おり、入信世代別（1世／2世）と男女別に、離れた経験の有無を確認すると、1世信者（二六％）に比べて2世信者のほうが多く（四五％）、女性（三二％）よりも男性のほうが多い（四一％）。2世信者の男性は、半分以上（五四％）が離れた経験を持っている（女性は四〇％）。1世信者であっても、三割弱が活動から離れたことがあることにも留意したい。たとえ自ら選び取った信仰であっても、継続して宗教組織とかかわりを持ち続けるとは限らないのである。

活動から離れた理由を複数選択で尋ねた結果についても表は割愛するが、「仕事や学校が忙しかった」が全体で四八％と最も高い。また、すべての区分で「会合に参加するのが嫌だった」が次点である（全体では四四％）。しかし、1世信者では「組織内の人間関係・トラブル」が三番目（二四％）、「勤行・唱題をするのが嫌だった」が四番目（二一％）であるのに対し、2世信者では「信心するより遊びたかった」が三番目（四〇％）に来る。それ以外の項目でも、男女や入信世代によって違いがある。同じ創価学会員といっても、それぞれが経験していること、歩んでいく道筋は異なっていることが確認できる。

離れた理由もさまざまであれば、信仰を強めるきっかけも多様である。仏法に対する信仰を自ら選びとる「発心《ほっしん》」の経験の有無を尋ねた結果をみても、男性1世信者の場合、「発心有り」と回答した割合は九割弱であるのに対し、2世信者は男女とも九割以上となっている。

発心の経験があると答えた人に、その動機を尋ねた結果を見ると、悩みや問題が生じたことを発心のきっかけに選ぶ割合が全体で四四％と最も高いが、池田名誉会長の魅力を理由に挙げる人も一五％前後いる。創価学会の会合や会員の良い点を見つけたと答えた人も九〜一五％はいる。この設問の結果から、少なくとも創価学会との「つながり」のあり方の変化を考える際に、悩みや人生における目標、他の学会員とのかかわりが無視できないことが確認できる。

以下では、信仰継承のパターンとして、大きく三つを設定する。第一に、創価学会の組織活動から離れることなく継続的に信仰継承をしている場合、第二に、創価学会の組織活動から一度離れた後、活動を再開して信仰継承する場合、第三に、信仰継承しない場合である。

継続的な信仰継承

まず、親など上の世代から信仰を継承し、教団組織から離れることなく継続している事例を確認してみたい。

教団から明確に離れたことがない人でも、子どもの頃から大人になるまで大きな変化もなく同じように熱心に活動している人は稀である。2世信者でも九〇%以上は、何らかの発心の経験を持っている。親に言われるまま会合に参加していたり、「面倒くさいな」などと思っていたりしたところに、解決すべき悩みや問題が発生したことが、信仰活動を活発に行う契機となる。創価学会との「つながり」が切れていなければ、2世信者は、担当幹部による家庭訪問等のアプローチを継続的に受けている。担当幹部や信仰熱心な親は、「今こそ信心」という「指導」を受け入れやすい心情になっている機会を逃さず捉えて、発心に導こうとするわけである。

また、解決しなければならないような深刻な悩み・問題がなかったとしても、人生にはさまざまな岐路、選択の時が訪れる。大きな悩み・問題はなくとも、創価学会の教理や活動を、人生の指針や人生修行の場として捉え、そこに意義を見出したことにより信仰継承を決意している場合もある。この場合、創価学会は、悩みや問題を解決できるように促し、自分自身の成長を促進するような好ましい「つながり」として捉えられていることになる。

一方で、創価学会の組織や活動自体に何ら意味や意義を見出していなかったり、発心の経験がなかったり、創価学会に対する疑念や不信などが生じるようになっていたりしたとしても、家族関係や親族関係、あるいは創価学会内のコミュニティとの関係を維持することを主な目的として創価学会との「つながり」を継続している場合もある。信仰継承しているといっても、「つながり」が切れそうで切れていないという状態であり、そこに肯定的・好意的な意味合いは薄い。何かのきっかけがあれば、組織から離脱する方向に動く可能性が高い「つながり」方である。

学会員である親の中には、わが子の成長を信心への取り組みの程度と結び付けて解釈しがちな親もいる。こうした場合、信仰熱心な親は、子どもが信心していない限り、組織から離れた子どものことを「成長」したとは見なしきれない。

このような親の下で育つ2世信者の多くは、積極的に活動しようと強く思っていなくとも、活動に参加することは「親孝行で良いこと」だと考えている。そのため、組織から明確に離れることは、「親を悲しませる悪いこと」となる。罪悪感が伴う選択を「避けたい」と考えた場合、明確な離脱を選択することは困難である。さらに家族や親族がみな創価学会員であるような場合、明確な離脱は、親族・家族関係の断絶にもつながりかねない。このようなことが生じる可能性が高ければ、明確な離脱に罪悪感を持たない2世信者であっても、家族・親族関係との「つながり」を保つために、形式上の信仰継承を選ぶ場合もある。

一時離脱後の信仰継承

前述のとおり、調査票調査では2世信者の半数が、創価学会の活動から離れた経験を持っていた。これらの人びとは、調査回答時には創価学会との「つながり」を一定程度持っていたわけだが、活動から離れたまま信仰継承をしない可能性もあった。

ところで、2世信者三名にグループインタビューをしていた際、参加していた一人の女性が「福子《ふくし》（＝2世信者）は、自分から（信仰を）求めてないから、結局寝る（活動を休む）時期は来る」と話しながら、その場にいた自分より二〇歳ほど年下の女性2世信者に「○○ちゃんは、（活動を休んだ時期は）なかったよね」と確認した。客観的にみれば信仰活動から離れたことがないようにみえる熱心な活動者だったからだ。しかし、彼女は「いやあるよ。高校の時、部員会とかほとんど行ってなかった」と答えている。おそらく組織から完全に離れていたわけではないと推測されるが、本人としては創価学会から離れていた時期と認識されている。

つまり、ある信者が活動から離れているか否かは主観的判断に委ねられる。とはいえ、2世信者の場合は多かれ少なかれ、活動に疑問を持ったり、活動に必要性を見出せなくなったりして、活動を控える時期があるのではないかと推測される。

活動から離れるきっかけだが、聞き取り調査においても、先に示した理由が語られることが多かった。多忙により活動から距離を置いていた事例は少なくないが、その背景には、創価学会の活動が負担になることがあるだろう。こうした負担が、会員間のギクシャクした関係につながる場合もあると思われる。活動から離れた理由として、他の創価学会員に対して不信感を持ったことを挙げた人も多かった。2世信者の場合、進学や就職などで親元を離れたことで自然と離れてしまうことも多いようである。

いったん離れた活動に復帰する理由としては、発心動機と同様のことが語られている。たとえば、相性の合う先輩信者から家庭訪問を受けたときに、ちょうど悩みや問題が生じていた、などである。信仰活動に起因する悩みや問題を解決して復帰した場合、信心をやめた時に苦労をしたという実感があるため、学会活動に充実感を覚え、その良さを再認識したと語る信者が多い。

だが、御本尊への信心は再開しても、創価学会での活動に意義を見出せず、距離を置く場合もある。熱心に活動している婦人部員でも、「なんだか嫌になるとき」も、「時には休みたいこと」もあるし、地区部長などを務める壮年部員でも、「活動は好きだが、体力が続かない。正直、疲れて嫌なときがある。男子部時代は会合（の開催時間）が遅いんじゃないかなと思っていた」[*6]ほど、学会活動の負担は大きい。活動的会員が少ない地域では、幹部が休むと活動が止まってしまうため、無理にでも続けねばならず、結果として体を酷使するケースもある。その地域組織に活動者が多ければ、活動の負担も多少は分散されるが、熱心すぎる幹部がいると、会員の負担感は高まる。
一時的な離脱を経て活動に復帰した場合でも、創価学会と本人、およびその周囲の人びととの「つながり」の強弱によって、その後の展開は変わってくる。「つながり」をより強めていく場合もあれば、細く弱く保つ場合もある。そこには揺らぎがあり、後者であれば「つながり」が切れる方向にも向かいやすいだろう。

信仰継承をしない

創価学会からの離れ方について、創価学会に対する反発の強弱と正式な脱会をしているか否かに着目すると、次の五つに類型化することができる。

すなわち、①創価学会への反発心はなく会員であり続けているが、活動をする気がない場合、②表だって反発せず会員でもあり続けているが、内心では批判的にみている場合、③創価学会に反発してはいないが組織・教理には意義を見出せず、正式に脱会する場合、④正式に脱会していて批判的にみてもいるが、その立場を表明していない場合、⑤正式に脱会していて創価学会を明確に批判する立場を取る場合――である。

創価学会との「つながり」を断ち切った何名かの方から話を伺っているが、離れる理由としては、創価学会での人間関係のトラブル、学会員・学会組織への不信・不適応、就職や進学などで生活環境が変わったことで学会活動の負担を担いきれなくなったことなどを挙げており、一時的な離脱の場合と比べ、大きな違いはない。

創価学会を批判的に見ているわけではないが、煩わしさなどから創価学会を離れる2世信者は相当数いると推測される。これらの人びとは、離れたままである可能性もある一方で、創価学会員の地域の名簿に名前が残っていることから、何かのきっかけがあった時に家庭訪問を受けて活動的な会員と接触することを通じて、信仰生活に戻る可能性もある。

たとえば、両親ともに熱心な2世信者である四一歳の女性、相模さん（仮名）は、親の信心に反発心はないものの、自身にとっては必要性が全く感じられず、高校時代だけでなく就職してからも、しばらくの間は活動していなかったが、二〇歳の時、交通事故に遭って入院した際、女子部の先輩からの激励を受けたことをきっかけに活動を始めると、友達もできるので楽しくなった。だが、先輩の訪問がなかったら信心していなかったし、結婚相手が創価学会の2世信者だったから、そのまま信心を続けているが、もし夫が信仰に反対していたら、信心はやめただろうと話す。

結婚相手が創価学会との「つながり」をどう評価するかなど、創価学会の外側との「つながり」のあり方も、信仰継承に少なからぬ影響を与える。

信仰熱心な信者の多くは、信心のみが幸福を実現するとの教えから、大切な家族こそ信心をしてほしいと願っている。これらの人びとにとって、一族・一家が創価学会員であることが望ましい状態である。2世信者の家族・親族の多くが活動的な学会員である場合、たとえその2世信者が創価学会に対して批判的であったとしても、家族・親族関係を考えると、そうした意見や立場を明確に表明することは難しくなる。このように組織を批判的にみており、「つながり」を持ちたくはないが脱会できない状態にある2世信者も少なくないだろう。

学会組織での人間関係にトラブルが生じる可能性は常にあり、幹部の人間性への不満も一定数ある。創価学会組織への根本的な不信感が生じた場合、頻繁に家庭訪問をすると、しつこいと嫌がられ、逆効果になってしまう。創価学会への不信感が高まると、形式上の「つながり」を維持することもできなくなり、正式に脱会する方向に向かう。

脱会した2世信者から、創価学会を批判する手記等が複数発表されているが、脱会した2世信者全員が教団に対して積極的に反対活動をするとは限らない。脱会してから一定期間は、自分自身と家族が信じて生きてきた宗教を相対化し、自らの脱会の意味を安定させるために、すでに脱会した経験を持つ人などとの交流や書物などの検討を通して、新たな価値観・世界観を構築する不安定な時期を過ごす人も多いだろう。これは必要な期間である。新たな価値基盤が構築されていけば、反対活動への参加も含めて、教団との「つながり」を一切断つという選択をする人も出てくるだろう。反対活動への参加は、教団との新たな「つながり」を作ることであるともいえる。

エホバの証人を脱会した2世信者に関して著者が行った調査からは、教団組織に対する親の順応の仕方が極端になるほど、親と宗教集団との関わりが、子どもの自由な行動や発言を抑圧し、ダメージを与える可能性が高いことが推測された。[*7] 2世信者による数々の手記などからは、親が創価学会員であることから、子どもがさまざまな苦難を背負っていることも見て取れた。二〇二二年七月に起きた安倍元首相銃撃事件をきっかけに「宗教2世」に対する救済・支援活動が進みつつあり、その中から、「宗教2世」の経験を持つ人たちによる自助的な活動も複数生じている。教団の影響で苦難を背負っている人たちを支援するという、新たな「つながり」のあり方も、ここには見出せる。

4　「宗教2世」という言葉

ここまで、創価学会における信仰継承の諸相を、継続的な信仰継承、離脱後の信仰継承、信仰継承をしない場合の三つに大別して示してきた。しかし、この分け方は決定的なものではなく、「つながり」のあり方は多様で多面的であることは、すでに示してきた。

信仰継承が成立した親子関係の事例を見ていくと、教団との「つながり」が、親子関係のきずなを強める紐帯の一つとして有効に働く場合もあることがわかる。けれども、親の信仰活動が親子関係を破綻させる引き金となる可能性も低くはない。

「宗教2世」という言葉が広く受け入れられ用いられるようになったのは、この言葉が力を持っているからだろう。この言葉は、信仰を通じて作られる「つながり」のあり方を捉える広い射程を持った言葉としてみることが出来るのではないだろうか。親やその上の世代の家族・親族との「つながり」を通じて、ある特定の「宗教」に出会った人たち。その「つながり」のなかには、2世信者一人ひとりにとって、望ましくないものをもたらす「つながり」もあれば、望ましいものをもたらす「つながり」もある。そして、その「つながり」が持つ意味は、別の「つながり」との組み合わせによって、時と場合に応じて変化したり、違う側面を見せたりする。「宗教2世」の経験を画一的・一面的なものではなく、多様で多面的なものとしてみる視点を提示することが本章の課題であった。本章では十分に示しきれなかったかもしれないが、創価学会と2世との「つながり」も二者関係で閉じているのではなく、その外の社会、多様な人々との「つながり」の上にあらわれている。「その人」が、ある「宗教」とその外の「社会」と、いかなる「つながり」を持っているのか、「その人」を中心として確かめること、その「宗教」と直接のかかわりがなくても無関係なのでは決してなく、同じ「社会」の中ですでに「つながり」あっているという自覚を多くの社会構成員がもつこと。これらが、宗教2世をめぐる議論の進展には不可欠なことであるように思われる。

＊1　本章は拙著『信仰はどのように継承されるか――創価学会に見る次世代育成』（北海道大学出版会、二〇一一年）における「第三章　教団が提示する信仰継承モデル」と「第六章　世代間信仰継承のパターン」の内容をもとに再構成したものである。
＊2　『聖教新聞』一九五三年七月二〇日号。
＊3　創価学会の地域組織は、小さい単位から順に、ブロック、地区、支部、本部、圏、分県、県、方面という名称がついている。
＊4　『大白蓮華』二〇〇九年一月号、一〇六―一〇七頁。

＊5　前掲猪瀬、二〇一一年、第六章（一三七―一七六頁）。
＊6　前掲猪瀬、二〇一一年、第六章（一六〇頁）。
＊7　猪瀬優理「脱会プロセスとその後――ものみの塔聖書冊子協会を事例に」『宗教と社会』第八号、「宗教と社会」学会、二〇〇二年、一九―三八頁、猪瀬優理「脱会過程の諸相――エホバの証人と脱会カウンセリング」櫻井義秀編著『カルトとスピリチュアリティ――現代日本における「救い」と「癒し」のゆくえ』ミネルヴァ書房、二〇〇九年、一一三―一四三頁。

（いのせ・ゆり　宗教社会学者）

7 フランスのセクト対策とその理念

金塚オーバン彩乃

はじめに

二〇二二年七月の安倍元首相の襲撃事件以降、統一教会の問題が大きく取り上げられる中で注目を集めたのが、フランスのいわゆるセクト規制法だ。フランスのセクト規制においては、セクトを判別するための「一〇の基準」や、いわゆるマインドコントロール罪として評価される後述の「脆弱性濫用罪」があると、メディアにおいても度々紹介された。その上で、日本でもフランスのようなセクト規制法が必要かどうかという議論も生じた。しかし、その具体的な内容はあまり広く知られていない。

そこで、本稿においては、まずセクト規制法として知られているものの概要を紹介したのち、セクト的逸脱から子どもたちを守るためにどのような対策を講じているのかを紹介した上で、それらの法制度に共通する理念について論じたい。こうした検討は最終的には国や法が私たち市民にとってどのような意味を有するのかという論点にたどり着かざるを得ない。

1 セクト規制法の中身

二〇〇一年、フランスでは「人権と基本的自由を侵害するセクト的動きの予防と抑制を強化するための二〇〇一年六月一二日の法律第二〇〇一―五〇四号」が制定された。日本では、一般に「セクト規制法」あるいは「セクト禁止法」と言われているもので、その内容は以下のとおりである（以下、「セクト規制法」と略称する）。

法人の解散命令（第一条）[*1]

これは、法人それ自体、もしくはその法的あるいは事実上の代表者に対し、一定の犯罪に関する有罪判決が確定した場合に、法人の活動に参加する人を心理的あるいは身体的隷属状態に置き、その状態を継続し、あるいはその状態を利用することを目的とした活動を行う法人を解散することができるというものである。解散命令発令の条件となる有罪判決の対象の犯罪としては、①人道に対する罪、故意・過失を問わず人の生命もしくは身体的あるいは心理的完全性を侵害する罪、人を危険な状態に置く罪、人の自由を侵害する罪、人の尊厳を侵害する罪、人格を侵害する罪、未成年者を危険な状態に置く罪、財産を侵害する罪、②公衆衛生法典L四一六一―五条及びL四二二三―一条に定める違法な医療行為もしくは違法な調剤行為に関する罪、そして、③消費法典L一二一―六条及びL二一三―一から同四条に定める虚偽広告、詐欺行為あるいは偽造行為に関する罪である。

両罰規定の拡大（第二条から第一五条）

もともとフランス法では、原則として個人が団体のために行った行為の場合、日本法と異なり、個人だけではなく、広く法人も処罰することができるとされている。このように直接の違反者のほか、法人に対しても刑罰を科すことを定めた規定を両罰規定という。この場合、個人に対して罰金刑が定められている場合は法人に対してはその五倍、個人に対する罰金刑の定めがない場合には、一〇〇万ユーロ以下の罰金が科されることになっている。さらに追加的な刑罰として、五年以内の期間で、直接間接を問わず、一定の職業的あるいは社会的行為を行うこと、法人を司法監察下に置くこと、犯罪行為が行われた場所の完全閉鎖あるいは五年以下の閉鎖、政府等との契約などの公共調達からの全面的な排除あるいは五年以内の排除、証券取引所への上場の全面的あるいは五年以内の禁止、預金引出し以外の小切手の利用の禁止、クレジットカードの使用禁止、刑法典一三一―二一条に定める条件及び方法による没収、紙媒体あるいはインターネットを使った方法による判決の掲載・公表も予定されている。[*2] セクト規制法はこうした両罰規定の適用対象をさらに拡大し、行為者だけではなく、広く法人処罰へと道を開いた。

セクト的活動の広告の制限（第一九条）

後述するとおり、セクト的逸脱からの未成年者の保護が、フランスにとっても重要課題である。そのため、未成年者がセクト的活動の勧誘を受けないよう、広告規制がなされている。

人の生命・身体・財産を侵害し、あるいは危険に晒す行為等により法人、あるいは法的または事実上の代表者が確定有罪判決を受けた場合には、未成年者に対して、法人の活動に参加する人の心理的・身体的隷属状態を作り、維持し、利用することを目的とする、あるいはそのような効果を有する活動を継続する法人の宣伝を行うことが禁止される。この禁止違反は、七五〇〇ユーロ以下の罰金とされている。

無知あるいは脆弱な状況を不正に濫用する罪（第二〇条）

これによる改正後の刑法典（現行二二三－一五－二条）が、日本でも度々取り上げられた刑罰規定である（以下「脆弱性濫用罪」と略）。

これは、

①未成年者あるいは、年齢、病気、身体の障害、肉体的あるいは精神的問題、妊娠により著しく脆弱な状態にあることを行為者が知っていた場合、または、

②判断力を損なうような重大な圧力あるいは繰り返される圧力、もしくは技術により生じた心理的あるいは身体的な隷属状態にある人に対し、

③未成年者あるいは上記の人をして重大な損害を生じさせる行為を行わせ、あるいはある行為を行わせないことで重大な損害が生じるような行為を放棄させるために、その無知の状態あるいは脆弱な状態を不正に濫用する行為について、三年の懲役及び三七万五〇〇〇ユーロの罰金とするものである。[*3]

犯罪行為が、その法人の行う行為に参加する人の心理的あるいは身体的隷属状態を作出し、維持し、あるいは利用することを目的とし、あるいはそうした効果を生じさせる活動を継続する団体の事実上あるいは法律上の代表者により行われた場合には、五年の懲役及び七五万ユーロの罰金とされ、刑が加重されている。

被害者参加制度の拡大（第二二条）

セクト的活動の被害者の保護を実効的なものとするために、この条項により刑事訴訟法典二―一七条が改正され、セクト的逸脱行為の被害者の保護を目的とする一定の団体は、被害者に代わり刑事告訴をして刑事訴訟の当事者となり、損害賠償の請求をできるとされている。

政教分離原則との関係

このセクト規制法は、セクト的集団それ自体をターゲットにしているものではないということに留意が必要である。フランスは現行憲法の第一条でも謳う通り非宗教的国家であり、政教分離の観点からも、特定の宗教やセクトをターゲットとした対策を講じることはできない。

もとより、いわゆる「セクト規制法」と呼ばれる法律の正式名称は上述のとおり、「人権と基本的自由を侵害するセクト的活動の予防と抑制を強化するための法律」である。何らかの団体をその思想や信仰の故に「規制」するのではなく、あくまでも個人の権利と自由を侵害する行為を防止することを目的としている。

この点、広く知られるように、かつてフランスでも、一定の集団を「セクト的集団」としてリスト化することが行われた。しかし、これ自体、一定の団体にスティグマを与えるだけのものであること、客観的な指標に基づかず、当時の社会通念から受け入れがたい団体がリストアップされただけという批判が存在した。そのため、セクト規制法は方針を転換し、メンバーの個人的自由に対する危険な支配を行う組織あるいは個人に対する司法的な対応を重視することとなった。そうしたセクト規制法は、「セクト」に対する定義を置いていない。日本でも紹介された、①精神的不安定化、②法外な金銭の要求、③元の生活環境からの断絶、④身体に対する危害、⑤子どもの強制的な入信、⑥反社会的言説、⑦公共の秩序の侵害、⑧多数の裁判案件、⑨伝統的な経済流通経路からの逸脱、⑩公権力への浸透の企てを内容とする「一〇の基準」は、法的効力を有するものではなく、MIVILUDES（ミヴィリュード）が、これまでの事例の蓄積と検討に基づき、セクト的逸脱行為を見分けるための指標として挙げるものである。

MIVILUDESとは、内務省内に設置された部局であり、セクト的活動情報の収集と分析、関係諸機関との調整を図る、フランスのセクト対策における中心的機関である。正式名称は、「セクト的逸脱に対する警戒と戦いに関する省庁間ミッション」である。後述するとおり、コロナ禍においてセクト的活動が著しく増加したことから、二〇二〇年にその活動が強化されることとなった。

MIVILUDESは、処罰の対象となる「セクト的逸脱」を以下のように定義している。

「セクト的逸脱とは、思想、言論、あるいは宗教の自由の逸脱であって、公共の秩序、法令、基本的権利、安全及び人の完全性を侵害するものを意味する。セクト的逸脱は、人の心理的・身体的隷属状態を作り、維持し、それを利用することを目的とする圧力や技術の、その性質や活動内容を問わず、組織化された集団あるいは孤立した個人による実施により特徴づけられる。これは、自由意志による判断能力を奪い、その人や周囲、社会にとって損害を伴う結果を招来する」[*4]。

フランスが規制の対象としているのは、人の自由意志を奪う手段により、人の権利や公共の秩序や法令を侵害する具体的な行為・事実であることが、ここでも強調されている。

セクト規制法の適用例

以上を前提に、日本でフランスのセクト規制法の核となると考えられた「脆弱性濫用罪」と、フランスの現状を見てみよう。

脆弱性濫用罪の適用の実際

心理学者のSonya Jougla及び弁護士のJean-Pierre Jouglaによる脆弱性濫用罪の適用事例に関する分析では、以下の裁判例が引用されている[*5]。

二〇〇四年一一月二五日にナント刑事裁判所において出された判決は、リーダーが自分はキリストで信者は使者だと主張していたケースに関するものである。裁判所は、選民が宇宙人の助けを借りて人類を救済することとなる終末待望というテーマ、思考の破壊のために利用されたテクニック、あの世とのコミュニケーション、トランス状態、異常な状況の招来、屈辱的なイニシエーション、反対者の排除、衰弱状態の利用などを「重大なあるいは繰り返される圧力」として認定した。

二〇一二年一一月一三日のボルドー刑事裁判所の判決は、グループの代表者が「ユダヤとフリーメーソンの陰謀」から家族を守ることのできる唯一の元スパイであると称した事案である。この事案においては代表者の言説、日常生活で起きた出来事の再構築、もともとの環境からの断絶、内省、生活水準の強要、家族間での対立の作出、身体的完全性に対する侵害、金銭的要求、不透明な管理と法的状況の作出などが、「重大なあるいは繰り返される圧力」として認定された。

キリスト教との関連を主張する団体に関する二〇一五年九月一五日のトゥールーズ刑事裁判所の判決においては、家族関係の破壊、被害者に恋愛関係や夫婦関係、あるいは性的生活に関し疑問を生じさせること、子どもの教育を親にとって代わること、自由時間を与えず、疲弊させる生活リズムを強要すること、メンバー間での密告の奨励と外部に対する秘密の順守、疑問を持つことの禁止、暴力による制裁、組織を離れようとする者に対し親子関係を断絶するとの脅し、信者の思考への侵入と罪悪感の醸成が、やはり「重大なあるいは繰り返される圧力」として認定されている。

前述のとおり、このように認定された被害者の判断を損なうような圧力の結果、心理的・身体的隷属状態にある被害者に重大な損害を生じさせる行為を行わせ、あるいはある行為を行わせないことで重大な損害が生じるような行為を放棄させることが、脆弱性濫用罪の適用の要件となっているのであるが、この重大な損害とは、Jouglaらの判例分析によれば、現実や環境からの隔離、自由意志の喪失、あらゆる基準の喪失、終末論的議論への無条件の賛同、社会的職業的・家族的・愛情的つながりの喪失、健康上の損害、学業上の機会の喪失などである。また、上記トゥールーズ刑事裁判所の判決によれば、ある人を他人の隷属状態にとどめることや、そのような状態を作ること、そのような状態を利用すること自体が人の尊厳を侵害するものであるとして、隷属状態に人を置くこと等自体が、処罰の対象となる重大な損害だとされている。

脆弱性濫用罪の量刑としては、患者に対して複数の性的行為を指示し、また高額な献金をさせていた心理療法士を名乗る「教祖」が懲役五年の刑に処せられ、所有している施設の五年間の閉鎖が命じられたというものがある。被告人は、性行為に応じなければよい母親になれない、子宮頸がんになるなどと被害者を脅していた。また、他の被害者に対しては、被害者の夢診断を行い、一二歳の時に性的虐待を受けていたこと、そして怪物であることを信じさせたという。被告人は、自分の患者に対して心理療法士になれるというセミナーを開催していた。「教祖」が被害者に罪責感を植え付けて「浄化」させていたという事件では、被告人は懲役五年の刑に処せられるとともに、一五人の被害者に対して八〇万ユーロの損害賠償の支払いが命じられた。

別のケースでは、ヨガのインストラクターに対しセクト的逸脱行為を行ったことを理由に四年の懲役刑という判決が下されるとともに、被害者に対して六三万七〇〇〇ユーロの損害賠償及び一万五〇〇〇ユーロの慰謝料の支払いが命じられた。

他の刑罰法規

フランスが取り組むセクト規制が、セクト的団体それ自体を規制するのではなく、セクト的逸脱を対象とする以上、適用できる法律は、上記の脆弱性濫用罪にとどまらない。

実際にセクト的逸脱を規制するにあたって、適用され、あるいはその適用が主張される法律は数多い。政府がリストアップした適用が可能とされる刑罰法規として、強姦・性的侵害罪（刑法典二二二―二二条以下、薬物に関する罪（刑法典二二二―三四条以下、公衆衛生法典L三四二一―一条）、他人を危険に晒す行為（刑法典二二三―一条）、人の尊厳に反する労働条件及び住環境を強要する罪（同二二五―一四条）、脆弱な人から無償あるいは極めて不十分な報酬でサービスを提供させる罪（同二二五―一三条）、未成年の被害者に対する食糧あるいは世話の拒絶（同二二七―一五条）、未成年者を就学させない罪（同二二七―一七―一条）、保護責任者遺棄の罪（同二二三―六条）、他人の生命を危険に晒す罪（同二二三―一条）、脅迫（同二二二―一七条）、強要罪（同三一二―一条）、詐欺罪（同三一三―一条）、背任罪（同三一四―一条）、資格冒用罪（同四三三―一七条及び公衆衛生法典L四一六二―一条）、告訴を妨害する罪（刑法典四三四―五条）、違法な医療行為の罪（公衆衛生法典L四一六一―五条）、違法な薬剤行為の罪（同L四二一一―一条以下）、違法なマッサージ・運動療法を行う罪（同L四三二三―四条）、違法な助産を行う罪（同L四一六一―三条）、隠匿労働の罪（労働法典L八二二一―一条以下）、職業訓練組織不申告罪（同L六三五五―一条）、欺罔《ぎもう》的商業実践の罪（消費法典L一二一―一条）、本質的品質に関する欺罔罪（同L二一三―一条）がある。[*6]

フランスのセクト的活動として長年問題視されてきたのはサイエントロジーであるが、フランスの最高裁判所である破毀院は、「被告人は宗教団体に所属しているとか、教えや実践においてその宗教的信念を表示していたと主張するが、これらの主張は刑法に違反する行為を正当化することはできない」とし、サイエントロジーに関しても詐欺罪を適用し、両罰規定により法人自体を処罰している。[*7]脆弱性濫用罪は、脆弱性の立証や使われた手段の主張立証などに難しさがあるため、この判決が詐欺罪、しかも法人に対する詐欺罪の適用を認めたことは、より広く被害者を救済するための道を開いたと評価されている。

現在の状況と今後の取り組み

ところでコロナ禍において、MIVILUDESへの通報が増加したと言われている。二〇二一年においては、前年より三三％増えて四〇二〇件の通報があったが[*8]、すでに二〇二〇年の段階でも通報件数は増加していた。二〇一五年との比較では、実に八六・一％の増加という。[*9]対応した案件の分析結果は、キリスト教やその他宗教に関連したセクト的団体に関するものを抑え、健康分野（違法な医療行為）が突出して多く、自己啓発分野も少なくないことを示している。ただし、MIVILUDESはこの数字を氷山の一角だとしている。通報の対象となったのは「偽のセラピスト」「偽のコーチ」「偽医者」などであり、多くの被害者は重篤な病にかかった人たちであるという。MIVILUDESが引用する二〇二一年の脆弱性濫用罪の適用事例においてもこの傾向は確認される。ポワチエ刑事裁判所で四年の実刑及び六〇万ユーロの損害賠償の支払い、資産の没収を命じられたケースにおいて、被告人は十数人の被害者に対し、ヨガの「先生」を名乗り、治療と偽って、肉体的・精神的・性的嫌がらせを行うとともに、金銭的搾取を行っていたという（控訴中）。また、パリ刑事裁判所において、違法な医療行為を行ったとして、執行猶予付きの懲役二年の刑に処せられたケースでは、被告人は「自然療法士」「分子医学者」を名乗り、エッセンシャルオイル、フルーツや野菜のジュース、断食などにより患者を治療するとしていた。癌に罹患していた少なくとも二人が死亡したという[*10]（この件も控訴中）。

以上に加え、コロナ禍で広がった陰謀論なども、新たに懸念対象として指摘されている。二〇二三年はじめに政府は、被害者団体、国の関連機関や専門家を交えた会議の開催を予定しているが、その対象は「セクト的逸脱及び陰謀論」である。

2 子どもを保護するための制度

脆弱性濫用罪の条文の冒頭に「未成年者」が掲げられているとおり、脆弱な存在としての最たるものは、未成年者、子どもである。そのため、セクト的逸脱から子どもをどのように守るのか、ということがフランスの重要な関心事となる。子どもはその環境に依存し、判断基準もそれに大きく左右され、自律と批判精神が十分に育っていないことから、大人とは異なった配慮が必要だと考えられている。また、自由意志を排除することにより、その成長に重大な結果をもたらす危険性が指摘されている。

こうした問題意識をふまえ、フランスでは、セクト的逸脱による子どもの「虐待」ではなく、子どもへの「危険＝リスク」という観点を導入した。二〇〇七年三月五日の法律は、民法典や社会的行動及び家族法典の改正を行ったが、これにより「リスク」という用語に統一がなされ、行政や司法が関与できるのは、「虐待」があった場合だけでなく、虐待を含めた子どもに対する「リスク」が存在する場合に拡大され、これにより、予防的な関与も可能となったと言われる。[*11]

子どもを対象とするセクト的逸脱への対策は、危険な状態にある子どもの保護を目的とする民法典三七五条と、社会的行動及び家族法典L二二一―一条に基づき、各県の「子どものための社会的援助局」が担うものとされている。[*12]

MIVILUDESは、二〇一〇年には一一〇ページからなるガイド「セクト的逸脱からの未成年者の保護」を発表し、子どもにとってのリスクを明確にした。このガイドは、「第一章　セクト的逸脱を前にした未成年の保護について知ること」「第二章　セクトのリスクを察知し評価すること」「第三章　通報し、行動する」という三章構成となっている。第一章では、とりわけ注意をしなければならない未成年のカテゴリーとして、「両親が信者の子ども」「治療を受けている子ども」「代替的なあるいは絶対的な言説に魅せられた子ども」を設け、それぞれの状況に応じた具体的なリスクと、それをどのように察知するかの具体例が示されている。

ここで、子どもにとってのリスクは一般に以下の三つに大別されている。まずは「健康上のリスク」であり、必要な治療や医療行為を子どもが受けられない危険である。もう一つは「学業上のリスク」であり、団体の教えのために学校で孤立し、あるいは就学できないという危険が指摘される。二〇一二年三月二二日の通達[*13]は、セクトのリスクとの闘いにおいて、子どもの教育を受ける機会の喪失という問題を重視している。子どもや公立学校以外の教育課程においてセクト的教育が行われ、あるいは就学の機会を奪われることは、子どもたちの成長と自律した責任ある大人になるための成長を阻害すると指摘される。

このような学業に関するリスクに対応するため、フランス政府はセクト対策として、政府、学区、県の各レベルに担当官を置き、セクトによる子どもへのリスクに関する情報収集や関係者の研修を実施している。「セクト的現象の予防ミッション」が、教育政策や学校でのプログラムを決定する教育省学校総局内に設置され、担当官が学区ごとに任命されている。学校でセクト的リスクが察知された場合には、学校長あるいは国の教育視学に通報するとともに、上記予防ミッションの担当官と情報を共有する。また、子どもを守る活動の一環として、学校の職員は、セクト的逸脱のリスクを察知した場合には、県議会議長あるいは共和国検事に通報する。

最後のリスクは、家族関係の断絶等に代表される「社会的・愛情的リスク」である。

子ども（あるいは年齢や病気等により自分で自分を守ることができない人）に対する虐待行為を知った場合、市民にも通報義務があり[*14]、公務員は、犯罪行為を知った場合は通報義務が課されている（刑事訴訟法典四〇条)。子どもの保護のための任務を行う者は、未成年が危険な状態にあり、あるいは危険な状態になるかもしれないという情報を得た際には、県議会議長あるいは議長により指名された担当者に通報しなければならない(社会的行動と家族法典L二二六―二―一条)。通報後は、状況に応じて、未成年者とその親の在宅での支援、子ども担当裁判官による調査と決定(自宅での生活支援、病院や学校に通うことの義務付け、子どもを自宅から離すこと等)、家族問題担当裁判官による親権行使の方法の変更や子どもの居住地の変更、親権停止等の措置が取られる。親権者、あるいは子ども自身の求めにより子どものための弁護士を選任することが可能であり、子どもの保護のための手続きにおいて、子どもを代理する(民事訴訟法典三三八―一条)。また、子どもに関する手続きにおいて、子どもが望めば必ずその意見は裁判官により聴取される(民法典三八八―一条)。なお、MIVILUDESはセクト問題を扱う裁判官の研修や、弁護士へのサポートも提供している。

3　理念

こうして、信仰の自由との難しい線引きに最大限の配慮をしつつ、フランスでは政府が積極的かつ包括的に、新たな立法と既存の制度の活用によって、セクト的逸脱の対策を行っている。その背景には次のような理念の存在を指摘できる。

啓蒙主義及び社会契約論

フランスはフランス革命の国、啓蒙主義の国である。フランス革命が目指した理念や理想は今もフランスの政治思想や法制度の根底をなしている。その中で重要なのは、批判精神を持ち、自分の理性で判断をする個人からなる社会であり、個人の自由である。国家は個人の自由を守ることを目的とする社会契約から成立し、自由で理性を持った個人は、公教育により実現される。そのような観点からは、フランス共和国として、理性や批判精神を無効にするセクト的逸脱を看過することはできないし、子どもの教育には特別な配慮が払われることとなる。

こうしたフランスの方向を明確にするのが、セクト規制法の以下の立法提案趣旨である。

共和国は、考える自由であり、信じる自由である。そして一九〇一年七月一日の法律の一〇〇周年が近づくに際し、思いおこさなければならないのが、共和国は、結びつく自由であるということだ。共和国はいかなる宗教も公認せず、しかしその実践を保障する。共和国は、その出自、人種そして宗教による区別なく、全ての市民の法の前の平等を保障する。一七八九年に宣言され、一九世紀から二〇世紀へと移り変わる時期に獲得され、一九四六年憲法及び一九五八年憲法前文で確認され、一九四八年に国連により、そして一九五〇年に欧州評議会により同様に表明されたこの価値は、今日、当初の革命家たちが夢見たように、普遍的なものとなっている。しかし、共和国は、自由以上のものである。民主主義以上のものである。それはまた光(啓蒙主義：引用者注)であり、教育であり、進歩であり、解放であり、市民権である。したがって、偽の宗教活動が暗黒主義を躍進させようとし、その上で自由を否定するために自由を利用するときに、それらの活動は思想や信仰心の場を離れて、政治そして法の領域に入る。[*15]

つまり、国は理性の働きを助け、個人を解放し、自由にする存在であり、セクト的団体や個人が人の自由を侵害する場合、それは国家の介入が禁じられた信仰の問題ではなく、国家の関与は肯定されるという。さらに、こうした個人の自由を守るということを重視する観点から、この法律は「個人的自由に対し危険な影響力を行使する組織あるいは個人に対する司法的警戒」を強めることを目的とするとも説明される。[*16]

弱者を守る

他方で、フランスにおいては、セクト的逸脱がいかに人々を傷つけ、苦しめるかということが強調される。MIVILUDESの報告書においても、「セクト的現象は、個人の信仰の自由と完全性を侵害する。それが家族、近親者そして社会的統合に与える効果は有害である。セクト的逸脱は、人を排斥し、経済的に破綻させ、傷つけ、時には死に至らしめる」と指摘される。[*17]

子どもの「リスク」に関しても、健康や教育上のリスクはもとより、物理的・精神的遺棄のリスク、家族関係からの断絶のリスク、子どもの人格の否定のリスク、肉体的・精神的虐待のリスク、あるグループに属することによる孤立及び社会的不適合などの社会的そして愛情面・感情面でのリスクが重視される。このような人々を守るものとして存在するのが、国家と法律である。

日本でもたびたび紹介される脆弱性濫用罪も、セクト規制法によりはじめて作られたものではない。もともと、一八一〇年のナポレオンの刑法典から、未成年者の脆弱性の濫用が禁止されていた。一九九二年の新しい刑法典において、より広く弱者を守るという条項となったが（旧三一三―四条）、ただしこれは弱者から財産や財産的利益を取得するような財産犯を処罰するものであった。セクト規制法はこれを改正し、財産ではなく人を守る法律としての側面を強調し、判断能力を奪われた人を守る役割を与えたのである。

また、二〇二〇年にMIVILUDESは、「市民権担当大臣」が管掌することとなった。同年一〇月一二日には、シアッパ大臣が、警察長官、憲兵隊長官及び非行と過激化予防のための省庁間委員会事務総長宛に、ある宗教団体に関する調査及びセクト的逸脱の新しい傾向及びセクト的逸脱に対する戦いのための手段に関する分析、対応における問題点と改善の提案を行うよう指示をし、これに基づき報告書が作成された。[*18]

この報告書において強調されたのは、脆弱な人を守ること、「la République qui protège」つまり「守る共和国」の理念の具体化だった。報告書の作成指示でも、「あらゆる男女を守る共和国」への関係各所のコミットメントが重視され、報告書のいたるところに、「弱い人を守る」という言葉が使われている。

さいごに

このように、フランスのセクト対策は万能ではないとしても、広く被害者救済を目指しており、こうした制度の根本を、理性を重視する啓蒙主義と弱者を守るという理念が支えている。残念ながら日本では、被害者救済法などは立法されたものの、ピンポイントの対応にとどまっている。日本においてセクト規制法の導入を検討するのであれば、脆弱性濫用罪の規定方法を参照するだけでなく、この法の根本理念をも今一度見つめなおす必要があるだろう。この理念は、日本でよく語られる自己責任とは対極にある理念である。法は何よりも弱い立場にある人を守るという理念が共有されることで、対処療法的ではない、より広い取り組みが可能となる。子どもや宗教2世と呼ばれる人々が置かれている状況を考えるとき、このような法の役割を問い直すことは何よりも必要である。それによってはじめて、包括的で一貫性のある対策を打ち出すことができるように思われる。

＊1　宗教法人の解散は他に、一九〇一年の法律に基づく違法な目的を持つ法人の解散、国内治安法典L二一二―一条以下に基づく解散がある。近年ではこの後者に基づき、テロリズムとの関連が疑われるイスラム教原理主義系の団体の解散命令が出されている。

＊2　刑法典一三一―三七条、同三一三―三八条、同三一三―三九条二号ないし九号、同一三一―二一条。

＊3　そのほか、公民権・民事上及び家族上の権利の行使の禁止、犯罪行為が行われる経緯となった活動（公的役務、職業・社会的活動、職業訓練の提供等）の禁止、犯罪行為が行われた施設の五年以内の閉鎖、没収等の付

加刑も予定させている（刑法典二二三―一五―三条）。

＊4 https://www.miviludes.interieur.gouv.fr/quest-ce-quune-dérive-sectaire

＊5 Sonya Jougla, Jean-Pierre Jougla, *L'emprise psychologique de nature sectaire dans la jurisprudence sur l'abus de faiblesse*, AJ pénal, 2018, p.230.

＊6 Circulaire NOR/INT/A/08/00044/C. Lutte contre les dérives sectaires 参照。

＊7 二〇一三年一〇月一六日破毀院判決。この判決においては、科学的裏付けのない「人格テスト」を行い、その悪い結果に基づき様々なサービスや書籍、講義を購入させたこと、その目的は金銭的利益にあったこと、きわめて攻撃的なセールス方法で、被害者たちは経済的に破綻するほどの支出を余儀なくされたこと、被害者は宗教的活動に関心を持っていたわけではなかった（人格テストにより悪いと言われた性格を直そうとしただけ）ことに詐欺罪の成立を認めた。その上で、加害者は組織的に活動しており、本件における詐欺は組織的詐欺罪を構成すること、さらに団体の代表者及び事実上の代表者は自分の利益のためでなく、団体の利益のために行動したこと、それゆえに、実際の行為者だけでなく、団体自体も組織的詐欺罪の共犯として処罰することができるとされた。

＊8 https://www.miviludes.interieur.gouv.fr/publications-de-la-miviludes/rapports-annuels/rapport-dactivité-2021 からＰＤＦ版の報告書を閲覧できる。

＊9 https://www.vie-publique.fr/en-bref/287043-sectes-une-hausse-sans-precedent-des-derives-sectaires-en-2021

＊10 なお、二〇二一年九月一六日の破毀院判決は、心理的隷属状態にある間は民事の消滅時効は完成しないと判断している。したがって、マインドコントロール下にあって行われた寄付などは、マインドコントロールが解けるまでの間、時効が進行しないこととなる。破毀院は、マインドコントロールは被害者に対しての「不可抗力」であると解釈した。

＊11 https://www.miviludes.interieur.gouv.fr/quest-ce-quune-dérive-sectaire/où-la-déceler/enfance-et-éducation-les-mineurs/enfance-en-danger-et-r

＊12　この法律は、困難な状況にある未成年者やその親権者や家族に対し行政が物質的・教育的・心理的援助を行うとするものである。

＊13　https://www.education.gouv.fr/bo/12/Hebdo14/MENE1208599C.htm

＊14　刑法典四三四—三条。通報しなかった場合には、三年以下の懲役と四万五〇〇〇ユーロ以下の罰金、被害者が一五歳以下の未成年の場合、五年以下の懲役と七万五〇〇〇ユーロ以下の罰金とされている。

＊15　二〇〇〇年六月一四日憲法的法律委員会、法務委員会、共和国の行政に関する委員会の名において出された、カトリーヌ・ピカール下院議員による報告書より。

＊16　« LUTTE CONTRE LES DERIVES SECTAIRES » établi par l'Inspection Générale de la Police Nationale, la MIVILUDES/SG-CIPDR et l'Inspection Générale de la Gendarmerie Nationale.

＊17　https://www.miviludes.interieur.gouv.fr/publications-de-la-miviludes/rapports-annuels/rapport-dactivité-2021 からＰＤＦ版の報告書を閲覧できる。

＊18　« LUTTE CONTRE LES DERIVES SECTAIRES » établi par l'Inspection Générale de la Police Nationale, la MIVILUDES/SG-CIPDR et l'Inspection Générale de la Gendarmerie Nationale.

（かねづか・おーばん・あやの　弁護士）

8 宗教2世問題の解決への課題――法律家から見た視点

紀藤正樹

はじめに――問題の所在

二〇二二年七月八日、参議院選挙の街頭演説中に安倍晋三元首相が銃撃されるという、世界を震撼させる事件が発生した。事件後、犯行動機に世界基督教統一神霊協会（現・世界平和統一家庭連合、以下、統一教会）への恨みがあり、容疑者がいわゆる「宗教2世」であることが明らかとなった。事件の背景となった統一教会の霊感商法や高額献金、家族の被害などの実態が次々と報じられるにつれ、統一教会の問題は、被害者救済だけでなく、政治へのこの教団の浸透、民主主義の在り方、国の形の問題にまで発展し、日本社会に大きな波紋を呼ぶ事態となっている。

二〇二三年一月一〇日、精神鑑定のための半年近くの鑑定留置を経て、容疑者は、殺人と銃刀法違反の罪で起訴された。今後は裁判員による公開の法廷でも審理され、事件の背景や経緯はさらに広く報じられると思われるが、そもそも歌手の桜田淳子氏が統一教会の合同結婚式に参加したのは一九九二年のこと。この時期に、統一教会の問題は大きく報道されたにもかかわらず、なぜこの間、統一教会による被害を根絶できなかったのか、なぜ風化が生じたのか。この「空白の三〇年」は、宗教2世の三〇年でもある。容疑者の犯行時の年齢は四一歳。テレビ等でインタビューに答える宗教2世の多くも二〇代から四〇代。統一教会問題が放置されてきたことは、宗教2世の被害者らにとっては悲劇的ですらある。

日本は一九九五年に、オウム真理教による地下鉄サリン事件を経験している。この事件も含めて、現在までの約三〇年間でカルト的宗教団体に関係する大事件が二回も起きた国は世界に例がない。地下鉄サリン事件のあった年の一〇月、米上院議会は議会報告書を作成し、フランスも同年一二月に国民議会報告書をまとめ、二〇〇一年には反セクト法を成立させた（↓第7章）。

ところが当事者の日本は、地下鉄サリン事件が起きた後も、事件がなぜ起きたのかの検証すら国会で総括せず、そのためカルト問題に対する抜本的な対策を講じず現在に至っている。そのことが、地下鉄サリン事件当時からカルト的宗教団体と評されてきた統一教会が放置され、霊感商法や家族の被害も放置されるという、目を覆わんばかりの結果を招いた面は否めない。

この間、オウム真理教だけでなく、その後に摘発された宗教法人明覚寺《みょうかくじ》（一九九五年、詐欺で摘発）、宗教法人法《ほう》の華三法行《はなさんぽうぎょう》（一九九九年、詐欺で摘発）も、自らの正体を隠した統一教会の伝道や経済活動の手口を模倣していたが、そうした宗教法人は、宗教法人の認証から一〇年前後で摘発されたので、宗教2世問題は少なかった。それに対して統一教会は摘発されずに今日まで続いてきた。

そのため、この教団の宗教2世問題は、より深刻な被害を生むことになってしまった。

統一教会の反社会性

私は、オウム真理教事件も含めて戦後日本のカルト問題は、捜査機関を含む行政の統一教会への対応の誤りを抜きにして語ることはできないと考えている。統一教会は、いわゆる霊感商法による違法な資金集め、伝道目的であることを隠してビデオセンター等に誘い込んで行う詐欺的伝道、いわゆる合同結婚式など、さまざまな社会問題を起こしてきた団体である。

このため多数の訴訟を通じて、霊感商法等の資金獲得活動、信者獲得のための伝道活動という宗教法人としての活動の根幹部分に加え、合同結婚式勧誘活動という統一教会に固有の宗教活動の根幹部分についてまで、最高裁判所において違法性が認められた[*1]、前例のない宗教法人となっている。

このような宗教団体は、諸外国においても例がない。しかも統一教会は、これら最高裁判所判決が出された後も、その体質を改めていない。統一教会の被害は続いており、その遵法意識の著しい欠如から、もはや違法集団と呼んでもよい宗教法人である。

民事裁判が相次ぐ理由は、国や行政の怠慢により、統一教会の活動が野放しにされてきたからにほかならない。この種の団体は、オウム真理教に限らず、通常は、刑事摘発により、その団体の活動は停止ないし停滞していく。ところが統一教会では刑事摘発がなされず、民間レベルでしか解決が図れなかった。このことが、日本における宗教被害事件の膨大な民事判例群を生むという皮肉な結果を生んでいる。時に海外のカルト問題の専門家からは「日本の裁判実績はすごい。とても参考になる」と褒められることがあるが、過去の被害者の汗と涙の結晶が、これら膨大な判例群というべきであり、日本の現状は、決して褒められたものとは言えない。

そもそも統一教会が、全国の信者に霊感商法に従事させるようになったのは、一九七〇年代後半にさかのぼる。国民生活センターが全国の消費生活センターへ寄せられた相談を調査した結果によると、一九七六年一一月から一九八二年一一月までの五年間で、全国の消費生活センターに寄せられた被害相談件数は二六三三件、被害相談額は一六億九九七六万二〇〇〇円にのぼる。

しかしその後も国や行政は、霊感商法への対応や対策をほとんど取らなかったため、一九八〇年代後半には、霊感商法による被害が深刻をきわめることになる。全国霊感商法対策弁護士連絡会（全国弁連）は、この時期の一九八七年五月に結成された。以来、連絡会は、霊感商法の被害者への電話相談窓口を設けているが、二〇二一年までの三四年間で相談件数は約三万四〇〇〇件、相談被害総額は一二〇〇億円を超えている。[*2] もちろんこれは相談だけの数字であるから、実際の被害は、その数十倍にものぼる可能性があり、その被害総額は優に一兆円を超える規模と推定される。我が国史上最大の消費者被害とされる安愚楽《あぐら》牧場のケース[*3]では被害者数七万三〇〇〇人、被害総額四二〇〇億円であったが、それをはるかにしのぐ規模である。被害者の周りには当然、家族や親族がいる。家族の被害も含めれば、統一教会が生み出した被害者の数は、相談件数から見て、優に数百万人に及ぶと推定される。

二〇〇七年から二〇一〇年にかけて、ようやく警察が、統一教会の霊感商法にメスを入れた時期があったが、警察は、いわゆる販売店だけを捜査し、統一教会という組織本体の摘発には至らなかった。[*4] 捜査が止まった背景も検証されなければならないが、一九八〇年代から始まる国による統一教会への追及の甘さは、「統一教会の活動が許されるのだったら、うちも許される」という甘えを日本社会に蔓延させ、オウム真理教を野放しにしてしまい、その後の地下鉄サリン事件まで許してしまった。

「宗教2世」という言葉

宗教2世のことを、メディアは時に「2世信者」と呼称する場合もあるが、注意を要する。被害者である宗教2世の多くは、当該宗教団体を離脱している。現役の信者2世も含めて、中立的に「宗教2世」と呼称すべきであり、「2世信者」と呼称する場合は、まだ当該宗教団体を離脱していない宗教2世を特に指す言葉として使用すべきである。

また当該宗教団体を離脱した宗教2世を「元2世信者」と呼称する例も散見されるが、幼少期に家族や宗教団体から指導される形で信者となった2世について、自らの意思で信者となった後に離脱した親世代と同様に「元信者」と呼ぶことにも慎重である必要がある。実際、「元信者」と呼ばれることを嫌う宗教2世の被害者もいる。そもそも幼少時の入信は、法的に効力を有しないという論点も存在する。この論点は、成年になって、当該宗教団体を批判することで「除名」された際の「除名」の効力にも影響し、当該被害者にとって重要な問題をはらんでいる。

そのうえ統一教会の場合、宗教2世の被害にも、いくつかのパターンがある。統一教会には、信者は統一教会での結婚（教義に基づく結婚を「祝福」（Blessing）と呼び、しばしばそれは合同結婚式という形をとる）によって原罪がなくなるという教えがある。そして祝福結婚をし、原罪がなくなった両親から生まれた子どもは、「生まれながらにして原罪がない子」という、教義上特別な意味が付与される。そのため祝福2世は、原罪のない子ども同士、すなわち祝福2世同士でしか合同結婚式に参加できないという制限があり、恋愛の自由や婚姻の自由がより厳しく制限される。

このように統一教会では祝福の有無がきわめて重要であり、宗教2世の中にも序列がある。同じ宗教2世でも、親の祝福の有無、自身の祝福の有無によって区別をつける。そしてこの宗教2世の序列を背景に、祝福家庭間で子どもを融通するという、子どもの福祉を考えない養子制度の濫用が生じた。この理不尽かつ人権侵害性が顕著な慣行も、国は放置してきた。ようやく厚生労働省が、二〇二三年の一月二三日付で、「養子縁組に関する関係法令の遵守等について」と題した通達を統一教会宛てに発し、また各地方自治体の関係部局に「民間あっせん機関による養子縁組のあっせんに係る児童の保護等に関する法律の適正な運用について（周知）」という事務連絡を発したが[*5]、遅きに失した感は否めない。

統一教会によると、一九八一年〜二〇二一年の間に、信者家庭間で七四五人の養子縁組があった。このように宗教の都合で養子に出された子どもたちの人生は、もはや取り戻せない。きわめて深刻な事態であり、早急に是正されなければならない問題である。「民間あっせん機関による養子縁組のあっせんに係る児童の保護等に関する法律」に違反する事態があれば、厳正な対処も必要である。

カルト的宗教団体に入信した宗教1世とは異なり、2世である子どもには自己責任論は全くあてはまらない。親は一応の信教の自由を享受できる立場であるのに対して、親から信仰を押しつけられた子どもには、真の信教の自由はない。

その意味で、二〇二二年一二月の臨時国会で、消費者契約法の改正と同時に、いわゆる「法人等による寄附の不当な勧誘の防止等に関する法律」（不当寄附勧誘防止法）が成立したが、現役信者が被害を主張するとは考えにくく、また金銭被害に換算しにくい児童虐待など、家族の被害を救済することも難しいことから、民事のルールだけでは宗教2世の被害を抜本的に救済することはできない。そこで重要なのが、被害者が声をあげなくても問題を是正できる可能性を持つ、図1（次ページ）の右向きの矢印「行政措置」（行政処分）であり、消費者庁の厳正な対応が強く期待されるところである。

「児童虐待防止法」[*6]改正等の新たな法制化が必要

厚生労働省は二〇二二年一二月二七日付で、「宗教の信仰等に関係する児童虐待等への対応に

図1　法人等による寄附の不当な勧誘の防止等に関する法律（概要）[*7]

法人等による不当な寄附の勧誘を禁止するとともに、当該勧誘を行う法人等に対する行政上の措置等を定めることにより、消費者契約法とあいまって、法人等からの寄附の勧誘を受ける者の保護を図る。

新法の主な内容　〈法人等〉法人又は法人でない社団若しくは財団で代表者若しくは管理人の定めがあるもの

1.　寄附の勧誘に関する規制等

■契約による寄附に加え、契約ではない寄附（単独行為）も対象とする【第2条】

■寄附の勧誘を行うに当たっての寄附者への配慮義務【第3条】
➡①〜③に十分に配慮しなければならない
①自由な意思を抑圧し、適切な判断をすることが困難な状況に陥ることがないようにする
②寄附者やその配偶者・親族の生活の維持を困難にすることがないようにする
③勧誘する法人等を明らかにし、寄附される財産の使途を誤認させるおそれがないようにする

■寄附の勧誘に際し、不当勧誘行為で寄附者を困惑させることの禁止【第4条】
①不退去、②退去妨害、③勧誘をすることを告げず退去困難な場所へ同行、④威迫する言動を交え相談の連絡を妨害、⑤恋愛感情等に乗じ関係の破綻を告知、⑥霊感等による知見を用いた告知

■借入れ等による資金調達の要求の禁止【第5条】
借入れ、又は居住用の建物等若しくは生活の維持に欠くことのできない事業用の資産で事業の継続に欠くことのできないものの処分により、寄附のための資金を調達することを要求してはならない

2.　違反に対する行政措置・罰則

■配慮義務（第3条）の遵守に係る勧告等【第6条】
・個人の権利の保護に著しい支障が生じていると明らかに認められ、同様の支障が生ずるおそれが著しい場合、法人等に遵守すべき事項を示して勧告➡従わなかったときは、公表可能
・勧告に必要な限度で、法人等に対し報告を求める

■禁止行為（第4条・5条）に係る勧告・命令等【第7条】
・施行に特に必要な限度で、法人等に対し報告を求める
・不特定・多数の個人への違反行為が認められ、引き続きするおそれが著しい場合、必要な措置をとるよう勧告
➡措置をとらなかったときは、命令・公表

■第7条違反への罰則【第16条〜18条】　※両罰規定あり
虚偽報告等：50万円以下の罰金
命令違反：1年以下の拘禁刑・100万円以下の罰金

3.　寄附の意思表示の取消し

※消費者契約に該当する場合は消費者契約法によって取消し

■不当な勧誘により困惑して寄附の意思表示をした場合の取消し【第8条】

■取消権の行使期間（追認できるときから・寄附時から、①〜⑤は1年・5年、⑥は3年・10年）【第9条】

4.　債権者代位権の行使に関する特例

■子や配偶者が婚姻費用・養育費等を保全するための特例【第10条】
被保全債権が扶養義務等に係る定期金債権（婚姻費用、養育費等）である場合、本法・消費者契約法に基づく寄附（金銭の寄附のみ）の取消権、寄附した金銭の返還請求権について、**履行期が到来していなくても**債権者代位権を行使可能にする（※民法上は、履行期が到来した分のみ）

5.　関係機関による支援等

■不当な勧誘による寄附者等への支援【第11条】
取消権や債権者代位権の適切な行使により被害回復等を図ることができるようにするため、法テラスと関係機関・関係団体等の連携強化による利用しやすい相談体制の整備等、必要な支援に努める

法律の運用に当たり法人等の活動に**寄附が果たす役割の重要性**に留意し、**信教の自由等**に十分配慮しなければならない【第12条】

関するQ&A」を公表した。[*8]

これまで、カルト的宗教団体の中で起きる児童虐待に対して、現場に立つ専門家や行政の対応は非常に鈍かった。その意味では、「宗教の信仰等に関係する児童虐待」に限って、具体的な内容の「Q&A」を作成し公表したこと自体は高く評価できる。しかしながら、課題は少なくない。実際に運用するのは児童相談所の職員など、所轄の地方自治体の担当者となるが、相手はカルト的な団体である。妨害も想定できる。威圧的な訴訟への対策も重要である。団体に対する行政の防御体制の整備だけでなく、児童虐待の最前線に立つ児童相談所の職員を対象とする研修・啓発活動の実施、問題に取り組んできた弁護士を含む専門家との連携促進なども必要不可欠である。

そもそも、カルト的な宗教団体の中で起きる児童虐待は複雑な様相を呈している。虐待親を指導する団体の教祖や幹部、周りの信者もいて、その信者にも虐待を疑われる子どもがいる場合がある。虐待を疑われる家族が、当該団体に複数以上想定できる場合には、所轄を越えた児童相談所の連携が必要になる場面も出てくるだろう。

現行の児童虐待防止法は、個々の家族による虐待を前提としているため、親でない教祖や教祖の意を受けた信者といった第三者からの児童虐待に対しては、虐待親のネグレクトや心理的虐待という観点からでしか虐待をとらえられず、児童虐待防止法に基づく対応には限界がある。しかも、ネグレクトや心理的虐待には「著しい」「著しく」といった限定が付せられ、その適用自体が制限的である。[*9]

しかしながら、第三者が家族を指示・指導して児童虐待を行う場合、そもそも「法は家庭に入らず」という前提すら欠いているため、より悪質と言うべきである。たとえば刑法二四四条は「親族間の犯罪に関する特例」として、「配偶者、直系血族又は同居の親族との間」の窃盗等に関する犯罪について「刑を免除する」との規定を置くが、「親族でない共犯については、適用しない」とし、親族間の犯罪と親族ではない者の犯罪の可罰性を区別している（刑法第二四四条）。

児童福祉法は、児童への虐待について特に可罰性が強いもの、たとえば「児童に午後十時から午前三時までの間、戸々について、又は道路その他これに準ずる場所で物品の販売、配布、展示若しくは拾集又は役務の提供を業務としてさせる行為」などの一一の行為については、「何人も、（…）してはならない」（同法第三四条）とし、家族だけでなく第三者が行っても犯罪化している（同法第六〇条）。第三者による児童虐待は、家族による児童虐待とは異なり、より犯罪性と違法性が強いものとして扱うのが、法的整合性の観点からは正しい方向というべきである。

そのうえ、カルト的団体に所属する第三者が関与した虐待に関しては、マインドコントロールを受けた親への調査だけでは不十分である。虐待の背景にある第三者への調査が必要不可欠であるが、全国的に活動を展開するカルト的団体への調査は、地方自治体の権限だけでは無理がある。この点、東京都が所轄するオウム真理教が起こしたサリン事件等を受けて、宗教法人法が一九九五年に改正されたが、そこでは都道府県を越える活動実態がある宗教法人の所轄については、地方自治体から国に移管された経緯もある。[*10] 子どもの福祉のためには、むしろ国が、こうした団体に対する権限を積極的に持つことが必要不可欠だという立法事実が存している。

児童虐待防止法・児童福祉法では、親に対する行政処分が法定されている。加えて宗教2世問題に対応するためには、第三者による児童虐待について、新たに犯罪化するか、少なくとも行政処分ができる体制を法制化すべきである。このような法制化は、児童虐待の実態解明を容易にすると同時に、新たな児童虐待の防止・予防に資する。さらには、当該団体が児童相談所等の現場に加える不当な圧力への歯止めとしても機能する。その結果、現場の積極的な対応を後押しし、「宗教の信仰等に関係する児童虐待等への対応に関するQ＆A」の円滑な運用を可能にする。

消費者庁が、行政処分のできない民々《みんみん》のルールである消費者契約法と行政処分が可能な不当寄附勧誘防止法を車の両輪として法制化したように、宗教2世をめぐる問題解決のためには、現行の児童虐待防止法・児童福祉法を改正するか、第三者への行政処分が可能な「第三者児童虐待防止法」を新たに制定することで、車の両輪とすべきである。

加えて、児童虐待防止法における「虐待」の定義があまりに狭いという問題がある。同法をすぐにでも改正し、児童虐待の定義に、「経済的虐待」を加えることが重要である。経済的虐待に関しては、児童虐待防止法（二〇〇〇年成立）の後に制定された高齢者虐待防止法（二〇〇五年成立）、障害者虐待防止法（二〇一一年成立）のいずれもが、経済的虐待を虐待として定義している。もはや児童虐待防止法が定義する「虐待」に経済的虐待が含まれていないのは、法の不備ともいえる事態である。[*11]

宗教2世をめぐる問題の中には、子どものアルバイト代や貯金を親が使い込んだ事例もあるうえ、新たに制定された不当寄附勧誘防止法では、配慮義務として、寄附者やその配偶者・親族の生活の維持を困難にすることがないようにするという規定を置き（同法第三条二号）、さらには「債権者代位権の行使に関する特例」として、扶養義務等に係る養育費について、被害者である親に代わって子どもが権利を行使する債権者代位権の行使を可能にしている（同法第一〇条）。法的整合性の観点からは、児童虐待防止法においても、扶養義務のレベルを超えた貧困を強いる児童虐待を「経済的虐待」と位置づけ、端的に親への指導が可能とすべきであると思われる。子どもの貧困は、親による経済的虐待であるという位置づけが明確にできれば、不当寄附勧誘防止法によって養育費相当額の請求が難しい場合であっても、児童相談所を通じて行政は、信者の親とやり取りができるようになり、子どもの救済に向けて実効性をより高めることができる。

また、子どもの自由恋愛を禁じたり、合同結婚式への参加を強要するなど恋愛の自由や婚姻の自由を侵害することや、当該団体を批判する言動を行った者を排斥・除名し家族や信者同士のつながりを絶たせて、言わば村八分状態にすることなど、憲法上の価値（人権）に反する指示や指導、教育については、たとえ宗教的な活動であっても、児童虐待防止法上の「虐待」だと位置づけられるよう、解釈を明確化することが必要だと思われる。

運用上の課題も存在する。「宗教の信仰等に関係する児童虐待等への対応に関するQ＆A」には、たとえば「宗教団体の構成員、信者等の関係者等の第三者から指示されたり、唆されたりするなどして、保護者が児童虐待に該当する行為を行った場合はどのように対応すべきか」という問い（問一―二）があるが、その答えは「児童虐待行為は、暴行罪、傷害罪、強制わいせつ罪、強制性交等罪、保護責任者遺棄罪等に当たり得るものであり、また、これらの犯罪を指示したり、唆したりする行為については、これらの罪の共同正犯（刑法六〇条）、教唆犯（六一条）、幇助犯（六二条）が成立し得る。このため、こうした事例への対応に際しては警察と迅速に情報共有を図るなどして適切な連携を図ることが必要である。児童相談所においては、児童の最善の利益を考慮し、児童虐待行為について告発が必要な場合には、躊躇なく警察に告発を相談するべきである」となっている。

しかし例示されているのは刑法上の犯罪ばかりで、告発義務が十分機能するのか疑問が残る。また、刑法をいきなり適用するのではなく、第三者による児童虐待を従来から犯罪化している「児童福祉法」を活用する必要性もある。

前述のように児童福祉法は、特に問題のある一一の行為を犯罪化しているが、カルト的団体の影響下・支配下にある子どもを救済するためにも、第三者による児童虐待を犯罪化している「児童福祉法の犯罪条項の適用が検討されてしかるべきである。特に「有害支配罪」と呼ばれる「児童の心身に有害な影響を与える行為をさせる目的をもってこれを自己の支配下に置く行為」（同法三四条一項九号、六〇条二項）を犯罪化している規定は重要である。

広島高等裁判所一九九一年二月二六日付判決は、未成年者をデートクラブのデート嬢として使用していた事案について、「被告人が児童である右両名を自己の狡猾な策略にかけたともいうべきもので、児童がその心身に有害な影響を及ぼす行為にかかわり、そのような環境に入ることを未然に防止し、児童の心身の健全な育成保護を図ろうとする児童福祉法三四条一項九号の趣旨、目的に照らしても、被告人が、児童であるA女、B女の両名に心理的な影響を及ぼし、その意思を左右しうる状態に置き、被告人の影響下から離脱することを困難にさせたものと認められるので、被告人の右所為は、同号所定の「児童の心身に有害な影響を与える行為をさせる目的をもって、これを自己の支配下に置く行為」をしたことにあたる」（傍点は筆者）とし、いわゆる「マインドコントロール」に類似する構成で、有罪判決を下している。[*12] カルト的団体の影響や支配下にある子どもを救うためにも、これまでカルト的団体に対して一度も使われてこなかった「有害支配罪」の適用も検討されてしかるべきである。

加えて、法制が整備されても、児童虐待の早期発見はきわめて重要である。これに関連して、消費者庁「見守りネットワーク（消費者安全確保地域協議会）」の活用が叫ばれている。

岸田首相は、二〇二二年一〇月二〇日の予算委員会での答弁で、「消費者被害の未然防止、また拡大防止のためには、一人では相談することが難しい高齢者や障害者等の配慮を要する消費者に対して、地域の様々な主体がネットワークを形成して見守る活動、これが重要であります。そして、そうした取組は、委員御指摘のように、子供たちの見守りという観点からも大きな役割を果たすことは期待するところであります。このため、委員御指摘の見守りネットワークを設置する自治体に対する財政面での支援に取り組んでおり、今年九月の段階で四百五の自治体が設置するに至っております。また、より効果的な見守りを実施するため、担い手の養成講座を実施するなど、地域での効果的な取組の実現に向けた政策に取り組んでいるところです。こうした見守りや消費生活相談の体制強化を通じて、御指摘の霊感商法や悪質な寄附の要請等の問題の解決にもつなげていきたいと考えております」[*13]と答弁した。

また、河野太郎消費者庁担当大臣も、同年一一月一六日の参議院消費者問題に関する特別委員会において、「消費者被害の被害者の未然防止あるいは被害の拡大を防ぐという意味で、なかなか相談しづらい独りの方あるいは御高齢の方、こういう方をやはり周りで支える見守りネットワークというのは非常に重要な役割を果たすと思いますし、消費者庁でやりました霊感商法に関する検討会の中でも、この見守りネットワークの重要性、御指摘をいただいているところでございます。十月末で今委員からお話ありましたように四百七、この数字は多いようでもあり、全体から見るとまだまだというところもございますので、ここはもう少し増やしていけるようにしっかり努力をしたいと思っておりますし、この見守りネットワークの担い手をどのように養成していくか、この養成講座を拡充していくことなどを含め、消費者庁としても前向きにしっかり取り組んでまいりたいと思っております」と答弁している。[*14]

厚生労働省は事件前の二〇二一年一〇月一日に、消費者庁と連名で、「重層的支援体制整備事業と消費者安全確保地域協議会制度との連携について」と題する通達[*15]を発している。

被害救済の範囲を広げるという観点からも、貧困への支援、孤立対策、就業支援を志向する厚生労働省の「重層的支援体制整備事業」との連携強化が必要である。宗教2世が抱える問題解決に向けて、国と地方自治体は真摯に取り組み、児童虐待問題の早期発見だけでなく、貧困支援、孤立対策、就業支援の輪が広がることを強く期待したい。

おわりに——課題とまとめ

宗教2世問題の解決のためには、文部科学省主導で学校や学校教育の在り方を改革することも重要である。学校で行われる宗教教育では宗教リテラシー教育が重要で、そこに「宗教リスク教育」を含めるべき時期が来ている。[*16] 二〇一三年に制定・施行された「いじめ防止対策推進法」のより一層の活用も重要であるが、同法は残念ながら、国による地方自治体への指導等ができるだけで（同法第三三条）、当該団体への直接の行政処分はできないという課題が残されている。早急に法改正、運用面の見直し等の検討が必要だと思われる。

合同結婚式によって、韓国人と韓国国内で家庭を持った日本人妻に関しては、帰国したいと希望しているかどうか確認することも課題となっている。海外、特に韓国にいる日本人妻とその子どもは一万人超いると見られ、外務省による帰国支援、就業支援などの対策も必要である。

さらには、カルトに対する国の向き合い方、すなわち宗教法人法の改正を含む宗教行政の見直し、宗教法人課税のあり方、政治との距離（ロビイスト規制法の制定等）、海外宛の献金・送金の問題（統一教会の場合、特に韓国への金銭移動）[*17]など、抜本的な対策が急務となっているものが多い。宗教法人の認証が受けやすく、解散命令の要件が厳しい現行の宗教法人法にも大きな問題がある。認証されると、法人税の免税特権がすぐに得られる仕組みを前提とする以上、解散命令を容易にする方向での法改正も考えられる。解散命令の現行の要件を残すのであれば、むしろ税制面を切り離し、税優遇については、法人格とは別に国税庁の審査を要するという法制も十分に検討に値すると思われる。これらの対策が早い段階で実施されていたなら、宗教2世をめぐる深刻な被害は、日本でここまで広がらなかった可能性も高い。[*18]

オウム真理教事件を体験して以降も、日本のカルト対策は不十分な状態が長らく続いたのであり、そのことが、今も後を絶たないカルト被害の原因となっている。なぜ事件が起きたのか、どうすればそうした事件が二度と起きないようにできるのかという問いに対して、日本はまだ答えを出せずにいる。福島原発事故では、政府事故調も国会事故調も設置され、詳細な報告書が作成され、その後に活かされているのとは大きな違いがある。セクト的な逸脱に関する判断基準としてフランスが設けた一〇の指標のほか、同国の反セクト法をはじめとする法制も参考になる（↓第7章）。

日本も、こうした国の法制度をも参考にし、さらなる統一教会問題も含めたカルト現象への対策を進めてほしい。オウム真理教事件が起きてもなお対策を怠ってきたことが、宗教2世問題につながったことを忘れてはならない。宗教2世が受ける被害は、今も新たに生み出され続けており、我が国におけるきわめて重大な人権問題である。この問題を放置し続けるわけにはいかない。空白の三〇年だけでなく、今なおこの問題を放置している我々大人の側、国会や政府の指導力が問われている。

＊1　全国霊感商法対策弁護士連絡会サイト https://www.stopreikan.com/minji_gaiyo.html

＊2　全国弁連サイト「窓口別被害集計（一九八七年〜）」https://www.stopreikan.com/madoguchi_higai.htm

＊3　全国安愚楽牧場被害対策弁護団サイト「安愚楽牧場の被害規模」http://agurahigai.a.la9.jp/victimscale.html

＊4　全国弁連サイト「刑事事件　情報一覧」https://www.stopreikan.com/keiji_jireisyu.html

＊5　通達と事務連絡は、https://www.mhlw.go.jp/content/001041596.pdf

＊6　正式名称は「児童虐待の防止等に関する法律」。

＊7　消費者庁「法人等による寄附の不当な勧誘の防止等に関する法律」より作成。https://www.caa.go.jp/policies/policy/consumer_policy/donation_solicitation/

＊8　厚生労働省「宗教の信仰等に関係する児童虐待等への対応に関するQ＆A」https://www.mhlw.go.jp/content/001032125.pdf

＊9　児童虐待防止法第二条によると、「児童虐待の定義」は以下のようになる（傍点は筆者）。
第二条　この法律において、「児童虐待」とは、保護者（親権を行う者、未成年後見人その他の者で、児童を現に監護するものをいう。以下同じ。）がその監護する児童（十八歳に満たない者をいう。以下同じ。）について行う次に掲げる行為をいう。
一　児童の身体に外傷が生じ、又は生じるおそれのある暴行を加えること。
二　児童にわいせつな行為をすること又は児童をしてわいせつな行為をさせること。

三　児童の心身の正常な発達を妨げるような著しい減食又は長時間の放置、保護者以外の同居人による前二号又は次号に掲げる行為と同様の行為の放置その他の保護者としての監護を著しく怠ること。

四　児童に対する著しい暴言又は著しく拒絶的な対応、児童が同居する家庭における配偶者に対する暴力（配偶者（婚姻の届出をしていないが、事実上婚姻関係と同様の事情にある者を含む。）の身体に対する不法な攻撃であって生命又は身体に危害を及ぼすもの及びこれに準ずる心身に有害な影響を及ぼす言動をいう。）その他の児童に著しい心理的外傷を与える言動を行うこと。

*10　拙稿「宗教法人法の改正とその課題」『法と民主主義』一九九五年一一月号（通号三〇三）、二九—三一頁。筆者のＨＰ（http://masakikito.com/syuukyouhojinhokaisei.ronbun.htm）を参照。

*11　正式名称「高齢者虐待の防止、高齢者の養護者に対する支援等に関する法律」第二条四項二号は、虐待について「養護者又は高齢者の親族が当該高齢者の財産を不当に処分することその他当該高齢者から不当に財産上の利益を得ること」と定義している。正式名称「障害者虐待の防止、障害者の養護者に対する支援等に関する法律」第二条六項二号は「養護者又は障害者の親族が当該障害者の財産を不当に処分することその他当該障害者から不当に財産上の利益を得ること」と定める。

*12　『高等裁判所刑事裁判速報集［平成三年］』、一一六頁。マインドコントロールについては、拙著『マインド・コントロール』アスコム、二〇一七年、を参照。

*13　第二一〇回国会参議院予算委員会会議録・二〇二二年一〇月二〇日。

*14　第二一〇回国会参議院消費者問題に関する特別委員会会議録・二〇二二年一一月一六日。

*15　通達「社援地発一〇〇一第一号　消地協発二三六号　令和三年一〇月一日　重層的支援体制整備事業と消費者安全確保地域協議会制度との連携について」https://www.mhlw.go.jp/kyouseisyakaiportal/kitei/pdf/jimurenn031001-1juusou-syouhisya.pdf

*16　前掲紀藤、二〇一七年、二〇九頁、参照。なお教育基本法は次のように定めている。

（宗教教育）

第一五条　宗教に関する寛容の態度、宗教に関する一般的な教養及び宗教の社会生活における地位は、教育上尊重されなければならない。
二　国及び地方公共団体が設置する学校は、特定の宗教のための宗教教育その他宗教的活動をしてはならない。

＊17　マネーロンダリングの問題については、拙著『21世紀の宗教法人法』朝日新聞社、一九九五年、四三―四四頁、を参照。

＊18　詳しくは、拙著『カルト宗教』アスコム、二〇二二年、を参照。

（きとう・まさき　弁護士）

9 「宗教2世」問題に政治はどう取り組むか

石垣のりこ

国会の中の「統一教会」の歴史

「宗教二世」という言葉が国会会議録に初めて登場するのは、二〇二二年秋の第二一〇回臨時国会である。同年七月の参議院議員選挙終盤に、安倍晋三元総理が銃撃されるという驚愕の事件が起きた。容疑者とされる人物が、世界平和統一家庭連合（以下、統一教会）のいわゆる「宗教2世」であり、犯行動機に教団への恨みがあるという。徐々に報道が加熱し、統一教会と与党・自民党議員を主とした政治家との関係や、霊感商法や高額献金をはじめとした数々の凄惨な被害実態が当事者や関係者から語られ、お茶の間にも伝わっていった。マスコミが統一教会問題を報じるのは初めてではないし、国会では、過去に何度も取り上げられている。その都度、深刻な被害が訴えられても、これまで政治は動いてこなかった。約半世紀にわたって夥《おびただ》しい被害を放置し、取り返しのつかない事態に追い込んだ政治の不作為を、自戒をもって痛烈に批判せざるを得ない。

なお、国会会議録検索で「統一協会」が初めて登場するのは、一九六九年五月九日の第六一回国会衆議院地方行政委員会である。社会党の安井吉典《やすいよしのり》議員からの右翼学生団体に関する質問に対する、政府委員で警察庁警備局長の川島広守《ひろもり》氏の答弁に、「生長の家学生会全国総連合」と並んで「統一協会の原理研究会」の存在が示されているのは興味深い。他方、「統一教会」で最初にヒットするのは、一九七一年三月二六日の第六五回国会衆議院地方行政委員会での共産党の林百郎《ひゃくろう》衆議院議員の質問に対する、政府委員で警察庁刑事局保安部長、長谷川俊之氏の答弁である。奇しくも、というべきか、当時審議されていたのは「銃砲刀剣類所持等取締法の一部を改正する法律案」であり、韓国から空気散弾銃が大量に輸入されていた問題が取り上げられている。以降、昭和の終わりまで、予算委員会や法務委員会、地方行政委員会等で度々質疑がなされ、平成に入ると、オウム真理教事件後の一九九五年以降に再び国会会議録に統一教会が登場する。なお、一九七七年には、「全国原理運動被害者父母の会」が当時の福田赳夫総理大臣宛に公開質問状を送り、統一教会による不法活動を放置している代々の総理大臣の怠慢を批判している。また、一九九四年以降は、同教団の使用者責任が認められた民事裁判が積み重なり二二件（二〇二二年末時点）にのぼるなど、司法の場で統一教会の反社会性が断罪され続けてきた。被害者救済の中心となって活動している全国霊感商法対策弁護士連絡会（以下、全国弁連）は、約三〇年にわたり、要望書、抗議書、公開質問状などでも再三、統一教会問題に警鐘を鳴らし続けてきたにもかかわらず、政治は被害者に目を向けることをほとんど怠ってきたのである。

会議録に初めて登場してから約半世紀、二〇二二年の第二一〇回国会で、統一教会問題に端を発した「法人等による寄附の不当な勧誘の防止等に関する法律」が成立した。衆参合わせて五日間・二八時間の審議で、同日に衆参本会議リレー方式での法案送付、法案提出後の修正、さらには、衆議院で二九年ぶり、参議院で二五年ぶりの土曜審議となり、会期末に滑り込む等々、異例の成立となった。成立した法律は、通称「被害者救済法」と呼ばれているものの、救済できる範囲は限定的で、「宗教2世」の抱える諸問題の解決を期待できる内容には程遠い。それどころか、「これでは被害者救済法ではなくて統一教会救済法だ」とまで揶揄される始末だ。とはいえ、約半世紀、梃子《てこ》でも動かなかった国会が対応に一歩踏み出したことは評価されるべきであろう。

本書の主題は、特定の宗教団体に限らない「宗教2世」問題であるが、これまでの国会での問題提起を踏まえた上で、第二一〇回臨時国会前後における政治の動き、被害者救済を第一に閣法(内閣提出の法案)に先駆けて提出した野党法案「特定財産損害誘導行為による被害の防止及び救済等に関する法律案」(以下「悪質献金規制法案」)の内容、及び、成立した閣法における議論に、基本的な課題の洗い出しがなされていると考える。ゆえに、本稿では、それらを中心として「宗教2世」問題に政治がどう取り組むかを考えてみたい。

第一の目的は被害者救済

元総理銃撃事件から約二週間後の七月下旬、立憲民主党は、政府の動きに先駆けて、「立憲民主党旧統一教会被害対策本部」を立ち上げた。その後、野党各党が参加する「旧統一教会問題国対ヒアリング」も設置。何より被害者救済を第一と考え、当事者・家族や弁護団、支援者、研究者、省庁などからの聞き取りを行った。当事者・関係各位からは、巧妙で悪どい勧誘手口、かつて世間に衝撃を与えた合同結婚式などの教義内容、生活を破綻させるほどの高額な献金など惨憺《さんたん》たる被害が語られる一方で、行政側は、そうした被害をほとんど把握していない、あるいは、この期に及んでも積極的に公表しようとしなかった。

主に「宗教2世」の生活支援に携わってきたという社会福祉士は、例えば生活保護に当てはまる事案であっても、宗教が絡んでいることがわかると「信教の自由の問題」「宗教のことならご家族で」と取り合ってくれないと話していたが、あらゆる行政機関において、「宗教＝管轄外」という認識であることが、省庁からの現状説明にも表れていた。幸い、その点に関しては、早い段階で改善がなされた。一〇月六日付の厚生労働省子ども家庭局からの事務連絡「市町村及び児童相談所における虐待相談対応について」において、「保護者の信仰に関連することのみをもって消極的な対応を取らず、また、子どもの側に立って判断すべきであること」と通達が出たことで、ようやく行政の窓口において、宗教2世からの相談を受け付ける下地が作られたのである。このように事務連絡レベルでの対応によって、ある程度解決することもあるが、ヒアリングを重ねて課題が明らかになってくると、広く「被害者救済」を実現していくには、やはり立法措置が必要であるとの結論に至った。

2世からの献金被害救済も可能にする野党法案

統一教会問題における「被害者」は、悪質な勧誘によって献金に至った当事者のみならず、その家族もである。むしろ、当事者が信仰を持ち続けている場合、高額献金などによって家計が破綻し被害を被るのは家族であり、家族から被害救済が叫ばれる場合の方が多い。

家族から最も優先順位の高い要望として挙げられたのは、献金当事者以外からの献金の取り消しであり、同様の被害の再発防止であった。どのような法案をもってこれを実現するか。宗教法人による問題を扱うのであるから、素直に宗教法人法の改正という選択肢はあった。しかしながら、数多ある宗教法人に影響が及ぶ可能性もある法改正を行うには、時間が足りなさすぎた。被害対策本部の立ち上げから約三カ月の間に、多岐にわたる被害実態の把握の上で新法を作り、他党との調整なども行いながら次の国会に提出するには、課題を絞った立法にする必要もあった。

結果、立憲民主党等が起案したのが、統一教会のような悪質な献金勧誘を禁止し、献金当事者のみならず家族等の被害救済も可能にすることを目的とした通称「悪質献金被害救済法案」である。

具体的には、いわゆるマインドコントロールのような悪質な手法で著しい損害を生じさせるような勧誘行為を「特定財産損害誘導行為」として禁止する。禁止された行為により生じた被害は、取り消しが可能とする。つまり、お金を取り返せる可能性がある。献金当事者以外からの献金の取り消しは、法定後見制度を応用した特別補助という仕組みを適用する。ただし、本人以外からの取り消し権の行使は、献金した本人の自己決定権を制限することにもなる。ゆえに、丁寧かつ慎重に議論を進めなければならない。この点に、当人以外からの被害救済の難しさがある。献金当事者が信仰を持ち続けている場合、あくまで本人は自分の意思で献金したと主張するはずだ。そのことに疑義を唱え、被害を被っている2世ら家族等の側からの献金取り消しを可能にするには、「本人の自由意志のようでいて、実は自由意志ではない（故に、献金の取り消しが可能）」という禅問答のような被害実態を立法事実として政治が直視する必要がある。その上で、憲法の最も重要な原理原則である基本的人権に基づき、いかに立法府として解決を図れるかが問われるのだ。

この点において、全国弁連の郷路征記《ごうろまさき》弁護士による一連の、いわゆる「青春を返せ裁判」が参考になる。統一教会の勧誘・教化行為は、正体を隠す、不安に付け込むなどして困惑させ、その人の自由意志を損なわせ隷属させる。そして、繰り返し教義を刷り込まれていく。これは、憲法で保障された信教の自由が保障されているとはいえず、むしろ信教の自由を侵害する違法なものだ、という訴えである（→第4章）。一連の訴訟においては、二〇〇〇年の広島高裁で統一教会の伝道の違法性を認定する全国初の判決が出ており、翌二〇〇一年には、最高裁で統一教会側の敗訴が確定している。統一教会の勧誘・伝導手法が違法であり、むしろ信教の自由を侵害する行為であるとの司法判断は、献金当事者の自己決定権への疑義にも通じ、2世ら家族等の献金被害救済にも道を開く視座になる。

野党案がなければ新法は不十分なまま

残念ながら、議員立法として提出された野党法案「悪質献金被害救済法案」は、第二一〇回国会で審議されることはなかった。しかし、元総理銃撃事件の直後から、被害者救済を第一に立法に取り組み、閣法に先駆けて提出されたこの野党案があったからこそ、消費者契約法ほか、既存の法を改正するだけでお茶を濁そうとしていた政府を、不十分な内容ながらも新法成立に至らしめるまでに動かしたと自負している。なお、第二一〇回国会で成立した政府新法における2世の救済は、「債権者代位権」の特例を設け、養育費の範囲内での請求を可能にするという、額面も請求の可能性も非常に限定された仕組みが用いられている。「寄付者本人が認めない場合でも、扶養下にある子どもらが申請可能」となっているものの、未成年が裁判所に申請することの困難もさることながら、親に抗うような申請を扶養下にある子の立場から行うことなど、ほぼ不可能であろう。やはり、2世ら家族の被害救済を可能にし、再発を防止するためには、野党法案でいうところの「特定財産損害誘導行為」を違法行為として「禁止」しなくては意味がない。しかし、政府法案では該当行為を「配慮義務」の範囲にとどめ、家族からどころか本人からの献金取り消しすらも狭き門としかねない課題を残した。

国会対策委員会や政務調査会における与野党協議、また国会論戦を通じて、法律の解釈を拡大できるような総理答弁はなされたものの、たとえばそれが司法に対して、あるいは、配慮義務違反に心当たりのあるような反社会的団体に、どのような影響を与えるのかは未知数である。今後の推移を見守りながらではあるが、やはり適切な法改正や、野党法案のような新法の制定が必要であると考える。

「宗教2世」問題への対応

野党法案は献金被害をメインとしてはいるが、可能な限りの「被害救済」を目的として検討事項に掲げている項目が複数ある。その中で、2世問題に関連するものとして、高額の寄付等によって生じる経済破綻を別にすれば、家族等に生じる生活の困窮や進学の断念、精神的ストレスなどへの対応がある。被害の継続的な調査と相談体制・被害者等の支援の体制整備、リテラシー教育や啓発活動の充実などがそれにあたる。

相談体制に関しては、現在、消費生活センターや法テラスといった窓口が設置されている。しかし、これまで行政の相談窓口は、宗教に関する相談になると「信教の自由の問題」「家庭の問題」として、ほとんどの場合、相談対象から外してきたことは先に述べた通りである。門前払いからは前進したとはいえ、宗教に関する相談を扱うにはやはり専門知識も経験も必要だ。「宗教2世」と一口に言っても、教団を問わず共通の課題もある一方で、教団ごとで問題の現れ方が異なるなど、さまざまな2世がいる。

さらに、養子縁組の問題や、合同結婚式などで韓国をはじめとする世界各地で生活する「宗教2世」もいる。こうした「宗教2世」の多様な事情に対応できるよう、窓口やつなぐ支援先（児童相談所やカウンセリング、生活保護などの申請先等）にも宗教問題全般、2世問題に関する基本的知識が必要であることは言うまでもない。それぞれの相談先は、相談件数が年々増加しているのに比して人員不足や予算不足が叫ばれており、さらに負担が増えては対応が疎かになることは避けられない。今後、相談状況等について定期的な報告を求め、必要な予算措置を講じ、適切な支援体制が構築できるように、支援者側の人材育成にも力を入れていかなくてはならない。

また、二〇二二年末に厚生労働省は、「宗教の信仰等に関係する児童虐待等への対応に関するQ&A」を示した。長年、宗教を理由に対応を避けてきたことを考えると画期的な変化ではあるが、児童虐待防止法の根幹に関わる定義の変更でもあるから、やはりきちんと法改正すべきだ。そして、個々の事案に応じて丁寧に、中長期的視点に立って対応できるように、教育現場においても宗教を理由とした虐待について、教員も児童・生徒も学ぶ機会が必要である。しかし、深刻な教員不足は今に始まったことではなく、教職員の働き方改革もままならず、新たな課題に丁寧に対応する余裕など今の学校にあろうはずがない。文科省が力を入れているというスクールカウンセラーやスクールソーシャルワーカーとて、週一回数時間の配置ではまだまだ不十分だ。このようなお粗末な教育の現状は待ったなしで改善しなければならない。そして、非常に希望的観測かもしれないが、教育現場における「宗教2世」問題への取り組みが、例えばいじめ問題を道徳的観点からではなく、人権の観点から考える契機になればと考える。

解散請求への道筋

本稿執筆段階（二〇二三年四月）では、文科省から宗教法人法第八一条に基づく統一教会の解散命令請求は出されていない。信教の自由への国家権力の介入には当然、慎重に慎重を重ねなくてはならない。しかし、統一教会のように長期にわたり、かくも多くの司法の場で明確な不法行為を指摘された事案が積み重なっているにもかかわらず、国が名称変更を認め、宗教法人法における解散命令請求も行使しないとなると、宗教法人法は不法行為に対して予防効果を発揮することができない骨抜きの法律になってしまう。すでにそのきらいがあるとはいえ、それでは、特に多くの死者、被害者を出したオウム真理教事件を受けて、その反省のもとに宗教法人法が改正された意味が失われてしまうことにもなる。今後、統一教会に比類するようなカルト的被害の再発防止のためにも、省庁間の情報共有を含め、宗教法人格の認証に関して、より適正化する必要がある。そして、会社法等と同様の財産保全の仕組みを導入するなど、もしもの場合の被害者救済に資する法改正や新法も視野に入れるべきであろう。

2世問題は日本の人権問題そのもの

日本では、カルト的宗教被害があまりにも放置され過ぎた。これ以上、人権を蹂躙した凄惨な被害を生まないために、フルスペックのカルト対策に取り組む必要がある。まずは、オウム真理教事件後に作成された研究報告書で提言された「カルト研究センター」のような委員会を設置し、日本版反カルト法の成立に向けて、政治が腹を括る時である。ちなみに、二〇〇一年に反カルト法を成立させたフランスは、合意形成までに数十年の時間を要したという。それでも、法案成立後に何度も修正が行われているというから、相当な難題であることは覚悟しなければならない。

大事なことなので何度も申し上げるが、信仰は個人の内面に関わることであり、他人がどうこう口を出すことではない。たとえその教義が他者からは理解し難い奇想天外な内容であっても、である。しかし、一方で、たとえば命に関わるような、より根源的な人権を侵害するならば、「信教の自由」を理由として政治が不可侵を貫くことは単なる怠慢である。政治に求められているのは、人権の尊重と侵害とが背中合わせのような難問からも目を逸らさず丁寧に向き合いながら、立憲主義に基づき、一つ一つの手続きを進めていくことではないか。それは「宗教2世」に限らず、日本にはびこるあらゆる人権侵害への政治の感度を高め、対応する基礎体力を醸成することに寄与するはずだ。言い換えれば、人権を軽んずる政治が続いているから、「宗教2世」が取り返しのつかないところまで追い詰められてきたということだ。

人権侵害の落とし穴は誰の足元にも存在しうる。「宗教2世」問題は他人事ではない。政治が「宗教2世」問題を人権問題として真正面から取り組むことは、信仰の有無にかかわらず、誰もが生きやすい社会を創ることと同義であると、私は考えている。

（いしがき・のりこ　参議院議員）

10 「カルト2世問題」とメディア

藤倉善郎

　どんな社会問題でも、マスメディアが果たす役割は大きい。情報伝達の範囲の広さや、影響力の大きさゆえに、問題をどのように伝えるのかによって、時に世論、政治、行政への影響のあり方も大きく異なる。

「宗教2世」「カルト2世」については、安倍晋三元首相殺害事件よりも前から、当事者による手記の出版、インターネットでの発信が活発化していた。これを受けてか、二〇二〇年以降、テレビ、週刊誌、ウェブメディアが、当事者の声を報じるようになる。しかしこの頃は、特定の団体名を伏せ、団体への批判を避けるケースが目立った。団体が生み出す人権問題という側面ではなく、親子関係の問題という側面を強調するテレビ番組もあった。これでは、情報の受け手に対して「たまたま信仰熱心な親のもとに生まれ、親子関係に苦しんだ人の気の毒なエピソード」という以上の捉え方を提示する力は極めて弱い。

一方で、安倍氏殺害事件後に2世問題が注目されてからは、メディアは、まずは統一教会（現・世界平和統一家庭連合）を、やがて、ものみの塔聖書冊子協会（以下、エホバの証人）を名指しするようになる。また教義や教団の方針等、組織のあり方と2世問題を明確に結びつけて捉えるようになった。極端な人権侵害を組織的に生み出す団体に対する問題意識を喚起するものだ。実際、これ以降、政治や行政が、十分かどうかはともかく大きく動いた。これまで関心を示してこなかった、フリーのジャーナリストや言論人、一般の人々も、2世問題や特定の団体の問題を大いに語るようになった。

しかし、メディアが名指しする団体は、いまのところ統一教会とエホバの証人だけだ。本来、2世問題では、それ以外の団体の実情も含めた全体像や多様性も見据える必要がある。

それに向けてメディアはどうあるべきなのか。より良い報道をしてもらうために、当事者や専門家はメディアとどう付き合うべきなのか。それを考えるための足がかりとして、2世問題をめぐるマスメディアの動きを振り返りたい。

1 「宗教2世」と「カルト2世」

カルト問題に取り組む人々の間では「カルト2世」という言葉が多く用いられていた。しかし現在、メディアや当事者たちの間では「宗教2世」と表記されるケースが大半で、カルト問題をめぐる専門家の議論においてもそれに倣う傾向が強まっているように見える。

この点には多少の議論はある。

当事者の側に立ってみれば、人によって温度差はあるだろうが、団体を批判したいのではなく自らの生きづらさを世に訴えたいという意識が強いように見える（安倍氏殺害事件以降、統一教会2世が教団の解散を求めたり、エホバの証人2世（以下、エホバ2世）が教団に謝罪を求めたりする主張やネット署名が行われるなど、教団への批判のトーンは全体的に強くなった感はある）。また自身や親が所属する、あるいはしていた団体を「カルト」と呼ばれることで、社会的な問題意識と同時に差別意識も高めてしまう。あるいは、当事者がそれをより強く意識せざるを得なくなってしまう。

一方で、人権侵害構造を持つ「カルト」集団は、いわゆる宗教団体ばかりではない。スピリチュアル団体等でも2世問題は発生しうる。「宗教2世」という語では、宗教団体以外の「カルト」が漏れてしまう。しかし「カルト」視されていない伝統宗教等にも2世問題はあるのだから、「カルト2世」という言葉も十分な範囲をカバーできるとは言えない。いずれも一長一短がある。

メディアにおいては、「カルト勧誘に気をつけましょう」といった類いの抽象的な報道は別として、特定の宗教団体等を名指しする場面で「カルト」という強い言葉を使うことはほとんどない。カルト問題についての研究や発信、啓発活動を行ってきた日本脱カルト協会（ＪＳＣＰＲ）においても、「カルト問題」という言葉は使われるが、特定の団体名を指す場合は「議論ある団体」と呼ぶのが原則だ。安易なレッテル貼りにつながることを避ける意味もあるが、団体からの抗議や訴訟のリスクに対する予防線でもある。

結果として、2世問題においても、「カルト」という言葉を避けて「宗教2世」を用いるケースが増えていったように見える。

私自身、もともと「カルト2世」と呼称していたが、現在では記事の内容や文脈にあわせて「宗教2世」を用いる場面が増えた。「カルト2世」という言葉そのものには、さほど強いこだわりはない。しかし「カルト2世」という呼称に込められた問題意識まで忘れ去ってはならないと考えている。

カルト問題に取り組む専門家の間では、「カルト」とは人権侵害集団であり、「カルト問題」は人権問題であると捉えられている。構造的に人権問題が生じる集団である「カルト」において、2世問題は単なる親子関係にとどまらない。もともと人権侵害が生じる構造を備えた集団が、組織的な信仰活動の一環として親子関係に干渉することで、子どもに対しても人権侵害が発生する。この点を常に意識しなければ、「カルト」における2世問題の原因も結果も理解することはできない。「カルト」とはみなされていない伝統宗教等における2世問題との共通点や差異を整理して見極める上でも、必要な視点だ。

このような捉え方をすれば、統一教会やエホバの証人だけで2世問題を網羅できるわけがないことも、伝統宗教など一般的な宗教団体と同一視して議論するだけでは不十分なことも、明らかだろう。たとえば創価学会や幸福の科学等、信仰による極端な抑圧や収奪の構造が指摘される団体は、いくつもある。それらを「カルト」と断定しないにしても、人権侵害にある程度の組織性が見いだせる団体の問題を捉え明確にすることを目指すのが、従来の「カルト2世問題」という言葉に込められた問題意識だ。

2　2世問題は八〇年代から指摘されてきた

「カルト2世」「宗教2世」といった言葉でカテゴライズされていないものも含めれば、カルト問題において子どもの人権は長らく重要テーマの一つだった。

藤田庄市氏による「宗教2世」問題の展開史の記述（→第2章）にあるとおり、エホバの証人における子どもへの輸血拒否が広く知られるようになったのは一九八五年だ。九〇年代にはオウム真理教の施設から一〇〇人以上の子どもが保護され、また共同生活で農業を行うコミューン団体「幸福会ヤマギシ会」における児童虐待も問題視された。

いずれも新聞、テレビ、週刊誌といった一般メディアで報道され、関連書籍も出版されている。一九九八年には、秋本弘毅氏『エホバの証人の子どもたち』が出版された。二〇〇〇年の米本和広氏『カルトの子――心を盗まれた家族』は、オウム真理教、エホバの証人、統一教会、ヤマギシ会の2世の事例を取り上げた。[*1] 複数の団体について、「カルト2世」の境遇や、成長後の「生きづらさ」をリポートするものだ。

二〇〇四年には、ロックバンド「X　JAPAN」の元ヴォーカリストのTOSHI（後に「龍玄とし」に改名）が広告塔を務めていた自己啓発セミナー団体「ホームオブハート」（HOH）の施設から、児童相談所が児童五人を保護。施設内で段ボールに入れられ放置されるなど「不適切な養育環境」にあったとされ、テレビや週刊誌で報道された。〇七年には、HOHの金銭被害者の代理人を務めた紀藤正樹・山口貴士両弁護士が『カルト宗教　性的虐待と児童虐待はなぜ起きるのか』を出版。[*2]この時期、次世紀ファーム研究所での糖尿病の中学生の死、代替医療「ホメオパシー」信奉者による医療拒否問題など、子どもが亡くなった事件、問題も報道された。

二〇〇〇年代から一〇年代には、当事者の手記の出版が続く。「カルト」という言葉が用いられるケースもあるが、全体的に、団体への批判を目的としたものというより、個々人の体験や、成人後にも引きずる「生きづらさ」を伝える色合いが強い（→第1章）。

二〇一二年に私は『週刊新潮』（二一月二二日号）で、幸福の科学学園（中学高校）の教育実態をリポートした。歴史の授業で教師が、教祖・大川隆法（故人）の霊言《れいげん》に基づいて歴史上の偉人の「過去世《かこぜ》」を云々したり、教育基本法で禁じられている政治教育を行ったり、寮生活のルールを破った生徒を隔離し授業にも出させずに何日も説法DVDなどを見せ反省文を書かせる懲罰が行われていたりする、という内容だ。「2世問題」という言葉は使わなかったが、幸福の科学において組織的に生み出されている2世問題そのものだ。

二〇一七年には女優の清水富美加（現・千眼美子《せんげんよしこ》）氏が芸能界からの事実上の引退と幸福の科学での出家を表明し騒ぎになった。清水氏が幸福の科学2世であったことから、一部の週刊誌やテレビが2世問題にも言及する報道を行った。一八年には、鈴木エイト氏が『AERA』で統一教会やエホバの証人の2世についてリポート。同年、『週刊東洋経済』は宗教特集の中で、「覆面座談会――親の信仰に縛られる「2世信者」の生きづらさ」を掲載する。[*3]

二〇一九年にはウェブメディア「サイゾーウーマン」が、全四回にわたって幸福の科学学園卒業生の苦悩をインタビュー記事として掲載した。[*4] 教団からの抗議を受けていったんは記事を削除したものの、後日、教団側の主張を併記する形で復活させた。

このように二〇一〇年代は、2世問題がメディアに登場する機会がじわじわと増え、SNS等での2世自身による発信の活発化も加わった。二〇年には、様々な団体出身の2世たちの体験談等を掲載するウェブサイト「宗教2世ホットライン」[*5]が、統一教会2世の手によって開設される（→第19章）。それと並行して、一部のテレビが2世問題に目を向け始める。このとき、冒頭に述べたような、伝え方の問題が顕著になった。

3 「気の毒な親子問題」として消費される

二〇二〇年二月。テレビ朝日系のネットテレビ番組「アベマプライム」が、「宗教に熱心な親を持つ子ども〝元2世信者が出演〟「辞めたいが母の悲しむ顔を見たくない」」を放映した。[*6] 団体名は伏せていたが、明らかにエホバ2世と思われる男性がVTRで登場。学校行事への参加や信者でない友人と遊ぶことを禁じられたり、布教活動に同行させられたり、性的な関心への罪悪感を植え付けられたりといった当事者の体験が紹介された。登場した2世の一人は、大学生時代に交際相手が妊娠したことで、エホバの証人から「排斥」処分とされ、信者である親から連絡を拒絶されるようになったという。同様に、結婚前の性的関係を理由に排斥処分となった別の男性も登場した。

VTRでは、いしいさや『よく宗教勧誘に来る人の家に生まれた子の話』[*7]の内容も紹介したが、なぜか、子どもへの鞭打ちについては触れなかった。それでも、エホバの証人信者の親に見られる子どもの支配、虐待、教団による親子関係の支配といった典型的な光景を描き出しており、それなりに良い出来に思えた。問題は、スタジオのタレントたちのトークだ。

「宗教学者」の島田裕巳氏は、こうコメントした。

「宗教とカルトの違いはなかなか線引きができない。なぜなら悪いところを探していけばいくらでもあるし、教えを伝えることは洗脳に見える。だから辞めた人は元いた宗教団体を〝カルト〟だとして糾弾することができる。オウム真理教に関しても、犯罪に関わらなかった信者の中には〝居心地が良かった〟と言っていた人もいた」

特定の宗教において子どもへの人権侵害がまかり通っていることが問題なのに、宗教とカルトの線引きという抽象的な問題でお茶を濁す。また人権侵害は当事者の快・不快の問題ではない。「居心地が良かった」と語る人がいるかどうかは関係がなく、人権侵害が存在するならその団体には問題があると捉える必要がある。

「ぼくはあんまり好きじゃないけど、好きで歩んでいる人もいますからね。自由ですからね」（タ

レントのカンニング竹山氏）

どう見ても「自由」がない子どもたちの事例が、ＶＴＲ等で流れた矢先の発言だ。

「もう、そういうもの。子どもを病院に行かせないなど法に引っかかってくると言いようはあるけど、そうじゃない限り、なかなか難しい」（幻冬舎編集者の箕輪厚介氏）

輸血拒否も鞭打ちも虐待であり、本来なら違法だ。そこは避けて通り、「宗教ってそういうもの」がコメントの主旨になってしまっている。

エホバの証人で子どもたちは、教えに従わなければ地獄に落ちるとか救われないといった恐怖心を植え付けられ、鞭打ちという体罰も伴いながら価値観や行動を制限される。逆らえば、教団から処分を受けて親子の縁まで切られてしまう。そのどこが、一般的な家庭と同じなのだろうか。

せっかくの当事者の証言が全く活かされず、わかった風の雰囲気だけで中身のない雑談のネタとして消費されていた。スタジオに、カルト問題や2世問題の専門家の姿はない。特集の冒頭では、「特定の団体や個人の信教の自由を否定する意図はありません」という言い訳のテロップが映され、アナウンサーが読み上げた。子どもの人権を侵害する特定の団体について、否定的な意見だと受け取られるものがあったとして、何の問題があるのか。「中立」を装って、自らが提示した問題を自ら薄めて見せる。テレビの悪い面が全て詰まったような特集だった。

翌二一年。今度はＮＨＫが、三つの番組で立て続けに2世問題を特集した。

まず二月九日放送「〝神様の子〟と呼ばれて～宗教2世　迷いながら生きる～」（Ｅテレ、「ハートネットTV」）。エホバの証人や統一教会の1世や2世と思しき人々が登場した。喫煙が教義に反するとして一七歳の息子（証言者の兄）を家から追い出した母親。輸血を拒否して病気で亡くなった母親。非信者との恋愛を禁じられた2世。教義や布教活動との兼ね合いから、大学進学や自由な就職を許されなかった2世。そんな当事者たちの語りをまとめた構成だ。

一般的な宗教ではなく「カルト」だと指摘する声もある宗教団体の出身者を中心に取り上げている。それでいて、団体側の問題は掘り下げず、親子関係をめぐる個々人の体験を紹介する構成だった。前述のとおり、団体側の問題を明確にせず親子問題に矮小化してしまうと、「カルト2世」の問題は的確に理解することができない。

二本目は、五月一〇日放送「宗教2世　親に束縛された人生からの脱出」（総合、「逆転人生」）だ。『解毒　エホバの証人の洗脳から脱出したある女性の手記』[*8]の著者である坂根真実氏の体験の再現ドラマが流された。恋愛、結婚、進学、就職を制限された。学校での部活を親から認められず、信仰を強要されムチで叩かれる。高校生のときに教団をやめたいと言うと親から「やめるなら出ていきなさい」と言われる。しかし最後は、現在の坂根氏が母親を許し感謝して前向きに生きているとする趣旨のコメントとナレーションに、坂根氏が母親への手紙を書き投函する映像を重ねて、感動的な締めくくりだ。

2世たちの苦悩は、親との関係だけでなく、生活苦や精神的ダメージの継続など、多岐にわたる。親と和解できるかどうかは、その一面にすぎないし、むしろ親との関わりを断つことで生活や精神の安定を手に入れた2世もいる。加えて、親との和解を解決であるかのように描くことは、親との関係における2世の自己選択・自己責任の問題だとする見方を助長しかねない。端的に言って、2世問題全般に通じる問題構造をほとんど意識せずに作られたような番組だ。

2世問題を、タレントと視聴者の雑談の肴にした「アベマ」、親子問題に矮小化した「ハートネットTV」、さらに「感動ポルノ」まがいの美談に仕立て上げた「逆転人生」。いずれも社会的な問題性を真剣に伝える姿勢ではない。視聴者が深く考えることなく理解しやすいステレオタイプに2世問題を落とし込む、バラエティ番組である。

他方で、NHKの三本目、五月二八日放送「私たちは〝宗教2世〟見過ごされてきた苦悩」(総合、「かんさい熱視線」)だけは、いい意味でのNHKらしさを見せつけてくれた。

他の二番組と同様に統一教会とエホバの証人の2世と思しき人々が登場する。「カルト」という言葉は登場しないし、これらの団体が2世以外に対しても人権侵害集団だという点も強調されない。しかし、親から信仰を盾にした支配的なしつけ等をされてきた2世たちの苦しみとともに、子育てに関する団体の方針を示す印刷物等も引用しながら、単なる親子関係の問題ではないことを示した。2世問題の存在について各団体にもコメントを求め、他人事のようにすっとぼけて見せる団体側の態度も伝えた。VTRで登場する当事者以外にも取材し、2世問題全般をしっかり意識しながら作られた番組であることが見て取れた。

「カルト」という言葉や、ことさらに団体を非難する表現を伴わなくても、見る人に「こういう団体、どう思います？」と問題提起する姿勢があった。これでこそ、2世問題は「不運な個人的エピソード」ではなく、人為的に生み出されている「社会問題」として視聴者に伝わる。

4　安倍氏の事件直前に起こった騒動

以降も、2世問題のメディア露出は静かに続く。二〇二一年六月には、笠井千晶氏がウェブメディア「アエラドット」で、様々な団体出身の2世たちに取材するルポの連載を始める。[*9]同年九月には集英社のウェブサイト「よみタイ」で、菊池真理子氏によるマンガ「「神様」のいる家で育ちました～宗教2世な私たち～」の連載が始まった。

それ以前にも2世自身の手によるマンガでの手記は出版されていたが、菊池氏のこの連載は、形態が異なる新しいタイプの作品だ。作者の菊池氏自身が創価学会2世（退会済み）だが、当人の手記マンガではない。連載の一回ごとに、違う宗教団体出身の2世たちの体験を聞き取って、一人称の語りとして描いたルポマンガだ。いわゆる「カルト」に限定せず、プロテスタントの一派の2世も登場する。団体ごとの傾向や個人の事情、パーソナリティによっても苦悩の内容が大きく異なる2世問題の多様性も含めて伝えてくれる。

しかし同作品は連載第五話で「幸福の科学2世」を取り上げた途端、サイト上から削除された。[*10]二〇二二年二月のことだ。原因は、幸福の科学による集英社への抗議だった。

「今こうしている間にも信者が傷ついて血がどくどく流れているんだ！」。第五話が掲載されてから二日後の一月二八日、教団の広報担当者が集英社に電話をかけてきて、こう声を荒らげたという。同日、教団は文書でも抗議。「事実に反する」「宗教感情を傷つける」などと主張し、当該箇所の削除を求めた。

教団が問題とした第五話は、おおまかにはこんな内容だった。

自殺未遂をうかがわせる描写で始まり、主人公が、幼少期から親に教義を教えられ宗教活動にも参加しながら育ち、幸福の科学学園に入学した過去を回想する。教祖・大川隆法とおぼしき人物の姿も描かれている。制限の多い学園での生活、悩みがあっても助けになってくれない親や教団関係者。やがて母親が自分の名義で多額の借金をしていたことを知る。親との関係を断ち、生活保護を経て、現在は資格取得に向けた勉強をしながら自活しているという。

「私が努力しても　あの教団にいたって言ったら　ずっと変な目で見られるんでしょう？　私が選んだんじゃないのに――」

「年上の人たち」から、若いのだから人生も社会もいくらでも変えていけると言われると語り、「本当なのかな　本当……ですか？」と主人公が問いかけ、作品は終わる。

教団の暗部だけを強調した内容ではない。親の問題や、社会からの差別も描いている。幸福の科学の場合、教祖が有名人の霊を呼び出して喋る「霊言」の荒唐無稽さが、カルト問題等に関心がない一般の人々からも嘲笑の的にされることが多い。そのため信者は差別の対象になりやすい。この点も含めて、マンガで描かれた幸福の科学の2世問題は、私が二〇〇九年以降、一〇年以上にわたって取材してきた実情と合致するものだ。

教団は作品全体の削除は求めていなかったが、集英社は、抗議から四日後に第五話を削除。その上で作品を担当したノンフィクション編集部の編集長など数人で幸福の科学総合本部（東京・五反田）に赴いて謝罪したという。会談は双方友好的な雰囲気で、教団側からは「うちのT（広報職員）が失礼なことを言ったようで申し訳ない」といった発言もあったという。すでに作品は削除され、教団側の要求以上の対応がなされた後なのだから、そうなるだろう。

その二日後、集英社は第五話が掲載されていたページに「あたかも教団・教義の反社会性が主人公の苦悩の元凶であるかのような描き方をしている箇所がありました」「結果として特定の宗教や団体の信者やその信仰心を傷つけるものになっていたことは否めません」などとする謝罪文を掲載。幸福の科学とは別の団体出身の2世の体験を取り上げた第一〜四話も全て削除した。

集英社は、作品を修正した上での再掲載も視野に入れて菊池氏と話し合う。しかし教団や現役信者の「気持ち」への配慮や「両論併記」を求める集英社に対し、2世側に立って声を伝えたいとする菊池氏は「双方歩み寄りもできず、私から連載を終了したいとお伝えしました」[*11]とした。

三月に連載の終了（実質的な打ち切り）を発表した集英社は、「本来、制作段階にて編集部が行うべき事実確認や表現の検討が十分ではない箇所がございました」とする謝罪文を改めて掲載した。[*12]一連の対応は、ネット上で「炎上」した。幸福の科学を非難する声だけではなく、必要以上に萎縮し、作品を守ることを放棄した集英社への批判も多かった。

共同通信などがこの騒動を報じた。しかし、幸福の科学による抗議がきっかけであることには触れず、集英社側の謝罪文のみを紹介した。事情を知らない人から見たら、まるで作品の内容に問題があったかのように思えただろう。この騒動を報じたメディアも、幸福の科学の顔色をうかがっていた。いつもならマンガやアニメの「表現の危機」に敏感なはずの「オタク」や「表現の自由」論者たちからも、目立った意見表明はなかった。

前述のように2世問題がメディアに登場する機会は増えていたとは言え、当時はまだ、世論や政治を動かし対応に向かわせるほどではなかった。当事者たちにとっては、いまだ「社会から目を向けてもらえていない」という感覚が強かった。そこに、せっかく大手出版社のウェブサイトで連載が始まったルポマンガが、団体側の抗議をきっかけに消滅した。

教団は、機関誌やウェブサイトなど自前のメディアで2世信者のポジティブな側面ばかりを喧伝するのに、信仰をめぐって苦悩する2世の声は、結局こうして潰されていく。そんな落胆を、当事者のみならず私自身も覚えた。

その約四カ月後の七月八日。安倍氏が殺害される。一気に2世問題に注目が集まったが、この時、菊池氏の作品を人々が読むことはできなかった。結果論にすぎないが、集英社は最も必要なタイミングで作品を守れなかったことになる。

同作品が書籍化されたのは、事件の二カ月後。連載終了の騒動を見た文藝春秋の関係者が、直後から菊池氏に接触し、書籍化を提案していた。この迅速な動きによって、同作品は事件から大きく時間をあけることなく改めて世に出されることになった。[*13] この単行本はメディアでも取り上げられ、2世問題関連の報道で菊池氏のコメントやインタビューが掲載される場面も少なくなかった。しかしメディア側の反応は、必ずしも望ましいものばかりではない。こう語るメディア関係者もいる。

「あの騒動では確かに、幸福の科学の問題と集英社の対応のまずさを感じさせられた。しかしこちらにしてみると、幸福の科学に手を出すと面倒くさいことになることを改めて意識せざるを得なくなる出来事でもある」

安倍氏殺害事件直後の七月一七日に毎日新聞は、菊池氏へのインタビュー記事をウェブ配信した。[*14] 集英社での連載終了の騒動にも触れていたが、「幸福の科学」という団体名は伏せられていた。同紙に限らない。ｎｉｆｔｙの「新聞・雑誌横断検索」[*15] で検索すると、事件以降、菊池氏のマンガ連載終了の件に触れた新聞記事は二七件。「幸福の科学」に言及した新聞はゼロだ。

5　安倍氏殺害以降の劇的な変化も限定的

安倍氏殺害事件以降、状況は一変した。統一教会を名指しして2世問題に言及する報道が一気に増えた。統一教会に限らず、エホバの証人の2世たちもネットでの発信を活発化させた。違う団体出身の2世たちが協力して、統一教会の宗教法人解散、金銭被害救済、虐待防止など様々なテーマで申し入れや記者会見を行い、勉強会なども開催している。立憲民主党が当事者を招いて行うヒアリングを現在に至るまで繰り返し、これも報道を後押ししている。

週刊誌やネットメディアの中には、2世たちの「気の毒な体験」「壮絶な体験」をコンテンツ化しているだけに見えるケースもないではない。しかしメインストリームでは、不当な寄付勧誘を規制する「被害者救済法」や厚労省による虐待防止ガイドラインの整備といった形で社会的な取り組みが不十分ながらも進展を見せ、その実現あるいは一層の向上を目指して当事者が発信し、メディアも問題提起して後押しするという関係が出来上がっている。2世問題に限らずカルト問題における、過去に類を見ない、社会ぐるみでの議論や取り組みだ。この問題で、これほどまでに大手メディアに頼もしさを感じたことはない。

とは言え、当事者たちの声を聞いていると、細部には問題がないわけでもない。

たとえば、メディアでマスク着用とは言え顔を出して統一教会2世問題を発信する小川さゆり氏。その発信にメディアが注目するのは当然だが、小川氏以外の2世も登壇した記者会見の報道内容が、小川氏の発言紹介に偏りすぎることで、他の2世たちに徒労感や疎外感を与えているケースもある。他の2世の発言なのに、小川氏の写真を映して同氏の発言であるかのように誤って報じたテレビ番組もあった。

また、メディアの報道が統一教会の「祝福2世」に偏り、「信仰2世」特有の事情や傾向についてあまり報じてもらえていないと不満をこぼす2世もいる。祝福2世とは、統一教会において祝福（合同結婚式）を経た夫婦の間に生まれた2世信者のこと。信仰2世とは、親の入信前に生まれた子どものことだ。安倍氏を殺害した山上被告は、信仰2世にあたるといってもよい。

統一教会では祝福2世が特に「神の子」として重宝がられ、信仰2世は集会等で座席を区別されるほど別扱いされる。同じ2世でも信仰2世には特有の傾向がある。しかし祝福2世の方が教団からの期待度が高い分、信仰の強要等の度合いが強くなり、わかりやすいからか、「メディアでは祝福2世の方が取り上げられがちだ」とこぼす信仰2世もいる。

そして統一教会以外の2世問題の扱いにも、見過ごせない点があった。二〇二三年二月に「エホバの証人問題支援弁護団」が厚生労働省に「2世への輸血拒否は虐待」などとする申し入れを行った。これを機に、「エホバの証人」のことが報道されるようになったが、それまで新聞とテレビは例外なく団体名を伏せていた。

弁護団の申し入れより四カ月も前の二二年一〇月二七日に、統一教会2世とエホバ2世が「宗教虐待」の防止などを訴える要望書を岸田文雄首相に提出したことを記者会見で報告した。東京新聞がウェブ配信した記事では、「エホバの証人」という教団名とともにエホバ2世の発言が紹介された。しかし前出の「新聞・雑誌横断検索」で、この会見を報じた全国紙・地方紙の記事を検索すると、会見後三日間の記事三〇件のうち、「エホバ」の語が登場するのは一件、「ものみの塔」は〇件だった。

同年一一月一日、社会調査支援機構「チキラボ」が、宗教2世のアンケート調査の結果を公表した。[*17] 一一三一件の回答が寄せられ、うち創価学会四二八件、エホバの証人一六八件、統一教会四七件、その他三三五件。統一教会2世の回答は四%ほどしかないのに、大手メディアは統一教会のみに言及するケースが目立った。「新聞・雑誌横断検索」では、このデータを報じた三九件の記事中「エホバ」は一件、「創価学会」も一件しかない。

エホバの証人に関しては前述の通り、「エホバの証人問題支援弁護団」の活動を機に風向きは変わった。しかし、統一教会とエホバの証人以外に関する報道はいまだに鈍い。

二〇二三年三月二日、幸福の科学教祖の大川隆法氏の死去が報じられた。『週刊文春』など一部は教団や教祖の問題性を合わせて報じたが、多くのメディアは基本的な経歴を紹介するだけか、せいぜい後継者争い等に触れる程度。精神的なダメージを引きずる幸福の科学2世たちは、教祖死去の報によって、自らの体験や家庭の状況等のSNSでの発信を活発化させたが、いまのところこれに反応を示す大手メディアはない。

だが、メディアが教団からの抗議を恐れたと単純化することはできない。他にもいくつか、メディアなりの論理がある。エホバの証人が名指しで報道されなかった時期に大手メディアの記者から聞かされたのは、「被害を語る側の言い分だけに立脚して団体を名指しすることに抵抗がある」といった理由や、統一教会が安倍氏殺害事件との関連で取り沙汰されるようになったのに対して、エホバの証人は「事件がらみ」ではないという事情だ。いずれも、抗議の有無に関わらずメディア側が追求すべき「公正さ」に関わる論理だ。創価学会や幸福の科学に関する報道にも共通する。私自身は、この手の判断を正しいとは思わない。事件がらみでなくても、その問題性に応じて団体名を名指しすべきだ。基本的に雑誌ジャーナリズムはそれを実践している。そうしなければ、報道の公益性は十分に発揮できない。

もともとテレビや新聞には、2世問題に限らず、こうした傾向があった。二〇〇六年以降、全国の大学にカルト対策が広まった。新聞が春先に「カルト勧誘に注意」と呼びかけたり、大学関係者等による取り組みを紹介したりするケースも増えた。しかし、これらの記事でも、団体を名指ししないケースが大半だ。問題の原因となっている団体への批判ではなく、あくまで学生への注意喚起である。

メディアが団体側からの抗議を恐れていることと無関係とは思えないが、メディアにとっては、自らの公正さに関わる問題でもある。外部から批判して済むものでもない。各メディアの内部でも議論して改善を模索してもらう必要があるだろう。

6　メディアと当事者の関係

報道が過熱すると、報じる内容とは別の問題も生まれる。取材手法の問題だ。

安倍氏殺害事件以降の報道では幸い、メディアに協力し証言してくれる当事者が何人もいるからか、取材を望まない元信者等がメディアに追い回されるといった類いの問題は聞かない。とは言え、取材の件数自体が多いため、協力的な2世に取材が集中し、負担がかかっている。

特に気になるのが、「メディアが謝礼はおろか交通費すら出してくれない」と語る2世が複数いる点だ（もちろん、全てのメディアがそうではない）。報道の世界では通常、事件や問題の当事者への取材で謝礼を出すことはない。謝礼目当てに、いい加減な情報を売り込みに来る人や大袈裟な証言をする人が出てこないようにする上で、必要な慣習だ。

しかし交通費のような実費すら出さないというのは解せない。2世の中には、若い時期の就学制限や親からの無支援、精神的ダメージ等、さまざまな理由で苦しい生活を送る人もいる。非正規で働く2世の場合、仕事を休むなどして取材に対応すれば、その分給料が減る。そこまでして取材に協力してくれる当事者に交通費すら出さないとは、あまりの仕打ちではないだろうか。

取材で得たエピソードを基に報じるのではなく、報じたいエピソードを先に決めて、お好みの当事者を探す事例も多い。「そんなものはメディア側の都合。当事者に負担をかけずにメディアが自分で探せ」と言いたくなるが、当事者は、より良い報道のため、あるいはメディアとの良好な関係を保つため、真剣に応えようとする。これが果たして、健全な関係と言えるだろうか。

メディアによる取材対象者探しには「外注」の問題もある。事件直後、あるフリーランスのライターがツイッターで、メディア名を伏せ「信頼できるメディア」の取材だとして、統一教会2世を募集した。謝礼・交通費支給ありとも書かれており、前出のケースとは逆に、カネで釣るかのような態度に見えなくもない。

当事者や支援者が知り合いをメディアに紹介する場合なら、フラッシュバックのリスクの程度やサポート可能かどうか等を判断したり助言したりといったことも、比較的やりやすい。しかし

SNSで応募してくる見ず知らずの相手では、そうはいかない。本当に2世であるかどうかや、現在教団とどのような関係にあるのか等も事前にはわからない。

ただでさえリスクがあるのに、それを自社でやらず外注していたのは、アベマだ。私がツイッターでこれを批判すると、投稿したライターは投稿を削除。アベマのスタッフから私に謝罪メールが来た。私に謝罪されても意味はないのだが。

2世自身が作った団体や自助グループでも、メディアから依頼を受けてSNSで取材対象者を募集するケースは散見される。メディアに報じてもらうことも当事者団体にとっては重要な活動だろうから、一概に否定はしにくい。しかしSNSでの募集には、前述のように、知り合いをメディアに紹介する場合とは違うリスクがある。当事者に代行させるのではなく、メディア自身が自ら責任を負う形で行うべきではないだろうか。

もうひとつ厄介なのは、ユーチューバー等、ネット上のインフルエンサーだ。「統一教会問題」「2世問題」でアクセス数を増やしたり（広告料で儲かる）、目立ったりできると見るや、大手メディア同様にこれらも参入してきた。ユーチューバーごとに質の差は激しい。当事者を出演させるなどして、一般の若い世代に当事者の証言を伝えることに一役買うケースもある。一方で、幸福の科学・大川隆法氏の長男・宏洋《ひろし》氏のように、もともと発信内容の信憑性等の問題が指摘されていたユーチューバーが、2世問題への注目の高まりに便乗して、信憑性が疑わしい内容で騒ぎ立てて当事者と共演するケースもある。

宏洋氏については知らないが、稼ぎの多いユーチューバーは、一般メディアと違って出演謝礼を出すこともある。とは言え、彼らのアクセス数稼ぎや自己顕示欲の充足に当事者が利用されることで、一般メディアと当事者の間にありがちな、力関係の差や搾取的構造も生まれる。

たとえば、ユーチューバーの中では決してトップクラスではない宏洋氏でも、チャンネル登録者数は二〇万人。動画一本あたり二万前後から数万の視聴数がある。2世に限らず若い人たちの間で有名ユーチューバーは、古い世代にとってのテレビ番組司会者のような〝権威〟〝憧れ〟ですらある。自分の体験や気持ちを多くの人に伝えたいと考える当事者にとっては、出演依頼を無下にはしにくいし、ユーチューバーの言動を表立って批判するのが難しい場合もある。

一方で、ユーチューバーでも真面目な発信をする人はいるし、社会問題の扱いを心得ている報道関係者等もユーチューブで発信している。決して低劣なものばかりではない。

一般メディアでもユーチューバーでも、当事者や支援者側から見た場合の付き合い方の要点は共通している。取材や出演依頼を受ける側が被搾取的な関係に陥らないようにすることだ。こうしたリテラシーは、単に自衛のためだけのものではない。より良いメディアや記者（ユーチューバーでも構わない）を見定めて、より対等に近い関係での取材を通じて問題提起をすることになる。当然それは、より良い内容の報道につながるはずだ。

＊1　秋本弘毅『エホバの証人の子どもたち』わらび書房、一九九八年。米本和広『カルトの子――心を盗まれ

た家族』文藝春秋、二〇〇〇年。
＊2　紀藤正樹・山口貴士『カルト宗教　性的虐待と児童虐待はなぜ起きるのか』アスコム、二〇〇七年。
＊3　『週刊東洋経済』二〇一八年九月一日号、五八―五九頁。
＊4　『サイゾーウーマン』、https://www.cyzowoman.com/2019/08/post_243130_1.html
＊5　https://www.niseihotline.com/
＊6　二〇二〇年二月二四日、https://dot.asahi.com/articles/-/71563
＊7　いしいさや『よく宗教勧誘に来る人の家に生まれた子の話』講談社、二〇一七年。
＊8　坂根真実『解毒　エホバの証人の洗脳から脱出したある女性の手記』角川書店、二〇一六年。
＊9　【連載】カルト2世に生まれて」（アエラドット）https://dot.asahi.com/dot/2021061100045.html（第一回）
＊10　「〝宗教2世〟マンガ集英社問題、原因はやはり幸福の科学からの抗議」（やや日刊カルト新聞二〇二二年三月二九日）http://dailycult.blogspot.com/2022/03/2_29.html
＊11　https://twitter.com/marikosano_o/status/1504483963280457728
＊12　https://yomitai.jp/series/kamisama/
＊13　菊池真理子『「神様」のいる家で育ちました――宗教2世な私たち』文藝春秋、二〇二二年。
＊14　「宗教2世の漫画家がのみ込んだ言葉　親を恨めず、怒りの矛先自分に」、https://mainichi.jp/articles/20220716/k00/00m/040/113000c
＊15　https://business.nifty.com/gsh/RXCN/
＊16　https://www.sra-chiki-lab.com/reaserch-result/

（ふじくら・よしろう　ジャーナリスト）

11 宗教2世の現実と支援

松田彩絵

私は宮城県仙台市にある民間女性用ケアハウス「LETS仙台」の所長を務めている。二〇一九年のLETS仙台発足時より二年間ケアハウスに住み込み、さまざまな困難を抱えた女性たちと衣食住をともにしてきた。LETS仙台は「女性用」のケアハウスだが、その発足の発端には宗教2世問題があった。後にLETS仙台をともに立ち上げることになる日本基督教団白河教会の竹迫《たけさこ》之《いたる》牧師と初めて取り組んだのが宗教2世問題だった。二〇一五年のことだ。それ以降、2世問題に細々と対応しながら女性支援を行ってきた。本章では、その経験に基づき、宗教2世の支援について論じていく。

「期限付きの青春時代」

Aさんはキリスト教系カルトの2世だ。実家暮らしで、劣悪な環境での労働に励む日々だが、アイドルの存在に生きがいを見出している。グッズを買い、イベントに行って「推し」を応援したいという気持ちで、Aさんは頑張って働いている。しかし、勤め先の会社の労働条件は非常に劣悪だったため、私はAさんに「辛くないの」と問いかけた。するとAさんは自嘲しながら、こう言った。「私はいずれ、見ず知らずの信者同士を結びつける結婚式に出て、教団が決めた相手と結婚しなければならない。そうしないと、親との関係が保てない。だから仕事を変える暇はないし、今、オタ活に明け暮れる時間がとにかく楽しい。この時間も、結婚式に出れば終わってしまうから、〝今〟しかないんです」と。

この話を聞いたとき、私はAさんに対して「その宗教をやめたほうがいい」とは言ったものの、ほかにかける言葉が見つからなかった。信仰を持っているふりをしないと家族でいられない集団は、果たして健全な「家族」と言えるのだろうか。Aさんがもっと主体的に生きる方法はないのだろうか。さまざまな想いが頭の中を駆け巡ったが、いまだに答えは出ない。ただ、Aさんからは、諦めというよりは強い意志を感じ、言葉ひとつで変わるようなものではなかったので、当分の間静観するほかないと判断している。

カルト問題は人権問題だ。ひとがひととして扱われない構図がカルトにはある。Aさんは人権を侵害されて育ち、現在も侵害され続けている。そのようなAさんの意志や人権を侵害する権利は私にはない。だからAさんの期限付きの青春時代を応援する他にないと考えている。

先に結論を述べてしまうが、この問題では、各カルトの教義や宗教2世たちの独特な生育歴を理解するのが難しいという課題はあれど、私たちが行う支援や向き合い方には基本的な違いはない。本章では、若年層の貧困問題と宗教2世の抱える問題とを対比しながら、行うべき対策と支援について私の見解を示していく。

宗教2世の「偽装信仰」

たとえばあなたが、珍しい難病にかかったとする。あなたはその苦しさや痛みから、周囲に対して「介助などの配慮をしてほしい」と思うかもしれない。また「自分はこんなに痛い思いをしているので、いつもより優しくしてほしい」と願うこともあるかもしれない。ただし珍しい病気なので、周囲に対して、どのような疾病であり何が困難かを伝えることはできても、痛みの度合いや辛い気持ちについて完全な理解を得ることはできない。痛みがあるのは自身の身体であって、他者がその痛みを共有することはできないからだ。

宗教2世が抱える苦悩も、それと同様の特性を持っている。その人の家族が信仰している宗教の特徴や、団体内で行われてきた問題行為であれば、それを認識し言語化できる人は多数存在する。しかし、宗教によって受けた身体的・精神的・経済的虐待の実情を他者に理解してもらうのは困難を極める。というのも、教団ごとの特性や家族関係が複雑に絡み合うからである。

宗教2世たちからよく聞く言葉として「家族は好きだけど、宗教は嫌い」というものがある。宗教は信じていない、もしくは信じたくないけれど、家族は好きというひとが多い。親は家族を想って巨額の献金を行ったり、集会に出かけて祈ったりするからだ。また、過剰な親の信仰により家族関係が悪化している家も少なくない。しかし、どちらの場合でも、「偽装信仰」が起こり得る。信仰を持っているふりをしないと、家族が悲しんでしまうと思いつめてしまうからだ。家族も宗教も嫌いなのに、学費や生活のために信仰しているふりをするケースもある。生まれながらに刷り込まれた宗教に対して、成長する過程で疑問を抱いた宗教2世が取る「偽装信仰」は、このどちらかに起因するケースがほとんどのように感じる。

宗教2世の現実

カルトを信仰する両親のもとに生まれた宗教2世は、生まれた時から教団のコミュニティ内で育つため、教団は「実家」のような存在である。宗教2世たちが信仰を持ち続けている限り、教団に対して親が献金や奉仕活動を続けていれば、宗教2世たちのそこでの立場や人間関係は約束される。

しかし、近年のスマートフォンの普及によって、高校や大学進学時に絶望の淵に立たされる宗教2世が目立つようになった。初めてスマートフォンを手にした宗教2世たちは、「自分の所属する団体はいかに素晴らしい宗教か」とポジティブな気持ちでネット検索を行う。しかし、ヒットしたウェブページには「カルト」「危険」など不穏な文字が並ぶ。そこで宗教2世たちは混乱すると同時に自身の信仰に疑問を持つようになり、時間をかけて悩み抜いた末に信仰を捨てることになる。そのひとたちが一様に口にするのは、「家族や教団で一緒に過ごした仲間たちは好きだけど、宗教は憎い」という言葉である。献金のために自己破産を余儀なくされたり、家族関係が崩壊してしまう家も少なくない。その元凶はカルトにある。その過程で生じた恨みの感情はとても複雑でセンシティブなものである。物心つく前からお世話になった大人たち、そして一緒に遊び学んだ仲間たちもまたカルトのひとだからだ。信じていた神様は悪い神様で教義に救いがないことを自覚した瞬間、自らの価値観を全否定せざるを得ないことに深く落胆するのである。こうした絶望感を抱えたまま、宗教2世たちは社会へ出ていく。守ってくれる知り合いはほとんどいない。

親や教団からの長年にわたる宗教的虐待により精神疾患を発症し、社会生活がままならない宗教2世も存在する。そのようなひとに適切に生活保護等の制度を紹介し、公的支援に結びつくように援助をすることが、今までも求められてきた。宗教2世たちは、自らが支援対象になるという発想を持ちにくい。なぜならお金は稼いで献金するものであって、他人から支援してもらうことや、税金で生活を支えてもらうことに対して強い抵抗があるからである。そんな宗教2世に対して、「あなたには生きる権利がある。このままではホームレス化して餓死や凍死の可能性もあるから制度を利用しよう」と伝えることは困難を極めるが、それでも伝えなければならない。山上徹也被告の起こした事件に際してショックを受け、自らの信仰に疑問を持つようになった宗教2世が続出している。そのひとたちが発するSOSの声を拾っていけるよう、変革が求められている。

カルトに起因する虐待とそうでない虐待

カルトとは無関係な虐待は、虐待をする親が、子どもの頃に親から肉体的・精神的な虐待を受けていたという、「虐待の連鎖」が原因となるケースが少なくないが、カルトによる宗教虐待の場合、教義に則って行われるため、基本的に親自身が善意で行うという側面がある。一般的には虐待とされるような厳しい「しつけ」でも、カルトの教義によって正しいこととされるという認知の歪みが、家庭内虐待を生んでいるという事実がある。こうした類の虐待は、その教団の教義などが原因となるので、教団ごとに、そのあり方が似る場合もある。

例えばある団体では、教義に逆らった宗教2世である子どもを鞭で打つことを推奨している。そうしないとその子は天国へ行けないので、親は善意で叩くのだ。鞭の種類は家庭によって異なるが、靴べら、延長ケーブル、ビニールホース、ベルトなどが代表的である。社会人になってスーツを着用するようになっても、過去にベルトが鞭として使われていたため、怖くて触れられず、ベルトを付けられない宗教2世も存在する。また、教義の中で世界の終末が近いと教えているため高等教育が否定され、そのせいで子どもたちの教育の機会も奪われ、宗教2世の思考力育成が阻まれるということも起きている。親が教団に献金をする目的で、宗教2世から金銭的搾取をするケースもある。このように、他人からは見えにくい状況下で、カルトを信仰する家庭での虐待は日々行われている。

事例一――宗教3世の矢野さん

仏教系カルト3世である女性の矢野さん（仮名）は母子家庭で育ち、2世である母親から虐待を受けた。

児童虐待には大きく四つの種類がある。身体的虐待、精神的虐待、ネグレクトと呼ばれる育児放棄、そして性的虐待である。矢野さんが受けた虐待は、これらに加えて宗教的虐待と金銭的搾取を含む経済的虐待で、大変過酷なものだった。宗教的虐待以外は毒親としての行為が多々あると感じるが、カルトの教義によって虐待を正当化した母親が暴力を止めなかった事例である。

宗教的虐待としては、一日五時間お経をあげることを強いられていた。放課後の五時間をお経に費やすことで、矢野さんはプライベートな時間はもちろん、勉強をする時間も確保できなかった。

身体的虐待としては、頭を冷水に沈められる、首を絞められる、みぞおちを膝で蹴られる、髪を摑まれ引きずり回される、階段から突き落とされるなどショッキングな内容で、それが日常的に行われていた。当時住んでいたマンション五階のベランダから吊り下げられ、そのまま落下したこともある。幸いにも落下地点にゴミ置場があったため大事には至らなかったが、通行人に心配されているところを母親に目撃され、「他人に見られた」とまた殴られたという。

精神的虐待で一番辛かったのは、返事が「はい」しか許されなかったことだと矢野さんは語る。尋問のような質問に「いいえ」と言うだけで殴られてしまうので、全ての問いに「はい」と答えざるを得ず、それが精神的成長を妨げたと矢野さんは振り返る。また母親からは「お前は奴隷」だと言われて育ったので、自尊心がとても低かった。

ネグレクトとしては、母親の代わりに毎日ご飯を作らされ、その残飯をこっそり食べることしかできず、お風呂にも入れず、夜中の一時から朝の七時まで下着姿のまま家の外に出され、眠ることも許されないなどの虐待が行われ、生命の危機を感じたという。

経済的な虐待としては、母親が遊ぶためのお金を稼ぐために、高校生になってからはアルバイト漬けの生活になったが、それでも母親は満足せず、矢野さんを中退させて働かせ、金銭を要求し続けた。

そして性的虐待だが、最初にその被害に遭ったのは、矢野さんが八歳のときのことだ。学校から帰宅すると、珍しく母親が一緒にお風呂に入って体を丁寧に洗ってくれた。化粧もしてくれ、綺麗な服まで用意されていた。そして二人で向かった先はカラオケ店だった。そこで矢野さんは二万円と引き換えに母親から男性に引き渡され、その場で男性から性的暴行を受けた。その日以来、中学を卒業するまでこの行為を強いられた。

これらの虐待は、教義を言い訳に正当化されていたのだ。

私が介入したのは、矢野さんが二三歳のときだった。出会った段階で、母親により身分証明書と健康保険証を破棄されており、住所も定まっていなかった。その原因として、母親による虐待から逃げていたこと、身分証明書を破棄されていたため家を借りることができなかったこと、母親による金銭的搾取のせいでお金がなかったことが挙げられる。母親がいつ押しかけてくるか分からず落ち着いて暮らすことができない上に、母親からの虐待による心的外傷に悩まされていたこともあり、彼女は自死を考えていた。「金銭苦で二週間後にシェアハウスを退去するので、その時に死にます」。それが、矢野さんと出会ったときに彼女が発したSOSだった。

矢野さんと行った手続き

矢野さんは当時、非常に疲弊しており、主体的に動くことはできない状況だった。また、母親との関係性から、女性と関わりを持つことも難しかった。そこで私と矢野さんの共通の知人である男性のBさんに私からアドバイスし、Bさんに主導してもらいながら、さまざまな機関を回ってもらった。

最初に相談したのは法務局だった。以前、矢野さんがひとりで市役所に行き、住民票と戸籍の付票の開示制限をする「住民基本台帳事務における支援措置」（以下「住基ブロック」）を行った際に市役所職員から母親に確認が入り、矢野さんの住所を知った母親が押しかけてきたという不手際があったため、再発防止のための相談をした。

次に市役所で国民健康保険に加入し、保険証を取得した。年金事務所へ行って年金手帳の再発行も行った。矢野さんは顔写真付きの身分証明書を持っていなかったので、パスポートセンターで有効期限一〇年のパスポートを取得した。マイナンバーカードを作成するという方法もあったが、発行に時間がかかり、次のアパートを借りる契約に間に合わなかったため、一週間ほどで発行されるパスポートを使った。また、ようやく移り住んだアパートの住所を母親に知られて押しかけてくることのないよう、住基ブロックをかけた。これによって矢野さんの住所は、たとえ肉親であっても知ることができなくなる。

程なくして矢野さんの貯金が尽きたので、福祉事務所で生活保護の申請を行い、無事に生活保護を受けることができた。矢野さんの場合、虐待後遺症としての心理的問題が精神科で認められており、就労が困難だったことが、生活保護を受ける大きな理由となった。この制度には医療扶助というものがあり、実質無料で医療機関を利用できる。これによって矢野さんは適切な診察と治療を受けることができるようになった。これらの手続きによって矢野さんは、落ち着いた生活を手に入れることができた。

矢野さんは現在、治療を受けながらアルバイトができるようになり、そろそろ生活保護をやめられるところまでたどり着いている。

事例二——若年貧困の粟野さん

二〇代の粟野さん（仮名）は、カルトに起因しない貧困に陥った女性のひとりで、彼女のことをLETS仙台が支援した。

毒親から逃げて性風俗産業に従事する生活が続いた四年目に私は栗野さんに出会った。彼女は「元気だし大丈夫」と言うものの、精神的にも身体的にも限界を迎えているようにしか見えなかった。コロナ禍で客足が激減したこともあり、栗野さんには病院に行くだけの金銭的余裕はなかった。

そこで栗野さんに生活保護を勧めた。栗野さんは考え込みはしたものの、今休まないと心身が限界を迎えるとの判断から、私とともに福祉事務所に行くことに同意してくれた。栗野さんは、福祉事務所に相談に行ったその日のうちに、病院を公費で受診するための医療券と生活保護費の初回支給日までの数万円の貸付を受けた。

栗野さんと行った手続き

生活保護を受給するに際して栗野さんは、自治体で定められた金額のアパートで暮らすことになった。せっかく移り住んだ場所を両親に知られてしまうと、再び転居しなくてはならなくなるので、住基ブロックをかけた。福祉事務所が意見書を書いてくれたので、住民票を扱う部署ですぐに住基ブロックがかけられた。栗野さんは金銭の管理が苦手ということもあり、生活保護費で生きていけるよう、都道府県社会福祉協議会で行っている日常生活自立支援制度を用いて金銭管理をしてもらう手続きを行った。

現在、粟野さんは生活保護費で暮らしながらメンタルの治療を行い、アルバイトにも挑戦し、少しずつではあるものの、傷を癒すことに専念している。

宗教2世問題と貧困問題の類似点

矢野さんと粟野さんの事例を紹介したが、ふたりに共通していることがある。それは、「精神的な不調があるだけでなく、家を出て暮らさざるを得なかったので、移転先に住基ブロックをかけて生活保護を申請した」ということだ。困りごとの原因は異なるものの、支援者が行う支援内容は変わらない。

双方に共通する課題として、当事者が行政に頼るという発想に至らないということがある。困りごとを抱えた当事者は、生活保護の知識がほとんどない上に、困ったら役所に駆け込めばどうにかなるということを知らない。これは、社会全体の課題だが、サバイバーの場合、こうした傾向が顕著だと感じる。中には、行政に頼れないだけでなく、暴力や支配によって視野が狭まり、生活保護以下の生活を必死で維持しようとするサバイバーもいる。多額の献金や娯楽費のために親がこしらえた借金を返しているひとも稀ではない。このように、宗教2世特有の困難や課題もあるが、困っているひとにはみな、それぞれ課題がある。したがって宗教2世問題は、支援者が行う支援として特別に難しい問題ではないのだ。

危機的状況に陥りやすい宗教2世

宗教2世が抱える最大の課題は、前述のように、「制度的支援を受ける発想に至らない」という点にある。家族が信仰する宗教の教えのために、制度を利用することをためらう宗教2世は少なくない。

精神的には脱会できても、経済面での不安から、簡単には家を出られない宗教2世たちは多い。アルバイトなど、仕事をして家を出るお金を貯めることが、一人暮らしをするための一般的なルートではあるが、幼少期からの宗教体験で疲弊し、精神などの不調をきたし、お金を貯めるのが難しいひとが多いように感じる。そうした場合、役所に行くことができれば、生活を立て直すための制度紹介などを得られるが、「困ったら教団内で助け合う」という環境下で育った宗教2世たちが、「行政にSOSを出す」という発想を持つに至るには無理がある。だからこそ、公的制度に詳しい支援者が必要になる。

生活保護を使って家を出る

生活保護で受給できる現金給付額は決して多くはないが、医療や介護などの現物給付の内容は非常に手厚く、生活保護を受けながら、慎ましくも豊かに暮らせる。もちろん生活に関して制約がないわけではない。しかし、生活保護を受給せずに餓死や無理心中をしてしまうより、生きて、生活を再建することが何より重要である。

居所を確保するための敷金礼金、最低限の生活用品や家電の準備、そして生活費。家賃の安いアパートを選び、家電を中古で集めたとしても、まとまった支度金が必要になる。しかしそれも、生活保護ですべて賄うことができる。最低限の家電等を購入するための家具什器費や布団代なども、一時扶助として受け取ることができるのだ。鍵の交換代など、公費で賄うことができないものもあるが、生活保護に詳しい不動産屋では、その点に配慮してもらえることがある。二〇二一年まで私は、信仰の強要による精神的虐待を理由に四名の生活保護申請を手伝い、無事受給に至った。つまり宗教的虐待を理由に生活保護を申請し、実家を出て暮らすことは可能なのだ。

避けた方が良い支援

寺院や教会の宗教者からよく聞く話だが、居所のないひとや困窮したひとが宗教施設にやってくることがある。日本には古くから「駆込み寺」という言葉がある。困ったら宗教施設に駆け込むのは、自然なことなのかもしれない。しかしながら、宗教者たちは数千円やおにぎりを渡してお引き取りいただくことがほとんどだと聞く。決して宗教者たちを責めたいわけではない。自らのポケットマネーから、見ず知らずのひとにお金を渡すのは勇気のいる行為である。

しかしその行為は、骨折しているひとの傷口に絆創膏を貼るような応急処置である。

食料などを提供してもらうことで、飢えを一時的にしのぐことはできても、それでは問題の根本的な解決にはならない。再び誰かを頼らないと、そのひとはいつまでも困ったままで、日に日に体力が落ちていき、医療や社会復帰がどんどん遠のく。根本的に解決するためには行政の力が欠かせない。支援者が当事者に同行して市区町村の役所に行くことで、そのひとに適切な支援を提供するきっかけを作ることが可能になる。

支援者・専門職でなくても行える支援

カルトに起因する問題に限らず、困っているひとを助けたいと思ったときに、専門職でなくてもできる支援がある。当事者が病院や行政機関に行くのに先立ち、当事者が置かれた状況や困りごとをまとめたメモを作成することだ。混乱の渦中にいる当事者は、自分の状況を客観的に伝えることが困難である。少し手間はかかるが、箇条書きで良いのでメモを作って本人に持たせてほしい。名前、生年月日に始まり、貧困や暴力など、困っている具体的な内容、そして、どのような背景があるのかが整理されていると、話がスムーズに進む。もし同席が許されるなら、本人が思うように話せるよう、サポートに回ることが必要だ。メモがあることで、必要な手続きや話し合いを円滑に行うことができるようになり、迅速に支援を受けられる可能性が高まる。

また、これまでの経緯をメモにまとめておくことで、本人が話すという心理的負担を軽減することにもなる。矢野さんのキーパーソンになったBさんも、「メモ作成は、専門的な知識が特になくてもできる上に効果的だった」と話していた。次ページには私が作成した行政宛の手紙の雛形が載っているので、宗教に起因した相談の場合はぜひ役立ててほしい。困難な状況にある宗教

2世が自らの問題を客観視するのは難しい。このような紙を持って行政窓口に行くことで、困っている内容が職員に迅速に伝わり、結果的に早く支援にたどり着けることもあるだろう。

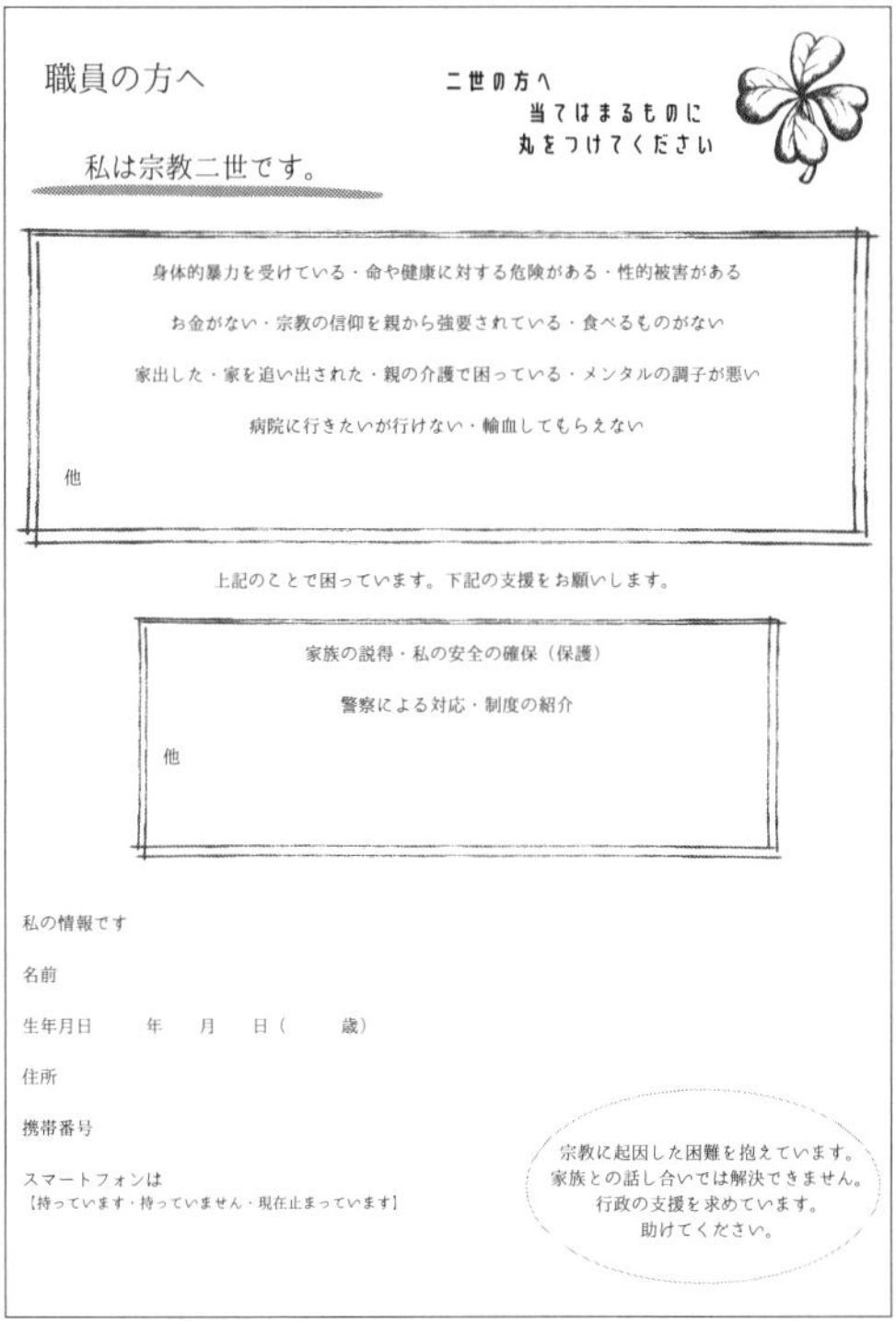

職員の方へ

二世の方へ
当てはまるものに
丸をつけてください

私は宗教二世です。

身体的暴力を受けている・命や健康に対する危険がある・性的被害がある

お金がない・宗教の信仰を親から強要されている・食べるものがない

家出した・家を追い出された・親の介護で困っている・メンタルの調子が悪い

病院に行きたいが行けない・輸血してもらえない

他

上記のことで困っています。下記の支援をお願いします。

家族の説得・私の安全の確保（保護）

警察による対応・制度の紹介

他

私の情報です

名前

生年月日　　年　　月　　日（　　歳）

住所

携帯番号

スマートフォンは
【持っています・持っていません・現在止まっています】

宗教に起因した困難を抱えています。
家族との話し合いでは解決できません。
行政の支援を求めています。
助けてください。

支援者にできる支援

私は宗教2世の相談にも応じるが、普段は貧困問題や女性支援を活動の中核に据えている。この活動を続けてきて断言できるのは、「困りごとを抱えたひとが宗教2世であっても、そうでなくても、使う制度や赴く公的機関は変わらない」ということである。宗教2世が困っている場合でも、既存の制度で対応してきた。

唯一苦労したのは、当初私はカルトや宗教に対してほとんど無知だったため、困っている当事者たちの話す言葉を理解することも、その生活状況を想像することも、とても困難だった点である。しかしこれは、どのようなひとが相手でも起こり得る。若年や高齢者など年齢によっても、そのひとの持つ価値観や文化には違いが出てくる。知らない単語について質問をすることは失礼ではなく、むしろ「自分の話を理解しようとしてくれている」と感じてもらえる可能性もある。また当事者の話に耳を傾け受容していくことは、相談業務の原則である「バイスティック七原則」の基本である（→第17章）。そこから見えた問題点に、いつも通り対処していけばよいだけのことである。

したがって、生活保護等の申請同行支援を経験したことがあるひとならば、制度申請の面では誰でも十分に宗教2世への支援が可能だと考える。

宗教2世を支援する際の留意点

宗教の問題と生活の問題は分けて考えた方が、ケースワーカーをはじめとした行政職員などには伝わりやすい。最初から宗教の話を持ち出すと、偏見を持たれる可能性があるからだ。したがって、金銭的に困っている、親から虐待を受けている、親が祖父母を虐待している、といった具体的なことを相談した上で、その理由として親がカルトに過度な献金をしてしまう、そのカルトの問題で家庭環境がよくないという話をするのであれば、理解も得られやすいだろう。

自らの信仰に疑問を持ち、家族や親族との不和を抱えて困窮した宗教2世たちは、カルトの世界からその外側へと出ていくことになる。例えればこれは、言葉だけは何とか通じる外国に、何の準備もなく引っ越すようなものだ。外の世界に出ていけば、カルチャーショックが常に付きまとう。カルトの世界とその外側の世界との間で〝通訳〟をし、外の世界の常識を教えるのが、支援者が担う役目となる。

当事者が脱会時に受けた心的外傷の治癒には長い時間がかかる。一生、完全には癒えないといってても過言ではない。しかし寄り添い、伴走する支援者がいれば、宗教2世たちの傷を少しずつ癒していくことも可能だと考える。傷が癒えると本人にも精神的なゆとりができ、だんだんと動けるようになる。矢野さんは現在、抱えた傷と戦いながらも自らを客観視し、自分と同じような境遇の子どもが少しでも減るようにと活動を行っている。最初は周囲の力を借りて、後に自らの意志で動けるようになった矢野さんのような人が増えていくことを目指したい。

福祉制度を用いてカルト被害者を支援する場合も、カルトに起因しない生活困窮者を支援する場合と、そのプロセスは変わらない。前述のとおり、制度申請への同行は、カルトについての基礎知識がなくても行うことができる。しかし、宗教2世を対象とした相談窓口を設ける場合は、カルトに関する諸事情や、マインドコントロールに関する基礎知識を持っている必要がある。

疲弊しきっていた矢野さんは、虐待の事実をBさんに話すことはできても、カルトの教義や構造を一から説明する気力は全くなかった。たまたまBさんがカルトの事情に詳しく、理解もあったので、全てを打ち明けられたと矢野さんは言う。日本人は自らの宗教性に鈍感な人が多い。「カルト」と聞くと、関わりたくなくなるのが、大半の日本人の本音だろう。しかし「宗教はなんとなく避けてしまう」という価値観のせいで、宗教2世たちのSOSを受け止めきれない現状がある。この宗教だからこういう事情だろうと決めつけないことを前提とし、福祉専門職も、カルトについて学ばなければならない時代が訪れている。

公的機関に求めたいこと

カルトが原因で困難を抱えることとなったひとたちが援助を求めてひとりで公的機関に行くことがある。具体的には児童相談所や警察、福祉事務所などが挙げられる。

宗教2世問題が広く知られるようになってから、厚生労働省から児童相談所等を対象にしたQ&Aが作成されるなど状況が変化しているが、それまでは職員から、「宗教は家族の問題だから、家に帰って家族と話し合った方がいい」と言われたひとも少なくなかったと聞く。しかしカルト問題は家庭の問題ではなく、ひとりの人間として自由意志が尊重されないという人権問題である。心の深くまでマインドコントロールされている親や、その背後にいる教団には話し合いの余地はない。宗教2世たちは幼少期から、「外部に助けを求めれば地獄に堕ちる」などの脅しによって教育されてきた。天国や地獄が存在するかは誰にも分からないが、宗教2世たちは本当に、「地獄に堕ちること」や「世界が終わること」を心のどこかで恐れているのである。

宗教2世にとって、公的機関に助けを求めることは、幼少期から植え付けられてきた恐怖心と戦いながら親や教団を裏切る行為で、とても勇気がいる。したがって、「家族と話し合った方がいい」という言葉は禁句である。話し合いが成立するような教団や親子関係であれば、公的機関に対して助けを求める必要はない。

公的機関に助けを求めるひとはみな、喫緊の課題を抱えているが、虐待や生活困窮がカルトに起因する場合は、相談を受ける側はより慎重に話を聞くとともに、カルトに起因しない問題と同様に対応するべきである。

おわりに

将来を担う若い宗教2世たちが、「大人は助けてくれなかった」「社会に見捨てられた」という想いを抱えている日本の現状は、非常に嘆かわしい。若年の宗教2世たちが社会にSOSを発し、適切な支援にたどり着けるように。青年期を過ぎた宗教2世たちが、背負ってきた重たすぎる精神的な荷物を安心して下ろすことができるように。私たちが抱えてきた問題は、ようやく知られるようになっただけであり、今後の法整備や社会の動きによって、さらに支援を拡充していく必要がある。そのためにも、まずは本章を読んでくださった方に、「宗教2世は特別な存在ではないこと」、そして「宗教2世の抱える問題の根深さ」について理解を求めたい。

（まつだ・さえ　LETS仙台所長）

12

アダルト・チルドレンと宗教2世問題
――家族という視点から考える

信田さよ子

医療から独立したカウンセリングの現場

筆者は一九九五年に開業心理相談（カウンセリング）機関を立ち上げ、現在に至るまで二八年近く運営してきた。以降センターと略すが、そのもっとも大きな特徴は医療機関ではないということだ。私たちは来談者（クライエント）を患者と呼ぶことはなく、診断・治療もしない。あくまで相談・援助が本務である。

しかし、センターの特徴はそれだけではない。数多くのカウンセリング機関や心理相談機関との大きな違いは、アディクションアプローチを基本としている点である。

筆者のそもそもの出発点が、精神科病院におけるアルコール依存症の人たちとの出会いにあったことは改めて言うまでもないが、依存症本人、そして彼らの配偶者、さらには二人のあいだで育つ子どもたちという順序で焦点を移動させることで、カウンセリング経験を積み重ねてきた。

アディクション（嗜癖・依存症）は、統合失調症などに比べると精神科医療における周縁的位置にあった。また臨床心理学においても、当時はまだまだフロイトやユングといった精神分析・分析的心理学が主流だったため、アディクションは対象外であり、取り組んでいる心理職は全国で一〇名にも満たなかった。

アディクションアプローチの特徴は、①本人より家族、②底つきとイネーブリング、③自助グループ（当事者）先行、などである。

底つきとは、アディクションからの回復には底をつくことが必須であるという考えである。もともと自助グループで回復者たちが遡及的に断酒経験を語りながら生み出した言葉であるが、家族や援助者に転用されて、底をつかせれば酒をやめるという意味に変化していった。二〇〇〇年代に入ると死亡リスクの高さから「底をつかせる」ことは見直されるようになった。イネーブリングとは、良かれと思う援助がアディクションの症状を悪化させるという逆説を指す。家族の対応に大きな示唆を与える概念である。これらは内的世界（心）を対象とし、一対一の関係性を重視する従来の「心理職のあり方」とは遠くかけ離れたものだった。

本人より家族

筆者がいわゆる宗教2世の人たちとカウンセリングで出会うことになったのは、このような背

表1　カウンセリング初回来談者の主訴別内訳（2022年11月末現在）

	対面	OL	計		対面	OL	計		対面	OL	計
夫婦関係	66	23	89	家庭内暴力被害者	2	1	3	ギャンブル	2	0	2
親子関係	87	23	110	家庭内暴力加害者	0	0	0	借金・浪費	0	1	1
その他の家族関係	10	6	16	家庭内暴力心配者	1	1	2	PTSD	12	0	12
職場の人間関係	13	6	19	虐待被害者	10	3	13	性被害	7	2	9
学校人間関係	1	0	1	虐待加害者	3	0	3	性加害	0	0	0
恋人関係	7	3	10	虐待心配者	0	2	2	性加害被害心配者	2	0	2
その他人間関係	5	1	6	子育ての悩み	6	3	9	生き方	15	1	16
ED	3	2	5	不登校	6	0	6	ハラスメント	9	3	12
AC	59	13	72	引きこもり	1	2	3	統合失調症	1	0	1
共依存	3	1	4	うつ	16	1	17	統合失調症以外の精神病	0	0	0
DV被害者	28	6	34	自傷	8	2	2	盗癖	0	0	0
DV加害者	13	0	13	AL	7	1	8	その他	23	5	28
DV心配者	2	1	3	Drug	1	0	1	不明	0	0	0
								計	421	113	534

注：ED＝摂食障害、AC＝アダルト・チルドレン関連、AL＝アルコール関連問題、Drug＝薬物問題、PTSD＝トラウマ後ストレス障害、OL＝オンラインによるカウンセリング

景があったからである。つまり病気かどうかではなく、その人の病理を対象とするのでもなく、「困っている人」はすべてカウンセリングの対象とするという姿勢を貫いてきたといえよう。

表1を参照していただきたい。二〇二二年の一月から一一月までの一一カ月間の初回来談者数と主訴別の内訳一覧である。その人たちに与えられた病名（診断名）ではなく、来談者自身が何に困っているか＝主訴によってカウンセリングを実施するという姿勢が表れている。自分のことではなく、他者との関係（そこには家族も含まれる）についての主訴がどれほど多いかに注目してもらいたい。よく言われる「お悩み相談」とも異なることがわかるだろう。

中でも家族（親・配偶者・子ども）との関係について来談するクライエントは全体の半数以上を占める。自分のことで困り、自分を変えたくてカウンセリングに訪れる……という人たちこそカウンセリングの対象だと考える心理職は多いが、センターでは、それはほんの一部に過ぎない。

安倍元首相を殺害した山上徹也被告は、果たして何に困っていたのだろうか。母との関係だろうか、それともお金が調達できないことか。それとも、どれだけ努力しても母を支えきれない自分の不甲斐なさに困っていたのだろうか。このように、何に困っているか、困りごとの定義はその後の対応にもつながる重要な分岐点にもなる。おそらく彼は、自分の内面＝心の問題で困っていたわけではないだろう。センターが「こころ」という言葉を積極的に使用しないのは、彼の抱えたような困りごと＝問題もカウンセリングの対象にしているからである。実はこのような姿勢のカウンセリング機関はそれほど多くない。

アディクションアプローチの特徴①「本人より家族」は、問題を起こしている本人は援助を求めることが少ないという現実による。アルコール依存症の人たちは、今日一日を終わらせ、なんとか明日も生きていくために飲んでいる。よく誤解されるような、逃げるためでなく、生きるために飲んでいることを強調したい。近年では「自己治療のため」「生き延びるため」に飲むのだという、アディクション・依存症の積極的なとらえ直しが起きている。

つまり飲酒などのアディクションそのものが、彼ら彼女たちにとってはひとつの問題解決の手段なのである。周囲から酒をやめるように言われることは、本人にとってはもっとも忌避すべきことなのだ。なぜならば酩酊することが救いなのであり、断酒を迫られることは救いを奪われることになる。これは何かに似ている。宗教1世である親たちだ。どれだけ周囲が説得しても、ますます頑なに宗教活動にのめり込む姿は、酒をやめさせようとすればするほど飲酒量が増す依存症者に似ている。その場合、援助者が対象とするのは、飲酒によって救われている本人ではなく、周囲で困り果てている家族（配偶者や親、子ども）である。

アディクションアプローチの視点からは、旧統一教会の信者である母親よりも、困り果てている山上被告こそを援助の対象とすべきなのである。

アダルト・チルドレン（AC）という言葉の誕生

困っている家族と書いたが、声高に訴えることができるのは、隣にいる配偶者であることが多い。酔った夫、困りはてた妻とのあいだに生じる問題は、一九七〇年代から欧米で盛んになった家族療法で大きく扱われることになった。中でもシステム論的家族療法は、個人ではなくシステムの変化によって問題が解決されるというとらえ方を提示し、行き詰まりを見せていたアルコール依存症治療に風穴を開けた。アルコール依存症者の妻たちに対して共依存という言葉が与えられたのもそのような背景がある。いっぽうで、そんな両親のもとで育つ子どもたちは、成人後にさまざまな問題を抱えることがしだいに明らかになった。

一九六〇年代末、「アルコホリズムは医者以外の協力が不可欠な医療健康問題」[*1]と考えられるようになり、ベトナム戦争後の財政悪化に苦しんでいたアメリカのアルコール依存症の治療現場では、パラメディカルスタッフの役割が重要性を増していた。そんな中から誰言うともなく誕生したのがこの言葉である。アダルト・チルドレン（Adult Children of Alcoholics）はしばしばＡＣと略されるが、もともとは「アルコール依存症の親のもとで育った大人たち」のことを指していた。疾病を抱える本人のみならず、その子どもたちの成人後にまで及ぶ深い影響に注目したのである。

一九八〇年代のアメリカで流行語と化した後、一九八九年に日本で紹介されたが、機能不全家族（Dysfunctional Family）で育った人へと拡大解釈されるようになった。一九九六年には日本でも流行語となったが、しばしば「おとな子ども」「未熟な人」と誤解されつつ今日に至っている。ＡＣはアメリカからの輸入語ではあるが、日本の臨床現場を経て独自の発展を遂げ、「現在の自分の生きづらさが親との関係に起因すると認めた人」と定義されるようになった。この定義の特徴は、ＡＣを疾病単位としてとらえるのではなく、本人の自己申告によるとしている点である。つまり客観的な指標はなく、「親からさまざまな被害を受けて育ったので私は今生きづらい」と自認する人がＡＣなのである。視点を変えれば親の加害者性を指弾する言葉とも言える。

アルコール依存症家族において、しばしば子どもは親の支え手となり、親子の役割逆転が起きる。さらに、酔った親の暴力を日常的に受け、母への暴力を目撃させられるため、ドメスティック・バイオレンス（ＤＶ）や虐待の巣窟となる。二〇一三年からＤＶ被害者から通報を受けた現場に子どもがいれば、警察は児童相談所に通告する義務が課せられた。

ＡＣという概念は、広義の虐待を受けて育った子どもたちが成人してからどれほど生きづらい人生を送るかということを我が国で最も早く、そして生々しく提起したのである。二〇〇〇年に子どもの虐待防止法が制定されたが、ＡＣという言葉の広がりが道をひらいたと言っていいだろう。家族内部に加害・被害という関係性、さらに権力関係という視点を持ち込んだという点でも画期的である。アルコール依存症者のいる家族は特殊ではなく、むしろ「ふつうの家族」の特徴がわかりやすく表出しているに過ぎない。こう考えればＡＣという言葉が、親子における権力・力関係を読み解くために有効な切り口を提供し続けていることに気付かされる。

親のことを秘密にする子どもたち

ＡＣの人たちにとって「秘密」と「まきこまれる」はキーワードである。アディクションは人との関係を遮断しているように見えて、実は人間関係への渇望をアディクションによってすり替えているのだ。自分のアディクションで配偶者や子どもたちが大きく影響され苦しむ様子を見て、みずからの影響力を確認しつつ、一方で自分を責め、それがさらなるアディクションへの動因となるという悪循環が起きる。

妻は、夫の飲酒の有無や飲酒量によって一喜一憂し、すべての関心は夫の飲酒に注がれ、子どもをケアする余裕はない。まきこむ夫とまきこまれる妻、その渦の傍らで育つ子どもたちは特有の育ち方を強いられる。暴力が振るわれ怒号が飛び交う、そのような両親のあいだで家族崩壊を防ぐために必死で親（とくに母）を支えてきた人たちが、いい子・いい人としての人生を送りながら、特有の生きづらさを感じるようになる。ＡＣという言葉は、このような一群の人たちにとってのアイデンティティを提供したのである。

その人たちは、自分の家で起きていることを決して語らなかった。家族と外の世界のあまりの落差は、異世界に住んでいるような感覚をもたらす。恐怖と緊張に満ちた家族と、楽しげな雰囲気の友人たちや学校という世界を毎日往還せざるを得ないので、どこか解離的にならなければ適応できず、家族で起きていることはなかったことにするしかないのだ。ＡＣの自助グループで使用されるパンフレットには「見ない、聞かない、語らない」というフレーズが使われる。家で起きたことを見てはいない、何も聞いてはいない、そして外ではそのことを語らない、を意味する。

ＤＶを目撃することは面前ＤＶと呼ばれ、心理的虐待の一つとされる。警視庁管内では、ＤＶを受けた女性が一一〇番通報した場合、駆けつけた警察官は、そこに子どもがいれば児童相談所に面前ＤＶ＝心理的虐待として通報しなければならないとされている。その子どもたちは、自分の家で起きていることを外部で語ったことなどないはずだ。

この秘匿性を周囲はよく知っておく必要がある。なぜ秘密にするのだろう。子どもの直感は、言語以前の体感に近いものがあるのではないか。それを外部に向かって語れば、今ある秩序（家族という世界）が一挙に崩壊する恐怖がある。世界が崩壊する恐怖ゆえに、沈黙する、だから語らないのではないかと思う。

DV対策の一つとして、外国では多くの絵本が「誰かに話してもいい」「話してみよう」と訴えかけているのは、子どもたちがみずからに課す語ることの禁止を破るためである。

家族から一歩外に出た世界、お友だちと楽しく遊び笑いに満ちた世界と、父親の暴力で母親が死んでしまうのではないかという恐怖に満ちた世界。そのあまりの落差を生きなければならないために、二つの世界の一方をなかったことにする必要が生じる。また、何事もなかったように「外の顔」を見せる母親を見ることで、ふだん自分が見聞きしていることは外の世界で話してはいけないと直感する。こうして多くの子どもたちは、学校をはじめとする外の世界に対して秘密と嘘を抱え込むことになる。山上被告も、おそらく学校生活において、自らの家庭で何が起きているのか少しも語らなかったに違いない。

かつては「宗教虐待」と呼んだ

一九八〇年代には「宗教2世」という言葉など存在しなかったので、私たちは「宗教虐待」と呼んでいた。欧米の虐待研究では、宗教虐待という言葉が使われているし、特に西欧では親から信仰を理由に身体的虐待を受けた人たちの体験が多く描かれてきた。[*2]

八〇年代から、当時の日本ではそれほど多くなかった摂食障害の女性たちのカウンセリングにかかわってきたが、彼女たちの中に母親がエホバの証人の信者だった人が何人もいた。グループカウンセリングや個人カウンセリングで、彼女たちの子ども時代の経験を具体的に聞いた。物心つく頃には、母親に手を引かれて個別訪問に同行させられたという。それが当たり前の生活だったし、その時だけは母親がしっかりと手を握ってくれるのでいつも喜んでついていった。そこで配られるパンフレットに描かれた天国の絵と、終末を表す恐ろしい絵は、どんな絵本よりも深く記憶に残っているという。

ここで簡単に説明しておくと、摂食障害の多くは思春期から発症する。拒食、過食・嘔吐といった多彩な食行動を呈するが、現在に至るまで特効薬も、決定的治療法もないのが特徴だ。精神科医療ではプログラムによる治療法も実施されているが、向き不向きがある。

原因論にあまり意味はないが、彼女たちに共通するのは、摂食障害になって初めて信仰活動が自分に与えた影響を自覚できたことである。カウンセリングをとおして、どれだけあの布教活動や、母親の説く世界観によって苦しめられていたか、自分の摂食障害の症状が何を訴えているのか、食べて吐くことで何から自分は救われたのか、といった洞察も得られたのである。

信者である親

そのいっぽうで、信者である何人かの女性のカウンセリングも経験している。彼女たちは、そろって息子や娘の問題に困って来談した。娘の摂食障害、息子の不登校、娘からの暴言・暴力などである。初回のカウンセリングの際には、自分の信仰について語ることはほとんどないが、信頼関係ができると率直にエホバの信者であることが語られた。

多くの方が疑問に思われるのは、子どもに問題が起きたときに助けになるのが宗教ではないのかという点だろう。そこまで熱心な信者である彼女たちが、なぜカウンセリングにわざわざ訪れるのか。私はその点について尋ねたことはない。それが彼女たちにとって、もっとも残酷な質問だとわかっているからだ。

おそらく彼女たちは、何度も（居住する地域の）教団の支部に息子や娘の問題を話そうとしただろう。ここから先はあくまで私の想像だが、彼女たちの信仰が足りない、熱心さが不足しているから子どもに問題が生じたという批判を暗黙裡に感じ取ったのではないだろうか。

信仰で結ばれた関係であっても、そこには力関係や競争が生じるのは当たり前である。多くの信者が集まれば信仰の篤《あつ》さをめぐる闘争も生じるだろう。彼女たちは、その空気を感じ取り、信仰ではなく、臨床心理学に裏付けを持つ「科学的」なカウンセリングを選んだのである。そのことはおそらく教団には内密にされたはずである。

エホバの信者である彼女たちの夫の多くは信者ではなかった。むしろ邪教だと批判され、信仰を捨てないと別れると脅迫までされていた。もともとエホバに入信したきっかけが、夫の浮気や暴力、家父長的な大家族の中での抑圧された状況などであった。つまり家族の中で誰からも理解されず、ケアされることなく生きてきた彼女たちが、初めて存在を認められ、指針を与えられたのが信仰だったのだ。エホバの証人の行動指針（せねばならないこと、してはならないこと）の明確さが、彼女たちを救ってくれたのである。来談した彼女たちは、エホバによってその家族を生き抜くことができたのだ。

息子が不登校から引きこもりになった女性は言った。

「エホバの証人では、子どもを大学に進学させるよりも、まず布教活動に専念させることになっています。息子が高校に行かなくなったのは、おそらくそれに対する反抗だったのではないかと思います。でも私は信仰のほうを選びました。息子の大学進学を認めなかったのです」

別の女性は、地方都市の旧家の嫁だったが、エホバに入信したことで親戚一同から責められていた。娘はそんな母親の唯一の理解者だった。布教にも積極的に同行し、反対する父親に対して盾になってくれたのである。そんな娘は、中学校に入ると同時に体重がみるみる減少していき、卒業までに数回心療内科の病院に入院し、中心静脈栄養の点滴を受けることになった。

そのころから、一転して母を責めるようになった。冷蔵庫のモノを全部食べつくして吐き、「この家は狂ってる、あんたも狂ってる！」と叫ぶのだった。

カウンセリングにやってきた彼女は、離婚する勇気のなかった私が悪いと語ったが、それでも人生のもっとも苦しかった時期を救ってもらった教団を疑うことはないという。

よくある妄信・狂信のイメージとは程遠いものを感じさせられる彼女たちだが、もちろん息子や娘にとっては過酷な経験だったことに変わりはない。そんな宗教2世の問題が焦点化されるなかで、宗教1世である親について言及することは親の擁護につながりかねないため避けられがちである。しかし、中には自らの信仰が子どもに与えた影響をある程度自覚しているこのような女性たちがいることも伝えたい。

AC（アダルト・チルドレン）は宗教2世を考えるキーワードにも

宗教2世を考えるときにACがキーワードになるのは、端的に言えば、「子どもは親の被害者である」ことを初めて日本で主張した言葉だからだ。それまで親の加害性を表した言葉はなく、鬼子母神でも頑固親父でも、それらは「親の愛」ゆえの行為として最終的には肯定されてきた。ACが一九八九年に日本に導入され、さまざまな親からの被害を訴えることを承認し、そのような体験を持つ人たちに相談の場を提供することにつながった。親がアルコール依存症でなくても、暴力や借金、失踪などの問題で苦しんだ経験をカウンセリングの場で話せるようになったのである。その中に親の宗教の問題も含まれていた。この言葉がなかったら、一九九〇年代の「宗教2世」たちが援助の機会につながることはできなかっただろうし、私もその人たちを知ることはなかっただろう。

クライエントの人たちは、世間の常識である「親を支えることが子どもの役割」「親は誰よりも子どもを大切に思っている」といった言説を深く内面化しているがゆえに、親の言動を批判し拒絶しようとする自分をなかなか認められない。親を否定することは、親を信じ切っていたそれまでの自分を否定することを意味し、それはひとつの死にもひとしいからだ。その葛藤に呑み込まれそうになることで精神的崩壊に直面し、時には自殺という帰結もありうるかもしれない。親と距離を取る、批判するといった控えめな闘いですら、同時に湧いてくる罪悪感と闘わなくてはならない。どちらを向いても同調者がおらず、孤立無援な闘いを続けなければならないとき、たったひとつのアジール（避難場所）が不可欠なのである。

クライエントの人たちは、このように生きるためにアジールとしてのカウンセリングを求めているのだろう。とすれば、カウンセラーの役割は明瞭である。目の前のクライエントが生きていくことを支援するのだ。そのために彼女が親の死を望んでいるのであれば、それを肯定する。そんな覚悟が不可欠なのだ。

ACと自認した女性たちのグループカウンセリングを一九九五年から継続実施しているが、そこに参加する女性の中にも、親の信仰によって苦しんだ人たちが多く、そうしたケースのほとんどで、親は創価学会の会員だった。

一八歳の女性は、やっとの思いで実家を脱出して、新宿のキャバクラや性風俗などで働いていた。そのうちにどんどん体調を崩し、悪夢を見たりするようになり、頭髪がすべて抜けてしまった。来談したときはウイッグをつけていたが、腕や足にはリストカットの跡がみられた。

彼女の父親は創価学会の地域組織の幹部だったので、毎朝の勤行を欠かさなかった。小学校のころからその時間が苦痛だった。父親は、勤行をしながら必ず娘を殴るのだった。背中に目がついているかのように、少しでも座る姿勢を崩すとげんこつが飛んできた。

それが暴力だと思えたのは高校に入ってからで、付き合った男性が「それって暴力だよ」と言ったことがきっかけだった。創価学会の教えに家族全員が染め上げられており、選挙のたびにいろいろな人が自宅に詰めかけて戦争のような雰囲気だったので、暴力だとは思ってもみなかった。

彼の勧めで家を脱出してから、初めて自分の家族が異様だったと思った。キャバクラで出会う男性はみな、父親よりはるかにやさしかった。自分を殴ることなどなかった。一番の発見は、勤行の時の父親は一種の陶酔状態だったと気づいたことだ。振り向いて拳を振り上げるときの父親の目は正気ではなかった。瞳が小さくなってイっている目つきをしていた。勤行で徐々に陶酔状態が高まった父は、一番弱くて小さな娘を殴ることで興奮を発散していたのではないか。そう思えたとき、初めて彼女は口惜《くや》しいと思った。

グループカウンセリングには、彼女はいつもウイッグを外して参加していた。

「毎日毎日、実家にいたときのことを思い出すたびに、どんどん毛が抜けていったんです……そしてこんなになりました！」

そう笑って語ると、他のメンバーたちもためらいなく笑うのだった。

取り残してきたのではないか、という反省

二〇二二年七月に起きた事件の詳細が明らかになるにつれて、私たちは何ができたのだろう、何をしてこなかったのだろうという思いに駆られた。「一部のカルト教団の被害者が引き起こした事件だから、私たち心理相談援助の専門家とは関係がない」とは到底思えなかった。

二〇二三年に入って行われた、宗教2世の当事者との対談のなかで、カウンセラーのもとを訪れた際に親の宗教問題について話をすると、「自分たちは宗教の問題は専門外だ」「信教の自由がありますので」といった表現で婉曲的に対象外として扱われた経験が、多くの当事者から語られていることを知った。その言葉を重く受け止めなければならないと思った。それは当事者からの批判に他ならないからだ。どのような問題であろうと、いったんは困っている人の話を聞くという姿勢は、開業カウンセリング機関においては欠かせないはずだ。

センターはそのように対象外として扱ったりはしない。その人が困っている問題をとにかく聞き、その人の立場に立つことから始める。アルコール依存症やアディクション、ACといった経験から、そのことが何より必要だと考えているからだ。

「どのようにすれば避けられたのだろうか」という視点

ひとつの家族のなかに何か不穏なものがあるとき、それが事件（傷害・殺人・自殺など）として表出される前に、何かを手掛かりに外部の援助者が介入できないものか。拙著『アディクションアプローチ』にはそのような視点から介入をこころみる訪問看護師が登場する。[*3]

そのようにして「ｉｆ」（もしも～だったら）の視点から、山上被告が育った家族、そして母親の入信以前にまでさかのぼってみよう。筆者の経験にもとづいて再構成したものであり、事実と異なる点があることをおことわりしておく。

母親は公立大学出身であり、父親は国立大学出身という両親のもとに生まれている。父親は土木関係の会社に就職し、仕事上のストレスから飲酒量が増え、精神科医から投薬も受けていたという。最初の介入のポイントはこの点だろう。現在では職場のメンタルヘルス対策は企業のひとつの義務となっている。ストレスチェックが定期的に実施されることで、うつ病などの早期発見も可能になっている。山上被告の父が職場で諸問題を抱えて医療につながったのは、一九八〇年代の半ばだろう。当時、アルコール依存症の治療方法はまだまだ確立されておらず、首都圏でもほんの一部の医療機関と保健所しか取り組んでいなかった。関西も同様だったはずだ。

そんななかで向精神薬を服用しながら酒を飲むという行為が生じたとしても不思議はない。現在でも日本の精神科医療では、処方薬とアルコールの併用をそれほど厳しく咎めないのが現状だ。欧米ではそれは考えられない。抗うつ薬は、アルコールという薬物といっしょに飲むことが前提とされていないからだ。あらゆる薬剤の交叉性は大きな問題だが、アルコール依存症の専門医はそれを厳しく峻別するはずなので、八〇年代であってもそれは起こり得なかっただろう。おそらく父親は薬をのみ、酒を飲み、その結果自殺した。覚悟というより、医療関係者のアルコール依存症に対する知識不足が薬剤とアルコールとの重度の併用を生み、しらふの清明な判断力を失った結果だったのではないか。産業領域における心理支援担当者と主治医との連携、飲酒による弊害についての主治医からの説明・教育、そして薬剤投与量の調整によって自殺は十分に防げたのではないかと思う。

夫の自殺によって残された山上被告の母の苦労はいかばかりだっただろう。実家に経済力があったとしても、三人の子どもを抱えて生きていく困難は測り知れない。公的支援を必要としない経済力の豊かさが、外部からの介入を妨げてしまうというのは逆説的だが、一種の悲劇を生む。

つまり家族だけで問題を丸抱えすれば、外部の専門家は介入の糸口を失うのである。山上被告の場合、兄が難病を抱えていたという報道もある。そこには医療や福祉の介入がなかったのだろうか。また山上被告は自衛隊に入っていて、そこで保険金を兄の治療費にまわそうとして自殺を図ったとの報道もあった。読む人は彼のそのような選択に心を痛めると同時に、そこまでしても母の献金熱が収まらなかったことに困惑すらおぼえるだろう。

母親によるすべての問題は全部、弁護士である叔父が背負い、支えてきた。月々の生活費から山上被告の教育費まで、親族の中でたったひとり一家を支えてきたのは叔父だった。結果的に親族がすべて抱え込んできたし、それ以外の道はないとされたこと、そのこと自体が家族中心主義に貫かれており、悲劇的な帰結を別にすれば、旧統一教会のいう望ましい家族を支える家族中心主義とそれほど距離はないのではないか。

家族にまつわる言説は、あらゆる媒体をとおして空気のように入り込むことで、そこから脱出可能であることすら思いつかないほど、いつのまにか内面化されている。家族から脱出できること、アジールが存在することを山上被告が知っていたら、と思わずにはいられない。

言葉の力

ある一群の人たちが可視化されるには名前が必要だ。名前がないとき、それは存在しない。この世に存在しているどの名前も、自分たちを表すのに不十分だと思っていた人たちの多くはこう考えてきた。どこかしっくり来ないのは、このように感じてしまう自分の問題だ。やはりどこか病気なのかもしれない、自分のこんな感じ方をわかってくれる人などどこにもいない……。

ある言葉は、その登場を待ち構える人たちによって歓迎され、広がっていく。初めて自分のことを表す言葉、自分を名づける言葉が見つかった、そう思ったことだろう。

ACもDVという言葉もそうだ。夫に殴られてもそれを暴力と定義することは許されなかった。今でこそ「加害者！」などと頭ごなしに批判できるが、一九九五年にDVが日本で使われるようになる前は、「殴らせる妻が悪い」「よほどのことがなければあそこまでしない」とされ、被害者として定義することなど不可能だったのだ。

その後、二〇一〇年代から性暴力やハラスメントといった言葉が広がっていった。ある行為を「暴力」と定義することで、加害者と被害者が誕生する。加害者には一〇〇％の責任が帰せられ、被害者には何の責任もないというこの明快な二分法は、少しずつ家族を、そして職場を変えることになった。

ACという言葉によって、子ども時代から、背負う必要のない責任を負わされてきた人たちがそれを解除されること。これこそ言葉の意義であり力であると思う。目の前にいるクライエントに対して、そのような責任解除の助力をすることがカウンセラーの役割ではないか。そう思っている。

自助グループ

ACという言葉が普及したことが、「宗教2世」という言葉の背景のひとつとなっていると思う。しかし「宗教2世」は、心理職や精神科医などの援助者・専門家によってつくられたわけではないという点が、大きな違いだ。

二〇一八年に『「宗教2世だョ!全員集合!」〜信仰のある人もない人もみんな集まれ〜』というタイトルでトークイベントが開かれたのがその始まりだと言われている。その後、二〇二〇年に当事者と支援者のホットラインができて、自助グループの成立につながっていったという経過をたどる（→第19章）。

ここで二二七ページのアディクションアプローチにもどろう。特徴の③は自助グループ先行であった。読者にとって馴染みが少ないのが、当事者が当事者を支援する＝自助グループだろう（→第16・17章）。

そこで私がアルコール依存症治療から学んだことを紹介したい。一九三五年に誕生したアルコール依存症者の自助グループであるAA（アルコホーリクス・アノニマス）は、医療も警察も匙を投げたアルコール依存症者たちが酒をやめて回復可能であることを身をもって示した。精神科医など専門家たちは、依存症者やその家族が自助グループ活動をとおして断酒できることを知り、そこから生み出された言葉や知恵から多くを学んだ。たとえば、「底つき」という言葉は、アメリカでのAAのミーティングで語られたものだ。「自分がこうして酒をやめていられるのは、あの時に底をついたからだ」というように、飲酒経験を振り返ることでひとつの共通言語を創り出した。そこから専門家は「底をつけば酒をやめられる」ことを学び、時には意図的に底をつかせる治療方法を実施することもあった。これらは一種の言葉の剽窃だが、それによって治療体系を作り上げたことは事実である。先に専門家ありきではなかったのだ。

またカウンセリングを経験しても酒や薬をやめられなかった人たちが、自助グループに参加することで酒や薬のない人生を送るようになるという事例は数えきれない。このような経験が、当事者への私の敬意と謙虚さの源になっている。「当事者先行・専門家追随」というスローガンは、決して美辞麗句ではないのだ。どのような専門書よりも当事者の言葉こそ私にとって最高の参考資料であり文献だったからだ。

自助グループは、家族に代わる共同体・アジールとしても機能するだろう。もうひとつのアジールとして、カウンセリングが機能すべきだと述べてきたが、多くの援助者がこの問題から距離をとり、時には気づきもしなかったことを、繰り返しになるが反省したい。

援助者・専門家たちが客観性や中立性という名のもとに見失ってきたことはないのか、と思う。当事者からの「宗教2世への援助を」という切実な要請にこたえることこそ専門家だという点を強調したい。

最後になるが、家族という目に見えない桎梏、親子の愛を強調する空気感、「親ガチャ」という言葉が流布するほどの無力感——カウンセリングはそんな息詰まるような家族観からの通気口であり、脱出を支援する役割を果たせるはずだ。そう信じている。

＊1 Wilbur,D.L.,:*Alcoholism:an AMA view,Proceeding the* 28th *international congress of alcohol and alcoholism*,Hillhouse Press:Illinois,1969.

＊2 Wright, Keith T.（2001）. *Religious Abuse: A Pastor Explores the Many Ways Religion Can Hurt As Well As Heal*. Kelowna, B.C: Northstone Publishing.

＊3 信田さよ子『アディクションアプローチ——もうひとつの家族援助論』医学書院、一九九九年。

（のぶた・さよこ　公認心理師・臨床心理士）

第Ⅱ部

私たちの声を聞いてほしい

——当事者・実践編

13 私はなぜ「宗教2世」を描くか

菊池真理子

お母さん
普段もほとんど
家にいないけど
選挙が
始まると
もっといない
お母さんは
創価学会員だから
あ
8時
寝なきゃ
夜は妹と
ふたりきり
お風呂には
入らない

選挙の時
お母さんの目は
寝てない人みたいに
らんらんとして
公明党
創価嫌いのお父さんや
近所の人たちに
バカにされたって
勤行の声は大きいまま
南無妙法蓮華経
南無妙法蓮華経
南無妙法蓮華経
あー
酒がマズく
なる
なんみょーで
勝てれば
俺もやるよ
お母さん
ノド痛い
お父…
フーッ
ゲホ
真理ちゃん
おじさんたち
真剣勝負してんの
邪魔しないでくれる?
ははは
わはは
女子どもにゃ
わからんよ
真理子も
必勝のお題目
あげなさいよ

勤行は
南無妙法蓮華経の
「妙」の字の
女偏を見ながらあげる
だけど私
生まれた時から
学会員のくせに
ほんとはわかってない
私たち
何に祈ってるの？
日蓮大聖人さま？
お釈迦さま？
池田先生？
公明党が勝てば
法華経が広まって
世界が平和になるの？
ただいまっ
お母さん！今日は早いね
これ名簿！
かたっぱしからかけてね
はい

もしもし 誰に投票するか お決まりですか？
フフ
電話代 助かっちゃった
あれ 風邪？
ケフ
かも
やだー こんな時期に うつさないでね！
決戦の時よぉ⁉ ちゃんと勤行してる⁉
2-4
先生 私のうわばきが なくなりました
えっ
誰なの⁉ こういう いじわるする子は
見つかるまで 授業しないよ みんなで探して！
えーっ

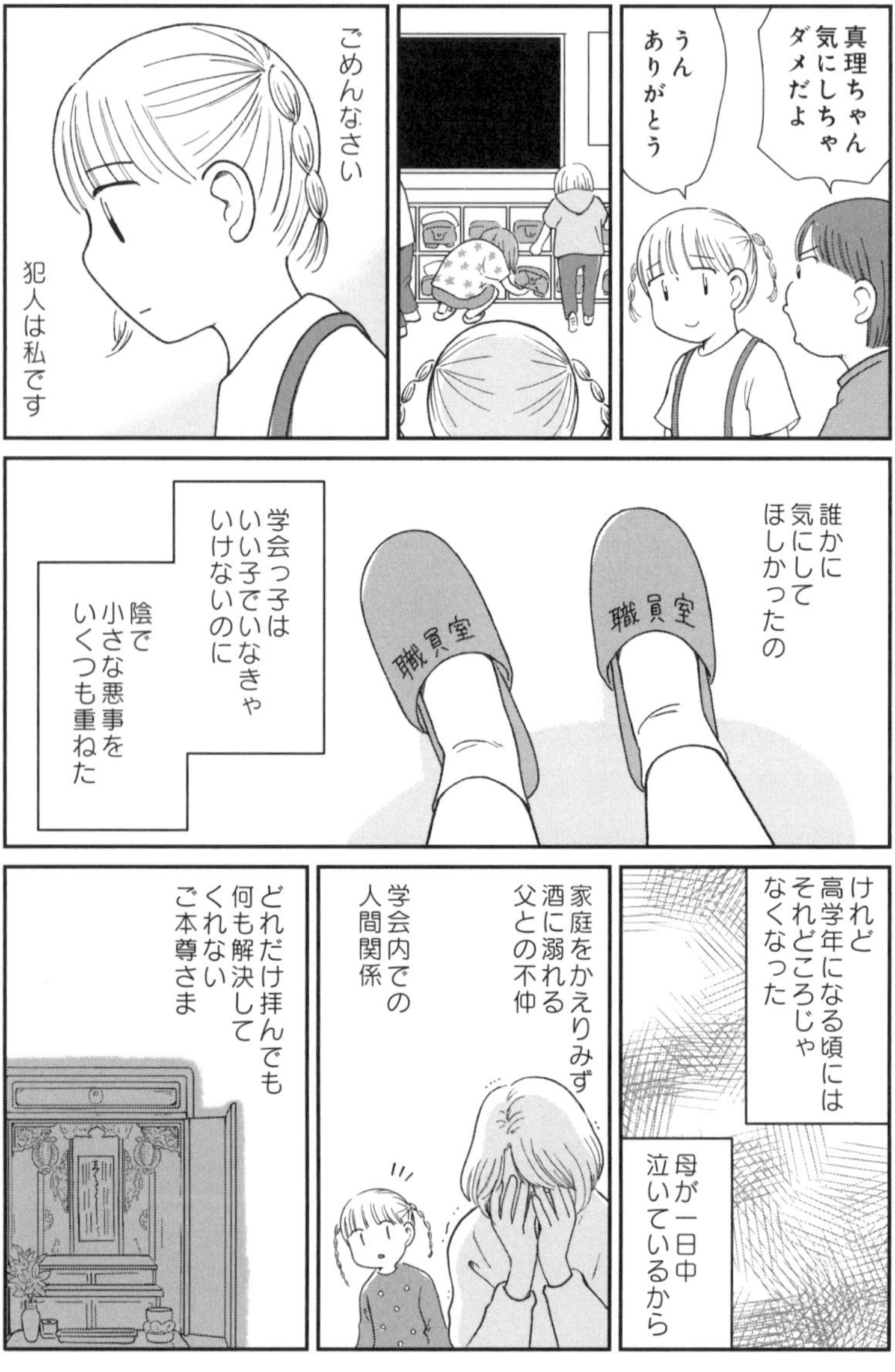
真理ちゃん気にしちゃダメだよ
うん ありがとう
ごめんなさい
犯人は私です
誰かに気にしてほしかったの
職員室
職員室
学会っ子はいい子でいなきゃいけないのに
陰で小さな悪事をいくつも重ねた
けれど高学年になる頃にはそれどころじゃなくなった
母が一日中泣いているから
家庭をかえりみず酒に溺れる父との不仲
学会内での人間関係
どれだけ拝んでも何も解決してくれないご本尊さま

崩れる寸前の
砂山のような母に
自分が最後の
一撃とならぬよう
息をつめて暮らす
ジャラ
ジャラ
じゃ
僕はここで
いつも
ひとりだけ
徹マンしないで帰る
おじさん
あの人が
お母さん
さらって
学会からも
お父さんからも
引き離して逃げて
くれますように
この願いだって
叶わない
家にも
学校にも
近所にも
創価学会にも
いい大人なんて
ひとりもいない
助けてなんて
思いもしなかった

幼い頃のエピソードを楽しそうに話す人がうらやましい。もちろん私にも良い思い出はたくさんある。けれどどんなに笑った出来事も、どうしたって悲しい色合いで瞼に浮かぶ。そこには今はいない人がいる。泣き疲れて、自ら生きることを絶った母がいる。

漫画に描いたように、母は創価学会の熱心な信者だった。入信したのは母が中学生の時。兄が怪我を負い、一生歩けないと診断されたのを、創価のご本尊に祈ったら治ってしまったのだという。たんなる偶然にすぎないが、母はそれを奇跡と見て、直後に入信。親やほかのきょうだい、それから同級生までも折伏する信念の人となった。

父と結婚した経緯はよく知らない。創価嫌いだったはずの父は、結婚したら入信すると約束したそうだ。しかし母が父にとって、それほどまでに得たい女だったのかといえば、おそらくそうでもない。結局父が入信することはなく、子どもができても堕胎させ、仕事のつきあいの名のもとに深酒しては連日深夜に帰宅と、母を思いやることはなかった。数年後、夫婦にどんなやり取りがあったのか、私と妹が生まれる。おそらく母は賭けたのだろう。子どもの存在で、父を自分に振り向かせようと。

しかしそれは負け戦に終わり、私が物心ついたころには、毎週末の我が家は雀荘と化していた。父が悪友を招き、朝まで酒を飲みながら麻雀をするようになったのだ。母はかいがいしく彼らの給仕をしながらも、同じ部屋にある本尊に朝晩の勤行《ごんぎょう》をあげることだけは譲らなかった。パチンパチンと牌を打つ音に重ねて、外にまで朗々と響く読経《どきょう》の声。これを普通として、私は育った。

父を取り戻すための手駒としては弱かった私と妹も、家庭内での派閥形成の役には立った。私たちは生まれて数日で学会員にさせられ、母によって教えを刷り込まれて育っている。母はただ「南無妙法蓮華経」と唱えれば、全ては叶うと言った。当時、私が教わった創価のスローガンはどれも聞こえがよく、たとえば世界平和であったり、一家和楽であったり。なぜ父がこれに反対するのかわからなかった。祈るだけで実現するはずがないと父は言うが、ご本尊様の力を知らないくせにと思っていた。学会の人に会えば、信心によって救われた話はいくらでも出てくるのに、と。酔ってくだを巻き、麻雀に溺れ、世界平和に反対する父に、母は子どもを味方にすることで、三対一で勝っていた。

こんなふうに創価は正義だったから、私は母のすることすべてを是とした。学会は活動が多く、母は早朝から聖教新聞の配達をし、昼は布教活動や会合、夜は毎晩のように開かれる座談会に参加して、ほとんど家にはいなかった。選挙中は言わずもがな。創価主催のコンサートや映画上映、名誉会長である池田大作の写真展といった催し物に行くことも多かった。私たちは食事だけは用意してもらっていたが、着る服はいつも同じで、風呂にも入れてもらえない。病院に行ったのは数えるくらい、歯医者には行ったこともなかった。気づいた時には妹とふたりで夜を過ごす日々だったから、初めて置いていかれた時のことなど覚えていないが、きっと心細かったろうと思う。けれど出ていく「正義の人」を、私たちは応援しなくてはいけなかった。行かないでなんて言えば、創価に盾突く悪になってしまう。

もちろん母だけでなく、私たちも活動させられた。座談会に連れて行かれることもあったし、毎週日曜日の午前には、少年部という子どもだけの会があった。女子部のお姉さんが、「他の宗教は邪教だ」「異教徒は論破して折伏せよ」と講義すれば、子どもたちは大きく「はい」と答える。合唱祭などの行事もあり、本番が近くなると、学校帰りに集まって練習したりもした。

しかし創価学会において一番大事なのはやはり、朝晩の勤行だ。時間に決まりはないが、母は朝に三〇分、晩に一時間ほど読誦《どくじゅ》していた。私もしなくてはいけないのだが、朝は苦手だし、夜は母がいないからさぼり放題。それでも私は要領がよく、人前ではさも毎日勤行しているかのように読経することができたから、母の仲間には学会っ子の鑑と褒められた。真面目で年齢のわりにおとなしく、誰の言うこともよく聞く扱いやすい子ども。それが私への評価であり、そう見られるようにふるまっていたのだ。

だがその実、褒められることには罪悪感があった。創価の教えなのか、母からは「人を嫌ってはいけない」「怒ってはいけない」「嘘をついてはいけない」としつけられてきた。要領よく嘘をつくことは、教えに背くことだ。正法《しょうほう》を知る者として、後ろ暗いところなどひとつもない人間でいたかった。けれど悲しいかな、どうしたって私は不真面目だった。本当はさぼっていることがバレたところで、子どもだからと大目に見てもらえたのかもしれない。けれど、そうはできない理由があった。学会内での母の立場に感づいていたのだ。

座談会の時、母はよく人前に立っていた。役職にもついていたのかもしれない。発表をしたり、学会歌の指揮をしたり。聖教新聞の契約もほかの人より多くとり、一目置かれる存在だったようだ。しかしそれが故に、プレッシャーや風当たりも強かったのだろう。冗談に見せかけた学会員たちの皮肉は、子どもの耳にも痛烈だった。「そこまでやっていて、なぜ夫を入信させられないの？」「反対されても、座談会の場所として家を提供するべきじゃないの？」「そこまでできないのは、信心が足りないのよ」。苦笑いする母の目は翳《かげ》っていた。家でも学会でも、信仰しない父が障害なのだ。私は母の味方として、多少の嘘をついたって、父の穴を埋められる存在でいなければと思っていた。

おかげで嘘は、どんどん上手くなった。何をすれば大人が喜ぶのか、顔色を見ればすぐにわかる。母と学会員は宗教活動に夢中で、父たちは刹那の快楽しか追っていない。私に注目する大人はいないから、表面を取り繕うだけで簡単に騙せた。

だから私は挑んだのかもしれない。あんなことをしようと、いつ思いついたのか。

小学二年生の時、自分の上履きを自分で隠した。それも一度ではない。教師に「なくなった」と告げた瞬間、なぜか教室が冴え冴えと見えた。自信満々だったのだろう。けれど二度目に隠した時、教師の表情から悟った。嘘がバレた。

そこで「自分でやったんだろう」と責めずにいてくれたことには感謝する。けれど大人になった今、何もしないでいてほしくはなかったと思うのだ。なぜこんなことをするのか、考えてほしかった。嘘に自信を持っていたと同時に、嘘を暴いて、そこに問題があることを見抜いてほしい気持ちが、きっと隠れていたはずなのだ。幼くつたないＳＯＳをつかんでほしかった。あの時、教師の日が泳いだのを見て、ここに首を突っ込むことは彼女の職務を超えるのだろうと、言語化できずとも理解した。その後も私の上履きばかりがなくなったが、ついに教師が関わってくることはなかった。

こんな小さな悪事を働きながらも、私は心底、いい人間になりたかった。良い自分と悪い自分、ふたつに引き裂かれて収拾もつかないまま日々を暮らした。けれど長じるにつれ、創価に疑問を感じるようにもなっていく。

母は聖教新聞を配達するだけでなく、自分でも六部を購読していた。本当に価値のあるものなら、当然一部でいいはずだ。必要以上の購入を求められる刊行物や催事のチケットは、ほかにも数多くあるようだった。「正しいこと」の裏に透ける俗な何かに、子どもながら気づかざるをえなかった。さらに母自身も、信仰に苦しんでいるように見えた。人を嫌ってはいけないのに、父の仲間を嫌悪しているのは明らかだ。学会員との関係もストレスフルで、長すぎる活動時間に疲れ果てている。何でも叶うはずの南無妙法蓮華経の効力もいまだ現れず、父は酔って床に転がったままだ。母は本当に昔と変わらぬ純粋さで、創価学会を信じ続けていたのだろうか。しばしば母は、家の中で泣くようになった。涙ながらに唱える勤行は、自棄のようにも聞こえるのだ。母も引き裂かれていて、必死でそれを否定しているようだった。

その後、母はほとんど泣きっぱなしのようになっていく。うつ状態だったのかもしれない。泣きながら創価に巡り合えて幸せですと言う人を、子どもは解釈しえない。母の涙も、自分自身を持てあます感覚も、創価への疑問も、一度棚上げにして何にも気づいていないふりをして暮らす。そんなやり方しか、子どもの私はとれなかった。やはり私ではなく、母に必要なのは父だろうとも思った。父が入信しさえすれば、すべてが解決するのに。信じたふりすらしない父を恨みがましく思っているうちに、母は自死を選んでしまった。私が一四歳になった直後のことだ。家から悲しみの塊が消え、かわりにもっと大きな穴が開いたようだった。

母が亡くなった後、私と妹も創価学会を離れた。学会員たちは信心を続けるよう熱心に訪問してきたが、父に反対されているのを口実に、行事に参加することをやめたのだ。ハードすぎる活動が母の死に関係していたかもしれないと、彼らは露ほども思っていないようで不思議だった。ともあれ、もう信じているふりをしなくてもいいんだとひとりごちた時に、私の信仰は、ただ母を悲しませないためだけのものだったと気づいた。父が語る創価学会や公明党の矛盾は、納得するにじゅうぶんだ。わからず屋で家族のお荷物で、まだ飲み続けている父の方が、世間の多数派だったのだ。それもまた、私を混乱させるものではあったのだが。

創価とは早くに縁が切れたと思っていた私に、しかし成人後も影響が残っていたと知ったのは、実は父も亡くなった後。わずか数年前のことだ。漫画家になり、とっくに四〇歳を超えていた私が生きづらさに耐えきれず、心理士の信田さよ子先生のカウンセリングを受けた。そのなかで、創価の教えに背く自分を罰していることに気づいたのだ。完全な善人以外は悪だと思っていた。小学二年生のあの頃から、私はずっと自分を恥ずべき悪人として、断罪し続けていたのだった。

ほかの宗教2世に会ってみたいと思うようになったのは、このカウンセリングがきっかけだ。その後偶然、エホバの証人2世の詩人iidabiiさんが、自らの体験を朗読したライブを見て衝撃を受ける。宗教も経験も違うのに、抱いていた感情は映し絵のように重なる気がした。もし生まれる前に、親が宗教を持つ家でもいいかと聞かれていたら、私たちは絶対にNOと答えた。

それ以来、いろいろな宗教2世の話を聞いた。2世の開いたバーに行ったり、自らトークイベントを開催したり。多くの人の話に触れるほどに、2世が置かれた状況の理不尽さが鮮明になる。1世の多くは生き方を改めたいという回心の瞬間があって、信仰をつかんのだろう。けれど2世はそうではない。生まれた瞬間から一般社会とは違う価値観を耳元でがなられて、ほかの音を聞かせてもらえなかっただけだ。純粋培養なだけに教義は内なる声ともなり、たとえ宗教から離れても、長く自身を呪縛する。苦しみの原因を自覚しても、宗教という単語を危険物の類義語のように扱う世間には、相談できる場所すらない。社会では信教の自由が絶対で、むしろ2世の苦悩の方が自由と権利を脅かす存在だとでも言われているようだった。ひっそりと苦しむ人たちが、まだどれだけいるのだろう。せめて悩みを悩みと言わせてほしい。焦るような気持ちでいた時に、イベントを見た集英社の編集者から、2世のノンフィクション漫画の企画がきた。

すぐに飛びついて、異なる宗教の親を持つ六人に取材し、ウェブ連載を開始した。私自身の話も加え七話で終わる予定だったが、五話までを掲載した時に幸福の科学からクレームを受け、あっさりと全話が削除となった。2世の苦悶を明るみに出そうと約束してくれた集英社が、やっぱりナシだと覆いをかける。2世が世間から受けている仕打ちの、手ひどい再現のようだった。

しかしこの顚末がSNS上でちょっとした騒ぎとなり、結果としては文藝春秋から『「神様」のいる家で育ちました——宗教2世な私たち』のタイトルで、二〇二二年一〇月に刊行することができた。その前七月には安倍元首相の銃撃事件があり、「宗教2世」という言葉は誰もが知るようになっていた。出版の反響は大きく、風向きはすっかり変わっていた。

漫画を描いて、あらためて気づいたこともあった。自分の過去を客観視することは難しい。しかしほかの2世が宗教的に束縛を受けた話を聞くと「どうして子どもにそんなことを課すのだろう」という嘆息まじりの問いが生じ、自分にも跳ね返った。私は子どもらしい子ども時代を、宗教によって奪われたのかもしれない。

さらには、明確に虐待といえる環境にあった人も含め、誰ひとりとして支援に結びついていないことにも気づいた。子どもは自ら助けを求められない。だから外部からの働きかけが重要だと思うのだ。私が上履きを隠した時、母が自死した時ですら、学校から特別なサポートはなかった。スクールカウンセラーが派遣されるようになった今は、違った配慮があるのだろうか。そうであってほしいと思う。問題行動、不衛生な身なり、何かを強制されている様子など、子どもはきっと様々なシグナルを出している。キャッチしたら、たとえ宗教が絡んでいたとしても、ひるまず介入してほしいのだ。

私たちが望むのは、特殊な環境下にあったことへの理解だ。それを前提に、支援者や行政には動いてほしい。宗教の名分で何が行われているのかを探り、人権侵害があればメスを入れ、社会に馴染めず苦しむ人には、ケアの枠組みを整えてもらいたい。

もちろん、支援に関わる人だけにお願いしているのではない。私が漫画を描いたのは、宗教に縁遠く生きてきた人たちにも、2世のことを知ってもらいたいからだった。子どもの頃、いい子だったはずの私なのに、激昂した母に何度も家を追い出された。泣き叫んでも、近所の誰も出てこない。もしたったひとりでも「大丈夫?」と言ってくれる大人がいたら、私はもう少し早く、誰かを頼れたかもしれない。朝晩勤行が響く家の子どもにも、優しくしてほしいのだ。

宗教2世が、この人にならば打ち明けられると思えるような大人が増えたらと願う。狭い宗教世界から抜け出した2世を迎える社会は、広く温かいものであってほしい。たくさんいただく漫画の感想から、それを期待していいことを、私は知っている。

(きくち・まりこ　漫画家)

14 創価学会幹部の家に生まれ育った私

正木伸城

創価学会ナンバー・ツーだった父のもとに生まれ育つ

私が創価学会に入会したのは生後二カ月、まだ判断能力も何も持ち合わせていない頃のことだ。私は、名を「伸城《のぶしろ》」という。この名前は、学会員が「永遠の師匠」と慕う池田大作氏につけてもらったものである。池田氏のペンネームが「山本伸一」で、その「伸」の字と、池田氏の恩師・戸田城聖《じょうせい》（二代会長）の「城」の字を合わせてつくられたのが「伸城」という名になる。

私は、他の学会員とは少々異なる境遇で育ってきた。

まず、両親のことを述べたい。父・正木正明は、若い時から全国幹部を歴任。組織運営上の実質的なナンバー・ツーである「理事長」にまで就いた人物で（二〇一五年に退任）、創価学会本部に長年勤めた。一方の母も地域でトップクラスの幹部をしていた。そのため、わが家は周囲から、しばしば〝ロイヤルファミリー〟だと言われてきた。

そんな環境で育ってきた私の来し方はこうだ。中学から創価の学舎に入り、創価高校、創価大学に進学。やがて創価学会本部に就職し、学会の機関紙である『聖教新聞』の記者となって働いた。三〇歳前後には、若い世代に創価学会の教えをわかりやすく解説する全国幹部も務めた。私のこの人生は、創価学会員の目から見れば「ザ・エリートコース」だったと言えるだろう。

幼い時に大幹部の息子ならではの苦悩を抱く

こう書くと、「さぞかし学会内でちやほやされてきたに違いない」と思う人が出てくるかもしれない。特別視されてきた面は確かにある。しかし他方で〝ロイヤルファミリー〟に生まれた筆者ならではの苦衷も経験してきた。

これは拙著『宗教2世サバイバルガイド』[*1]でも紹介したエピソードだが、たとえば小学三年生の時のこと。私は小学校だけは一般の、公立の学校に通っていた。そこで「お父さんの仕事を作文にまとめて発表しましょう」という宿題が出た。前述したとおり、父は創価学会本部に勤めるエリートだ。私なりにそれをクラスメイトや担任の先生にわかりやすく伝えようと書くのだが、その作文は母親に添削されてしまう。とてもストレートな表現に……。

そして発表当日。他の子どもたちが公務員やサラリーマンといった親の仕事を読み上げる中、私の番がめぐってきた。私は恐る恐る口を開いた。

「僕のお父さんは世界平和のために世界中を飛びまわっています」

その瞬間、教室が「え？」という雰囲気になる。私は続けた。

「僕のお父さんは、偉大な師匠である池田大作先生のもとでたくさんの訓練を受け、大勢の人を励まし、勇気を与えています」

これ以降、私は好奇の目にさらされることになった。しかも私は当時イジメを受けていて、この宿題を機にそれが加熱してしまった。子どもにとってイジメは地獄そのもの。個人的には、これが自身の出自の影響による（そして私がそれを初めて意識した）被害の最初だったと思う。

創価中学を受験するために塾に通いはじめた頃には、こんなこともあった。塾の先生が突然、黒板にチョークで「伸　城」と書いたのである。そしてその講師は、デカデカと書いた「伸城」の字を指さして私にこう言った。

「なんだ、お前のこの変な名前」

静まり返る教室。

「お前は創価中学を受験するとのことだが、俺は知ってるぞ。この名前、池田センセーがつけてくれたんだろ？　お前は創価のエリートコースを歩むんだろ？　親がエリートだからな」

私は泣きたくなった。その講師は時々、宗教団体を揶揄する人だったのだが、どうやって調べたのかはわからないものの、私の父が創価学会の大幹部だということを知って、こう言ってきたらしい。以後、私は塾でも「居るのが気まずい」状況になった。

自身に浴びる期待、進路選択にかかる圧力

いま示した事例ほど鮮明に〝被害〟と呼べるものではないが、私には、自身の進路に関して周囲から圧力めいたものをかけられた経験もある。

先に述べたとおり、中学からは創価学園（＝創価小・中・高などの総称）に進学した。その創価中学への受験も、小学校低学年の頃から周囲の大人にさんざん勧められたし、親からも説得に遭った。多くの人は善意で私に創価学園を推薦してくる。滔々《とうとう》とその意義を語りながらだ。だが、当時の私はその意味がうまく理解できない。そのため、感情的に消化不良のまま、私は創価学園を受験し、合格するに至った。

進路への圧力は他にもある。二つ事例を紹介したい。

一つ目は、大学進学についてだ。創価学園生時代、私は創価大学以外の大学を目指して受験勉強をしていた（多くの学園の生徒はエスカレーター式に創価大学に進む）。なぜ私が他の大学の受験を志したかというと、一つは創価大学に進学したくなかったからである。その頃の私は、創価学会やその信仰世界に嫌気がさしていて、学会から離れようとしていたのだ。もう一つの理由は、私が宇宙開発に興味を持っていたことである。目指す大学も当然、宇宙関係に強い大学になる。そこに創価大学が入る余地はなかった。

しかし、ここでも私は説得に遭った。まずは、当時の全国中等部長、全国高等部長が私のもとに来て学会の信仰や創価大学の素晴らしさを熱弁してきた。そんな人たちがわざわざ説得に来る

という状況、これも〝筆者ならでは〟の事態だろう。一人の子どもに対し、全国レベルの学会幹部があの手この手を尽くして創価大学への進学を勧めてくる。それに圧倒されない学会員の子弟が、全国にどれだけいるだろうか。

次に私を説得してきたのは父である。父とは、長く、長く対話を続けた。私は、創価大学への進学という父からの提案をしばらく跳ねのけていたが、父も諦めない。やがて、私の心が揺れ始める。しかも、実は創価大学には宇宙開発系のゼミが一つだけ存在した。そこを目指しての進学は可能性としてゼロではない。最終的に私は根負けし、創価大学に進むことをしぶしぶ決めた。

これは、私が他人からの〝押し〟に弱いがゆえの判断だと見做せるだろうか。

学会本部への就職を何度断っても説得され続ける

私の進路への圧力に関する二つ目の事例は、就職についてである。

私は宇宙開発系の学問を大学で学んでいたため、やがてはＮＡＳＤＡ（現・ＪＡＸＡ〈宇宙航空研究開発機構〉の前身となる一機関）に進もうと考えていた。ところが、結論的に私はその夢を捨てて学会本部に進むことを決める。先輩からの（しっかりと座を設けた）三度にわたる説得を受けたからだ。それ以前にも私にはいろいろなところから創価学会本部へのスカウトの声がかかっていた。それでも私は、「宇宙開発の分野で研究したいから、学会本部には行かない」と断り続けた。そんな私に、先輩たちから泣き落としともとれる懇請を投げかけられたのである。一度断っても二度目が来る。二度断っても三度目が来る。

この頃の私は創価学会の信仰に目覚め、信仰活動にも積極的に参加していた。むしろ「広宣流《こうせんる》布《ふ》（ここではひとまず「世界平和」くらいの意味合いで理解してほしい）は俺がやる」という自負すら持っていた。それゆえ、私の心はこの説得で揺らぎに揺らいだ。

そして、三度目の説得の場が持たれた。先輩たちは私にこう言った。

「池田先生（池田大作氏）もご高齢だ。君は、先生のおひざもとで直に訓練を受けられる（＝働ける）最後の世代かもしれない。今このタイミングに生まれ合わせて訓練が受けられる状況にいるのに、千載一遇の機会を手放すのか？」

「正木くんは先生の弟子だ。そのご縁をみすみす逃すのは、弟子のやることではない。正木くんに学会本部の話が来るのは偶然ではない。必然だ。君の使命だよ。与えられた使命に生きなさい」

こうした言葉は、私にとって信仰的な〝踏み絵〟の意味を持っていた。ここまで言われたにもかかわらず提案を拒否すれば、それは自分の人生を「創価学会や池田先生のため」ではなく「自身のエゴのため」に使うという考えを表明するに等しいことになってしまう。断るという判断は信仰者・正木伸城として到底できない。結果、私は創価学会本部職員になることを決断した。

心を病み精神病棟にも入院、学会本部に最後まで馴染めず退職

もちろん、いざ学会本部に進むと決めたら、「妥協して行くことにしました」というわけにはいかない。私は、唱題（「南無妙法蓮華経」を唱える祈り）を何時間も何時間も、何日も何日も実践して気持ちを整理し、「広宣流布のために」と心を定めて教団本部に入る覚悟を固めた。

しかし、二〇〇四年四月、いざ学会本部に就職すると、学会組織の運営などに関する〝舞台裏〟をさまざまに見聞きするようになる。それを好意的に解釈し、受容し、本部の組織文化に馴染んでいく同僚もたくさんいたが、私にはそれができなかった。私は本部に入って違和感や納得できない感覚を募らせた。「一般の学会員に伝えられる創価学会の理想的なイメージ」と「本部の内実」にギャップがあるがために（私自身はそう感じて）心を痛めたのである。そして、うつ病、パニック障害、不安神経症、はては離人症を発症。そこからは闘病の日々を過ごした。休職もした。自殺未遂もした。精神病棟にも入院した。

結局私は、学会本部に最後まで馴染むことができなかった。そして二〇一六年頃から転職活動を開始。二〇一七年二月に本部を退職する。

辞めた理由は明白だ。違和感などを抱えながら、それを打ち消すようにして、本音では思ってもいないことを学会の活動現場で幹部として〝指導〟しなければならない、そんな状況に耐えられないと思ったからである。本部職員であれば、どうしても組織上それなりの地位に就くことになってしまう。多くの学会員を〝指導〟しなければならないのに、そこで本心とは違う話をするとしたら？　私は自分に嘘をつき、学会員にも嘘をつくことになる。そんなことをすれば自分の心が壊れると思った。そのため、私は学会本部を去った。

その後、縁あって私は一般企業に転職。現在は好きなことを仕事にして生きている。そして、私は信仰活動を完全に手放した。今は組織宗教の信仰とは違う、「宗教的なるもの」の追求に楽しみを見いだし、日々を過ごしている。

宗教2世にもっと自律・自由を認めてほしい

創価学園から創価大学、創価学会本部に進み、その世界だけで生きてきた私が、一般企業に転職を果たし、それなりのポジションを獲得するまでの道のりは困難の連続だった。

三〇代後半の私が、それまで触れたこともないビジネスの世界でいきなり通用するわけがない。私は自身の力量不足を嘆いた。失敗も繰り返した。私が思い切り成果を出せるようになるまでには、約二年の歳月がかかった。その間、「なぜあの時、学会本部に就職する道を選んだのだろう」「なぜあの時、創価大学に行くと決めてしまったのだろう」「なぜ、創価中学を受験することになったのだろう」と何度も過去を悔やんだ。

こうした半生を生きてきたがゆえに、私は切に願う。宗教2世に、また創価学会2世に、もっと人生をハンドリングさせてあげてほしい、と。彼・彼女らの人生に、周囲は過度に介入しないでほしい、と。

学業や職業の選択も、信仰する／しないの判断も、そうだ。もっと柔軟に、2世の自律・尊厳・自由を認めてほしい。さまざまな形で人生上の選択に制約を受けている2世はたくさんいる。それが、その人の生き方を狂わせてしまうこともある。その「狂い」の責任は誰が取るのか。その人の人生はその人自身のものである。だからこそ、その人生の裁量権を2世にもっと委ねてほしいのだ。

もちろん、この要求は宗教2世を「育てる」側にとって、時に難しいものになることを私はよく知っている。「育てる」側の中には、信仰の絶対性を信じ、完全なる善意のもとに「教団がよいと考える生き方」を2世にも継承させようとする人がいるからだ。そして「信教の自由」には、わが子などに自らの信念体系を教える自由も含まれる。「2世に信じさせる自由」をバッサリ否定するわけにはいかない。しかし一方で、たとえば「2世が信じない自由」もまた守られなければならないと私は思う。そうでなければ、「宗教2世が自分の人生をよりハンドリングできるようにする」状況など――信仰する／しないという判断においてすら――実現できないからだ。「2世に信じさせる自由」と「2世が信じない自由」は、互いに侵食し合う可能性を持つ。宗教2世を「育てる側」は、このことをよくよく心得て2世の信仰と向き合ってほしい。

2世の「信じない自由」を担保するために

信仰の絶対性を信じながら、同時に、宗教2世に対して「信仰がメインの人生とは別の生き方を模索してもよい」といった心構えを持つ。そんな〝両立〟を可能にしている信仰者を私は少なからず見てきた。〝両立〟を実現し、「2世に信じさせる自由」と「2世が信じない自由」のバランスをとっている人もいる。宗教2世を「育てる」側には、この〝両立〟を目指してほしい。

最後に、この件について少し概念的な話を述べて、本稿を終えたい。

いま言及した〝両立〟を成立させる上で大切なものは何か。一つだけ例示するとすれば、それは、信仰について「盲信」せずに「確信」を持つことである。

たとえば、「確信」というと、信じる／信じないという二項対立的な態度しかとり得ないと考える人もいるかもしれない。そして、一度「信じる」を選択したら、あとは固定的にそれが続く（べき）ものだと考える。そこで大切にされるのは、「信念を変えないこと」「他から影響されないこと」である。

私はそういった「信」を「盲信」を呼び、「確信」とは区別する。

では、「確信」とは何か。それは動的で、「深まる信」「強まる信」、つまり「変わる信」である。すなわち、「信念が変化すること」を恐れず、「他から影響されること」を避けず、むしろその影響を包摂しようとするものである。

良い信念体系と出合えば、自らの信念を改める、そんな心構えを持ちつつ、同時に信仰上の絶対的な「信」ももつのだ。両者はいっけん矛盾するように感じられるかもしれない。が、実際には両者は個人の中で〝同居〟できる。私が創価学会員の一部に見たのは、こういった〝同居〟を実現した姿だった。

「盲信」の人は、異なる価値観に出合った時に、最終的にそれを否定する。真に話を聞こうとはしない。そのため、宗教2世とその親等との間で言い争いが起き、平行線になることがある。

一方の「確信」の人は、異なる価値観を認め、相手を積極的に知ろうとし、真の意味でその声に耳を傾け、時にそれらをとり入れ、確信を深めていく。そこには、宗教2世に対し、「2世が信じない自由」をも担保してあげられるような心の余白がある。それゆえ、先に述べた〝両立〟が可能になる。

こういった「信」にまつわる議論を展開し、信仰者の間で共有していくことは、「宗教2世が自分の人生をよりハンドリングできるようにする」上で大切だと私は考えている。

とはいえ――創価学会の信仰を手放した筆者に対し、「お前に「信仰」云々の話をされたくはない」と感じる読者も出てくるだろう。だが、私が指摘しているのは、そうやって「異なる価値観をすぐさま切って捨てるその態度」である。それを乗り越えるところから、宗教2世をめぐる問題の解消への道は開かれる。そのように私は信じている。

＊1　正木伸城『宗教2世サバイバルガイド――ぼくたちが自分の人生を生きるためにできること』ダイヤモンド社、二〇二三年。

（まさき・のぶしろ　創価学会2世、ライター）

15 宗教2世の経験を詩にのせて生きる

iidabii

宗教2世の経験を詩にするつもりなんてなかった。

自分はエホバの証人を信仰する母の下に生まれてしまった。一五歳、生まれてからずっと母から押しつけられてきた信仰を、家族との絆と引き換えに拒絶した。ようやく自分の人生が始まった時だ。自分は2世であることを一刻も早く忘れ去りたかった。信者とも元2世の人間とも関わりたくなかった。自分の人生を取り戻したかった。そして言いたかったけど言えなかった言葉をため込んでいた。なんせずっと抑圧されてきた一五年間。宗教2世であることに加え、自分は吃《きつ》音症《おんしょう》だった。自分のことを他の誰かに伝えることが出来ない人間だった。自分を理解できる人間なんて誰もいないと思っていた。まるで深い井戸の底で、ずっと空を睨むことしか出来ない蛙のようだった。親から受けた虐待、強制された信仰によって自分は深い怨念、絶望、不信感を一五年間抱き続けた。心の中には諦めの言葉が渦巻き、感情を殺し、神様が良いと言われたことを再生するだけのテープレコーダーのようだった。自分で考えて発言することは不要だった。自分の本当の気持ちと、自分の口から出ていく言葉は全く違うものであり続けた。そうしないと生きていくことが出来ない環境だった。口答えをすると身体的な虐待を与えられる。宗教内で一生を終える人生を強制された。自分を殺さないと生きる資格を与えられない存在だ。自分の考えることは全てが悪で、自分を責め続ける。自分は欠陥人間で、誰にも愛されない。自分の気持ちなんて、思いなんて、言葉なんて邪魔なだけだと言われ続けた。

神様から首を絞められながら、この言葉を言えと脅《おど》される。

「これは自分の信仰です」

子どもが持っている信仰は守られなければならない。しかし、個人の権利を著しく侵害するカルトと同列にして扱うべきではない。世間には、その子どもが「これは自分の信仰です」と言っているように見える。しかしよく見てほしい。その子どもの足は地面から少し浮いている。その子どもの後ろには影があり、そこから手が伸びて、その子の首を絞め上げている。だからその子どもの足は地面から少し浮いている。影は死んでしまわぬ程度に適度にその力を緩めたり、加えたりを繰り返す。従わないと死ぬ。その強迫観念を徹底的に心と身体に叩き込む。言うことに従えば、首を絞める時間を減らす。認める。優しくする。自分の本心や教えに反することを口にすれば、また首を締め上げる。これを徹底的に繰り返し、根底から精神が破壊された従順な信者を量産していく。これを発達段階の途中にある子どもにやっている組織がカルトでなくて何なのか。

まるで奴隷製造工場だ。

一五歳の自分はそこからようやく抜け出した。抜け出す時、そして抜け出してから力となったのは何か。自分にとってそれは音楽であり言葉だった。

銀杏BOYZの1stアルバムを聴いて、ぐちゃぐちゃな精神状態とこれまでの狂った境遇で生きてきた人生を真正面から肯定された気がした。GAUZEを聴いて、自分の弱さに向き合い、奮い立たせ、戦い続ける力強さを学んだ。三上寛《みかみかん》を聴いて、怨念を詩に昇華させる美しさを知った。

自分も何か出来るんじゃないかと思い、弾き語りでの音楽活動を始めた。高校時代、駅前に立ち、大声で自分の歌を歌う日々が続いた。宗教組織にいたときも、駅前での街路伝道活動はしていたので道に立つことには慣れていた。しかし、信じてもいない言葉を広めようとしていたあの時と、心の底から湧き出た自分の言葉を歌っていたこの時では大きな違いがあり、脳天の先までスッとするような爽快感があった。

高校時代、弾き語りによって心の奥底にしまい続けた言葉を少しずつ表に出し始めることが出来たが、深い絶望の核心となる「宗教」に関わる具体的なことは、まだ表に出すのがためらわれた。自分は宗教2世であったことを誰にも知られたくなかったし、「宗教」のことなんて誰も触れようとしないこれまでの世間の反応から、自分の経験を表に出すという発想自体も生まれなかった。勇気を出したところで、周りの人は反応に困る。自分の過去を言葉にしたときの周囲の人たちの微妙な表情が容易に想像できた。自分は傷つくことを異常に恐れていた。もうこれ以上傷つくのは嫌だ。そう一瞬で自己整理した瞬間、自分はその言葉たちをさらに奥底に追いやり、鍵をかけ、忘れ去ろうとした。

宗教から離れた一二年後、自分は結婚したり、フルタイムで働きながら大学に通ったり、取得した資格を元手に転職したりしてなんとか自分の力で人生の基盤を構築した。少し落ち着いたころに、忙しくて出来なかった表現活動を再開した。当時の就業先は車で片道一時間半かかり、時間の有効活用でボイスレコーダーをかけっぱなしで即興で詩作をしていた。あるとき、一つの言葉が口をついた。母親についての詩だった。ぽつり、ぽつりと言葉が出た。言葉と同時に涙が溢れてきた。自分の言葉なのに、なぜ涙が止まらないんだろう。自分でも不思議でたまらなかった。それから言葉たちは溢れだし、とめどなく流れ出た。気づくと自分は言葉を絶叫しながら、号泣していた。その即興詩はほぼ修正せず、一つの作品となった。初めて出来た宗教2世をテーマにした詩。「夜空を見る」だ。

夜空を見る

僕の母親は新興宗教の熱心な信者で　僕の人生をむちゃくちゃにしたけど　母さんが教えてくれた良いことが一つだけあった

夜　空を見ることだ

週三回の新興宗教の集会　夜の一一時ごろ　僕は凄い眠くなって　早く家に帰りたいって思ってたけど　自転車のチャイルドシートに乗せられて　母さんと夜空を見た　あの星座は何て言うかなんて　教えてくれたような気がするけど　何一つ覚えてない　でも僕は空を見る癖がついた

嫌なことしかなくて帰った　帰り道　冬空の下　星が綺麗で　それだけで　全部チャラになったような気がした

僕の人生における母の支配が終わったのは一五のとき

僕は一五の時にもう母親の信仰する宗教とは関わらないと決めた

それ以降、母親は僕のことを「悪魔」とか「悪霊に操られているとか」「裏切者」と呼ぶようになった

現在に至るまで母親は僕のことをこう呼ぶ

それでも母さんと僕はあの時、星を見てた　夜空に浮かぶ星を見てた

僕は人生で何か大切なことを教えてもらったような気がしたんだ　それが錯覚でも良い　宇宙は無限に広がり続けてるって話を聞いた　その外側に行ったら神様に会えるのかなって笑いながら話した

こんな母親でも、美しいということを感じる心はあって、夜空を見て綺麗なんだって思えるんだって

それを息子である僕に教えてくれた

僕は分からない　白か黒でずっと判断するように言われてきた　神にとって何が善か悪か

ただそれだけで、自分の判断するものなんて何もない　何を信じればいいのか、何を裏切ればいいのか
何も分からないまま　何も分からないまま
それでも僕は空に出会えて、言葉に出会えた　上手くいかないことばかりでも生まれてきてよかったと思う
母さん　もうあなたを憎み続けることも疲れました
あなたは息子の人生を一五年間支配し続け　子どもが本来持っている人権を奪った糞野郎だ
それでも、あなたは僕の母親だ　もうあなたを許そうと思うよ　あなたは僕を死ぬまで許さないだろう
それでもかまわないよ
夜空を見ていると　なぜだか涙が出てくる　理由なんてない
答えのない答えを信じるよ　生きるということを信じるよ　信じるということを信じるよ
あなたと道は違えど　全部あなたから教えてもらったことだ　善意だって悪意だってかまわない
空を見る、今日はどんな空だろう　どんな空だろうが　きっと空をみれば
空を見ると涙が出る、理由なんてない　生きていて良かったとか訳もなく思う
この感覚を信じていたい　言葉になんてならない　空を見る　生きていて良かったと思う　訳なんかない
空を見る　今までされたことを思い出す　何故か見てしまう
空を見る　もう怒りが持続しない自分にふがいなささえも感じる　空を見る　生きていて良かったと思う　そんな単純なことじゃないのに、単純じゃないはずなのに、どうしてか思ってしまう
星が輝く　空を見る　訳なんかない　訳なんかない

この作品については、創作したという手応えのようなものは無く、奥底にしまい続けた言葉を解放したような感じに近かった。この作品は当時の自分の代表作となった。スラムという詩朗読の競技会（ヒップホップにおけるMCバトルのようなもの）で発表した。その詩が出来た時と同じテンションで泣き叫ぶように朗読をした。気づいたらその年のポエトリースラムの日本代表としてW杯に出場することになっていた。

W杯出場後、詩人として順調に活動していた矢先、やってきたのはコロナだった。当時自分は大きなプロジェクトを抱えており、大幅な変更、急なキャンセルをせざるを得なくなった。しかし、感染拡大が深刻化していくにつれて少しずつ自分の世界が壊れ始めていった。ハシゴを支えてくれている大勢の人がいると思い安心していたら、気づいたら誰も居なかった。ハシゴを降り始めたら、自分が信頼していた人たちがハシゴを倒しにかかっていた。自分たちが信頼していた人たちは誰もが味方と敵を取り違え、攻撃し合っていた。地獄だった。残った数少ない自分が信頼していた人たちが軒並み精神疾患に罹患し連絡が途切れた。コロナは自分が表現活動で得たもの全てを壊していった。完全に人間不信になった。ちょうどその時期、就業先も変わり、慣れない環境でパワハラ気質が強い上司についてしまい、鬱が加速したのちの緊急事態宣言。結局、人は一人だ。他人は自分なんて助けない。期待するから裏切られる。自分は誰からも愛されない。そんな自分は早く居なくなった方が良い。死ね、死ね、死ね、死ね、死ね、死ね、死ね、死ね、死ね。何も出来ない日々が続き、毎日脳裏に「死」がよぎった。死ぬ前に何かやり残したことがあるか、自分に問うた。自分の師であるマサキオンザマイク氏の言葉が脳裏をよぎった。「お前がこれまでやってきたアカペラの朗読も良いけど、お前はトラック（曲）に合わせた方が絶対に良い」

このことだけは、曲にしなければいけないという直感的な必然性があった。自分は宗教2世という自分の生い立ちについて、どうしても言わなきゃならない。そのこと全てを一曲にぶち込む決意をした。トラックは、エホバの証人2世で吃音症という自分と全く同じ境遇であるButs氏に依頼し、楽曲制作がスタートした。宗教2世をテーマとする曲を意識的に書く以上、これまで逃げ続けてきた忘れたい過去と真正面から向き合うことが必要だった。想像以上に精神が削られる作業であったが、それと同時に十何年も経っているのに自分が幼少時代に受けた傷がそのまま残っていることに気がついた。強いフリをしていただけ、平気なフリをしていただけ、記憶に蓋をしただけで、傷はそのままあって、何も問題は解決していなかった。吐き気とフラッシュバックとの戦いで、膿を出し切るような作業が続いた。最初は本当に呪詛のような詩のみで構成されてしまい、吐瀉物のようなデモ音源しか出来なかった。過去の幼い頃の自分を抱きしめながら、傷の痛みをありのまま感じ、それを言葉に変えていく作業。過去の自分の下へダイブすることは、自分の本当の気持ちを無視し続けた自分には必要な行為だった。セルフカウンセリングのような創作過程を経て、第三者の目から見ても、これは何を伝えたい作品かが分かるように無駄をそぎ落とし、成型する過程に入る。本当に伝えなければいけないことを自問自答し続け、推敲と録音を繰り返し、作品は形になっていった。ＭＶは柳沢イソジン氏というライブハウスで出会ったクリエイターに依頼したが、制作途中に喧嘩しすぎて一度お蔵になりかけた。しかし遺作になる覚悟で作った楽曲なのでどうしても妥協は出来なかった。水面下でストラグルしまくりながら、予定より大幅に遅れて二〇二〇年一〇月にＭＶを発表した。[*1]

「虐待の証人」のＭＶリリース後、ジワジワと拡散され、2世当事者やその家族や友人などあらゆる人からＤＭが来た。宗教2世をテーマにした曲は「虐待の証人」1曲で終わりにするはずだったが、曲にしなければならないと感じるトピックが増えていった。複数曲作り、それをまとめたアルバムをリリースして終わりにすることに決めた。とりわけ、力を入れたのが「地獄」だった。詩の序盤に登場する京子さんの友人がＤＭで彼女のことを教えてくれたことがきっかけだった。五〇回以上は詩の草稿をボツにした。本当に伝えなきゃいけないことは何か、自分の中で納得がいく作品がなかなか出来なかった。そのたびに過去の自分へダイブしに行き、痛みと正面から向き合った。自分の中で宗教2世としての苦しみと怒りを全てぶちまけたのが「地獄」だった。紙幅の都合でここでは紹介できないが、この作品の動画を視聴できるよう、注2にＱＲコードとＵＲＬを載せたので、ぜひアクセスしてほしい。[*2]

後に詩人の谷川俊太郎先生から作品の感想をいただいた際に、「ただ、詩を書いて、それを声にして他者に届けることで自分を救うという行動について、私はあなたと生きることを分かち合っている」という言葉があった。自分は、自分の言葉を誰かに聞いて欲しかったのだろう。その行為でまずは自分を救うことが出来る。そして全ては理解し合えない他者である誰かとその言葉を分かち合うこと、それを望んでいたのだ。言葉と向き合うことは自分と向き合うこと、そして誰かとつながること。不確かな世界の中で、自分が求めていたことが詩にはあった。

（iidabii　詩人）

＊1　「虐待の証人」https://youtu.be/4VB4jfnoAEA
＊2　「地獄」https://youtu.be/9Zj2AX9TvO0
全曲、宗教2世をテーマとした楽曲に以下のものがある。
iidabii feat.Buts「地獄に生まれたあなたへ」（DL版）https://booth.pm/ja/items/3385701

16　宗教2世のための自助グループ――その実践と課題

横道　誠

1　宗教2世としての筆者

筆者はエホバの証人2世だ。小学校低学年のときに母が「ものみの塔」に入信し、「研究生」と呼ばれる信者予備軍に加わった。父は非信者だったが、私、妹、弟は集会に参加し、教義を学ぶことを強要され、教団が奨励していた「ムチ」と呼ばれる肉体的暴力に日常的にさらされた。以後、さまざまな葛藤があったと推測されるが、母はそれから約一〇年後に洗礼（バプテスマ）を受け、正式な信者「エホバの証人」になった。私自身は中学にあがる際に、今後は集会に行くかどうか自分で選んでも良いと母に許可され、二度と集会に行くことはなかった。したがって私自身は洗礼を受け、正式な信者になったことはないが、一九歳で実家を出るまでは、エホバの証人の教義にもとづいた「我が家のルール」に従うことを余儀なくされた。

数年間にわたる恒常的な暴力によって、私には精神医学で言う「解離」が発生した。解離とは心が体から離れる精神現象で、現実感が脱落したり、幻想的な精神世界を体験したりする。私は自分が「ムチ」を受けているあいだ、ちょうど幽体離脱をするようにして、もうひとりの自分が私の体を離れて、斜め上から私自身を見下ろしているような光景を体験していた。解離は精神がなかば崩壊するような胸苦しい状態だが、むしろ心は解離することによって、厳しい現実から離脱し、自身の精神崩壊を阻止しているのかもしれない。[*1]

大学時代の私は、自分が受けたカルト宗教の教義を完全に払拭したいという思いから、キリスト教やその他の宗教に関する本を、専門書も含めてむさぼるように読んだ。自分がふだんから解離しやすいという事態に困惑しながらも、それが精神医学や心理学で説明されうる事象だということには気がつかなかったため、神秘主義に関する哲学や思想の本を――オカルト趣味的な筆致のものはなるべく避けながら――多読し、歴史上の人物が私のそれに似た特異な神秘体験を報告してきたことに魅了された。やがて私はドイツ文学を専門として選び、神秘主義的な経験を持ちつつ、理知的な近代的思考法にこだわった作家ローベルト・ムージルの作品にのめりこんだ。

時間が経って、四〇歳で発達障害（自閉スペクトラム症と注意欠如・多動症）の診断を受けた筆者は、自助グループなるものに行きあたった。現代の医療技術では、発達障害は服薬や手術によって完治させることができないため、日本の発達障害者のあいだでは、当事者同士が集まって知恵を寄せあう自助グループ活動が盛んだ。その影響で筆者もこれに関わるようになった。

2　自助グループとは何か

自助グループという単語を聞いても、どのようなものか想像がつかないという読者は多いだろう。自助グループは、二〇世紀初頭のアメリカで、アルコール依存症者の語りあいの場として始まった。依存症（アディクション）は現在に至っても治療法が確立していない精神疾患だが、罹患した当事者同士が集まって心境や体験談を披露しあうと、スリップ（再飲酒）を避けやすくなることが、当事者たちの経験知として普及しはじめた。これを受けてアルコホーリクス・アノニマス（AA。匿名によるアルコール依存症者の会）が組織され、同じモデルでナルコティクス・アノニマス（NA。匿名による薬物依存症者の会）、ギャンブラーズ・アノニマス（GA。匿名によるギャンブル依存症者の会）なども始まり、いずれも現在まで国際的に広く活動している。[*2]

自助グループの祖型になったこれらのグループは「アノニマス系」と呼ばれ、回復の指針を示した「一二のステップ」を実践し、健全なグループ運営を持続させるための「一二の伝統」を守っている。「一二のステップ」は、自分の人生の棚卸しを敢行し、嗜癖（病的な依存対象）に対する自分の無力を徹底的に受けいれつつ、神あるいはハイヤーパワーと呼ばれるものを想定して、それに帰依することで依存状態から抜けだしていくことを勧める。「一二の伝統」はグループの自律性を確保し、外部からの影響力に左右されないことを重んじ、グループによる営利活動を否定し、またグループの内部ではメンバー間が上下関係を結ぶことを許さず、すべての権威を神に帰属させることを教える。

　このようなアノニマス系の自助グループは日本でもたゆまず活動しているが、現在ではすべての自助グループがこのモデルに従っているわけではない。たとえば発達障害者の自助グループでは、原則として「一二のステップ」も「一二の伝統」も採用されていない。それぞれのグループにグラウンドルールないしハウスルールのようなものが設定されているが、一般的には茶話会や相談会のような形式が選ばれている。またアノニマス系の会合（ミーティング）では「言いっぱなし聞きっぱなし」と呼ばれる、個々の語りへのいっさいの応答を否定する仕組みが備わっていて、誰かの発言に対して同意も批判も質疑も提示されず、自分の心境や体験談を順に淡々と吐露していく。しかしアノニマス系ではない自助グループでは、ごくふつうの対話が発生している。

　筆者自身は主宰する各種の自助グループで、当事者研究やオープンダイアローグ的な対話実践を重ねてきた。当事者研究とは、病気や障害の当事者が、自分の苦しい状況を仲間と共同研究し、生きづらさをやわらげていくという取りくみで、北海道にある浦川べてるの家という、精神障害などを抱えた人々の地域活動拠点で始まった。オープンダイアローグは、統合失調症の当事者や家族、知人と医療チームが対話を重ねることで、治療効果がもたらされるという精神療法で、フィンランドのケロプダス病院から始まり、最近の日本ではこれを模倣した対話実践が、生きづらさを抱えた人々のための普遍的なケアの技法として注目されている。文学研究や伝承研究を専門とする筆者は、当事者研究やオープンダイアローグ的な対話実践をつうじて、自身の自助グループで立ちあがる対話空間に魅了されたこともあり、活動にのめりこんだ。[*3]

3 「宗教2世の会」

二〇一九年四月に発達障害の診断を受けた筆者は、前述した経緯から自助グループに救いを見出し、翌二〇年四月から発達障害者のための自助グループを主宰しはじめた。得られる知見への満足感は大きかったものの、一口に発達障害者と言っても、その生いたちはさまざまで、壊れた家庭で育った当事者たち、いわゆるアダルトチルドレン（機能不全家庭で子ども時代を過ごした人。AC）とも交流したいと考えた筆者は、同月中にアダルトチルドレンのための自助グループも立ちあげた。そこで得られる知見に一定の満足を得たものの、一口に家庭が壊れていたと言っても、壊れ方はさまざまで、宗教絡みの話題がすんなりと通じる場面はやはり少なかった。そこで翌月に「宗教2世のための会」を立ちあげ、二〇二三年四月までの約三年のうちに一時間半から二時間の会合を四五回ほど開催し、のべ二七〇人が参加してくれた。名称は何度も変わったが、現在は簡潔に「宗教2世の会」を名乗っている。ほかにはLGBTQ＋のための会を作ったり、オープンダイアローグ専門の会を作ったりして、いまではリアルとオンラインであわせて八種類の自助グループを主宰している。

ところで発達障害の特性を持った子どもは、全体の一割近くいるとまで言われるようになっている。[*4] 日本の家庭は八割ほど壊れていると指摘する専門家もいるが、[*5] 自分の子ども時代の家庭が特にひどかったと感じている当事者（アダルトチルドレン）となると、これはまったく当てずっぽうだが、全体の二割ほどになるのではないか。LGBTQ＋は一割弱という統計が出ている。[*6] これらに比べると、問題を抱える宗教2世の数はずっと少ない。発達障害者のための、アダルトチルドレンのための、LGBTQ+のための自助グループは、在住している京都で問題なく開催できたのだが、宗教2世のための会の場合、インターネットのイベント告知サイトを使っても、リアル開催は困難だと感じた。出身教団ごとのオフ会のようなものは以前からおこなわれていて、筆者も参加したことがあるが、筆者が立ちあげた会は出身教団を問わない混成型で、そのようなタイプの会合に参加したいと思わない当事者も稀ではない。このような事情で、「宗教2世の会」の会合はオンライン専門になった。

自助グループではグラウンドルールが大きな意味を持つ。そこで毎回、会合を開始するにあたって、筆者は以下の文面を参加者全員で読みあわせることを求めている。

この研究会について

この会合は、自分が抱えこんだ問題意識を、似た問題意識を共有する仲間と協力して研究し、問題の掘りさげをおこなうとともに、生きやすくなるためのヒントを発見するための集まりです（いわゆる当事者研究）。

進め方とルール

① 参加者ひとりずつが、三分くらいで「共同研究テーマとして提案したい生きづらさ」を交え

て自己紹介をします。

②カウンセリングや診察ではありませんから、話したくないことは話題にしないでください。これは、この会合のあいだ、いつも言えることです。

③各参加者は、ほかの参加者の問題や問題意識を共感を込めて傾聴します。そのようにすることで、自分の問題への気づきなどが発生するからです。

④みんなが「当事者」として参加する仕組みです。

⑤会合中に聞いた他の人の個人情報は、何も持ち帰らないください。情報が守られないと、安心できる会合を開けません。

⑥疲れたとき、辛くなったときは自由にその場を離れてください。そのまま退出するのも、しばらくして戻ってくるのも自由です。

⑦パスはいつでもできます。発言の制限時間はありませんが、特定の人が話しすぎている場合は、司会者が介入することもあります。

⑧会合中は「上から目線」や「マウンティング」を自覚的に避けてください。また決めつけにも慎重になりましょう。

⑨終了後、研究成果をTwitterの公式アカウントに投稿します。その際、参加者が誰だったかとか、誰が何を発言したかといった個人情報は一切公開しません。この問題については、最後に改めて議題にさせていただきます。

⑩ そこにはみなさんの共同研究が記されています。是非とも今後の人生に役立てていただけると嬉しいです。

このグラウンドルールをもとにして出現する対話空間の実態については、取材してくれた荻上チキ氏が報告しているため、そちらを参照していただきたい。*7

4　成果と課題

会合を重ねるうちに、話題になりやすいテーマは、およそ四つに分類されると考えるようになった。

第一は、不意にやってくるフラッシュバック（筆者は「地獄行きのタイムマシン」と呼ぶ）が苦しい、いつまで経っても完全にマインドコントロールから抜けられたとは感じられない、といった「心の問題」。第二は、脱会した自分と現役信者の家族とのあいだでコミュニケーションが成りたちにくい、世間を忌避する宗教教育を受けたために、あるいは、教団内の信者同士での特殊な人間関係の影響を引きずっているために、一般的な人間関係（友人同士、恋人同士、上司と部下の関係など）の結び方がいまでもわからないといった「人間関係の問題」。第三は、高額献金によって経済的に貧困化した、高等教育を否定する教義だったので学歴がない、宗教団体が設置した学園や大学を出たので履歴書で落とされる、家族と断絶したので保証人を立てられず、代金を支払えない商品や物件がある、といった「経済的な問題」。宗教2世問題が報道され出して、「宗教2世の会」にマスメディアの取材が入るようになると、第四の問題として世論や報道に対して思うこと、宗教2世としての活動に付随する不安などといった「銃撃事件以後の問題」も多く話題になった。

前節に転載したグラウンドルールでも示したように、会合の基本は当事者研究にあるが、参加者からの要望には、ある事項について情報収集をしたいとか、独自のアイデアについて意見を聞かせてもらいたいといったものもあり、それらにも柔軟に対応している。ただし基本的には宗教2世問題の当事者として苦労を吐露し、それに対してほかの参加者たちがコメントし、対話の空間を開くことで、当事者の体験世界を尊重しながら、生きづらさの減らし方を研究していくことが多い。当事者研究には認知行動療法に似た面もあるが、支援者ではなく当事者自身が主導する点、自身の「認知のゆがみ」を正し、活躍の場を切りひらくという認知行動療法の新自由主義的な性質を否定し、環境調整による打開を重んじる点で、当事者研究は認知行動療法よりも当事者の苦労の仕組みに寄りそっていると言える。

先にも書いたとおり、自助グループの源流と言えるアノニマス系では、神あるいはハイヤーパワーを設定し、依存先の振り替えをおこなうことで、嗜癖から脱出していく。アノニマス系ではない自助グループでは、そのような解決方法を取らず、筆者の「宗教2世の会」でもそれは変わらない。「宗教被害」で苦しんできた当時者には、かつて所属していた教団から抜けたあと、別の教団に再入信し、希望を見出した者もいるのだが、多くの宗教2世にとって、神あるいはハイヤーパワーにすがるという解決法は、フラッシュバックを引きおこすため、現実的ではない。

具体的な解決方法は、個々の当事者研究が導きだす固有の結論に委ねられているが、ひとつの指針として、人間関係の回復がポイントになりやすいことは指摘しておきたい。先に会合の四大テーマを「心の問題」、「人間関係の問題」、「経済的な問題」、「銃撃事件以後の問題」と分類したが、じつは「人間関係の問題」が回復には核心的な意味を持っている。信頼できる人々と結ばれることで、人生の局面が不可避的に改善していくからだ。当事者研究のリーダーのひとり、熊谷《くまがや》晋一郎《しんいちろう》は「自立とは依存先の分散だ」という有名なテーゼを提唱したが、[*8]依存先を嗜癖や神に一極集中させないことによって、健全な人生が回復されていくと筆者は考える。

最後に、宗教2世問題に対して、そもそも自助グループ活動によって対応するのが妥当なのか、という問題提起をしておきたい。筆者の活動がそのような批判を受けたことは、これまで一度もないが、筆者自身としては、自助グループであれ当事者研究であれ、ほんとうは宗教2世問題に取りくむ仕組みとして根本的な難点がある、とひそかに考えてきた。というのも、宗教2世問題には教団や親という明確な加害者がいるからで、親は教団との関係では子どもとともに被害者だが、子どもとの関係では加害者という二重性を帯びている。そのように加害者がいる案件を自助グループや当事者研究で解決しようとすることは、充分に注意しなければ、問題解決の責任を当事者に帰してしまう不健全な空間になってしまうし、そもそも事態の根本的な解決は不可能なのだ。本来は法制度を併用して解決を図るべき案件なのだから、自助グループは法の問題には立ちいるべきではなく、メンタルヘルスの救済に焦点を絞るべきで、そのようにして課題の棲みわけを図っていかなければならない。

筆者は、発達障害者を取りまく状況を参照項にできると考えている。発達障害者支援法という関連法令があり、全国に発達障害者支援センターが設置され、精神科医も心理士も発達障害について学んで、当事者たちの支援に向きあっている。そして、それでも解決ができないということで、自助グループ活動が盛んなのだ。宗教2世問題にとっても、自助グループはそのような位置づけであるべきだ。しかし現実には、宗教2世は法的にはほとんど放置されている。二〇二二年一二月に成立した「旧統一教会の被害者救済法案」と呼ばれている法令も、宗教2世問題をほんの一部しか解決しないと予想される。年末に厚生労働省から出された「宗教の信仰等に関係する児童虐待等への対応に関するQ&A」の効果は未知数で、宗教2世問題のための法的な整備への期待は高まるばかりだ。

＊1　現在の私が解離とどのように付きあっているかについては、以下の書籍を参照。横道誠『みんな水の中――「発達障害」自助グループの文学研究者はどんな世界に棲んでいるか』医学書院、二〇二一年、横道誠『イスタンブールで青に溺れる――発達障害者の世界周航記』文藝春秋、二〇二二年、横道誠『ある大学教員の日常と非日常――障害者モード、コロナ禍、ウクライナ侵攻』晶文社、二〇二二年、横道誠編・著『信仰から解放されない子どもたち――#宗教2世に信教の自由を』明石書店、二〇二三年、横道誠編『みんなの宗教2世問題』晶文社、二〇二三年。

＊2　これらの歴史的経緯については、アーネスト・カーツ『アルコホーリクス・アノニマスの歴史——酒を手ばなした人びとをむすぶ』（葛西賢太・岡崎直人・菅仁美訳）明石書店、二〇二〇年、を参照。

＊3　この実態をフィクション仕立てで紹介した書物として、横道誠『唯《ゆい》が行く！——当事者研究とオープンダイアローグ奮闘記』金剛出版、二〇二二年、がある。

＊4　読売新聞オンライン「小中学生の八・八％「発達障害の可能性」、一〇年前から二・三ポイント増…理解進み顕在化」、二〇二二年一二月一三日（https://www.yomiuri.co.jp/kyoiku/kyoiku/news/20221213-OYT1T50101/）。

＊5　西尾和美『機能不全家族——「親」になりきれない親たち』講談社、一九九九年。

＊6　「電通、「ＬＧＢＴＱ＋調査２０２０」を実施」、dentsu、二〇二一年四月八日（https://www.dentsu.co.jp/news/release/2021/0408-010364.html）。

＊7　荻上チキ編著『宗教2世』太田出版、二〇二二年、に、荻上チキ氏による報告「自助グループ取材ルポ当事者たちは何を語るか？」（二七四―二八一頁）がある。また一回目からほとんどすべての回に参加してくれたちざわりん氏による論説が、本書の第17章に含まれている。

＊8　熊谷晋一郎「依存先の分散としての自立」村田純一編『技術——身体を取り囲む人工環境（知の生態学的転回　第2巻）』東京大学出版会、二〇一三年、一〇九―一三六頁。

（よこみち・まこと　大学教員、文学・当事者研究、2世当事者）

17

2世からの回復

――音声SNSを活用したピアサポートの試み

ちざわりん

私は、エホバの証人の熱心な信者として活動している母に育てられ、五歳から二〇歳まで教団で活動していた宗教2世当事者だ。二〇二〇年一月ぐらいから、Twitter などのSNS上で「ちざわりん」と名乗り、主にオンラインで宗教2世当事者としてピアサポート活動をしている。現在、四〇代後半の男性で、主任介護支援専門員・社会福祉士として、高齢者・地域福祉の対人援助職として働いている。二〇一九年には、新たにできた公認心理師という国家資格を取得・登録している。

1　ピアサポートによる回復

横道誠氏（京都府立大学准教授）が中心となって二〇二〇年五月に設立した「宗教2世の会」（Z

oomを使って会合を開いたりしている自助グループ）に、設立当初から参加しており、宗教2世が今まで言えなかった生きづらさや悩みに対して、ピアサポート的な立場から支援し、運営に協力している（→第16章）。

二〇二一年一〇月からは、「スペース」（Twitter上で音声を使ったリアルタイムの会話ができるサービス）を活用し、宗教2世にとって安心・安全で、当事者同士が自分の生きづらさや悩みを語り合える、よりインフォーマルな場を作り出すことを目的に、「宗教2世・当事者ダイアローグ研究会」を立ち上げて、週二〜三回のペース（一八時〜二〇時頃まで）で、ホスト（ファシリテーター役）を務めてきた。参加者は平均八〜一五人程度で、週に一〜二人初めての参加者がくる。

サポートのピア（peer）とは、同じような立場や境遇、経験などを共にする人たちを表す言葉である。宗教2世当事者にとっては、同じ宗教的背景の人同士、子ども時代に置かれた立場や状況・経験において、共通点や対等な感覚を見出せる関係性は「ピア」と言える。

ピアサポートとは、同じような共通点と対等性をもつ人同士で支え合い、ともに回復（リカバリー）していくことを表す言葉である。[*1] 宗教2世の回復やその過程は、いうまでもなく多種多様で、「リカバリーは一人一人が異なる唯一無二のもの」[*2]ともいえる。

たとえばパトリシア・ディーガン（Patricia E. Deegan）は、回復（リカバリー）について、普遍的な定義はなく、それは「個人的」で「自分らしく生きること」であり、個々人が「選択することができ」、「つながり」の中で起き、「治療の成果」とは言い切れないもので、私たちの「生化学的な部分を変えるのではなく、生活・人生を変えること」[*3]だと言っている。

2 「2世からの回復」体験——私の場合

私の家族構成は、父、母、兄、弟の5人家族で、父は未信者。弟は高校生の時に自死している。父は未信者のまま亡くなり、母と兄は今もエホバの証人の信者として活動している。

私の生い立ちの詳細は省略するが、幼少期から布教活動、集会参加を強制された。教団の教えに背くと母からムチ（ベルトやゴムホース等）で臀部を叩かれる体罰を受け、「この世はサタンの世の中」という教えのもと、自由な交遊や恋愛を禁じられ、窮屈な子ども時代を送ってきた。[*4]

二〇歳の頃、あるきっかけから、教団に反対する人が書いた本を読む機会があった。この本を通じて、教団の教えの矛盾点や「ハルマゲドンが来る」という予言がことごとく外れたことなどを知り、大きなショックを受けた。

その後、二カ月も経たないうちに、集会や宣教活動などに参加しなく（「不活発」に）なり、自然消滅という道を選び、現在に至っている。

教団から離れたものの、幼少期から一般社会から隔離された生活を送ってきたため、一般社会に私の居場所はなく、まるで何も持たずに異国に亡命してきた人のような孤立・孤独感を味わった。また、幼少期から教え込まれてきた「常識」や価値観が通用せず、むしろ一般社会から否定されながら生きていかなければならない状況でもあった。

その結果、教団や母に裏切られた絶望感や、誰にも頼れず、将来への不安に押しつぶされそうな辛い現実を一時的にでも忘れたくて、アルコールやギャンブルに依存する生活が続いた。

二二歳のころ、多量のアルコール飲酒がもとで大きなトラブルを起こした際に、「もう二度と、このようなことを起こさない」と深く反省し、「真人間になろう」と決意した。

その一環として、以前から関心があった福祉の仕事を目指し、臨時職員ではあったが介護の仕事に就くことができた。未経験だったが、同僚に恵まれたことや、高齢者の方々からの感謝の言葉が励みになり、介護職にやりがいを見出した。正規職員に採用されてからは、家を出て一人暮らしを始め、放送大学に入学するための学費を捻出することもできた。

介護の仕事をしながら、介護福祉士および介護支援専門員の資格試験の勉強をし、大学は二九歳で卒業。通信制専門学校を経て三一歳で社会福祉士の資格を取得し、現在に至っている。

その後、パートナーにも恵まれ、家庭・子育て・仕事等に忙殺されることで、宗教2世としての傷つき体験にいったん〝蓋〟をしながら、一般社会での適応を図ってきた。

3　ピアサポート活動を行うきっかけ

私が宗教2世として初めてピアサポートに触れたのは、二〇代半ばの一九九〇年代後半のことだ。宗教2世問題を取り上げていた電子ウェブ掲示板（BBS）で、同じ境遇の宗教2世と交流したのが最初だった。

その延長線上で、オフ会（実際に顔を合わせる〔オフライン〕会のこと）にも参加し、宗教2世当事者の方々と会って対話をした。当時、孤立・孤独感や将来への不安に苦しんでいた私にとってオフ会は、それらを乗り越えてきた方々の佇まいや存在をリアルに感じることができる場だった。そうした方々は、自分にとってロールモデルと言い得る存在だった。いま振り返っても、あの時のオフ会での交流が、私の回復にとって、大きな転換点となった。それだけでなく、今のピアサポート活動にも影響を及ぼしている。

その後は、日常の忙しさが増すにつれて、三〇歳を過ぎた二〇〇〇年代半ば頃から、ネットやリアルも含めて宗教2世の方々とは徐々に疎遠になり、最終的には全く交流しなくなっていた。再度、宗教2世界隈に戻るきっかけとなったのは、二〇二〇年一月、本業で対応している高齢者における性的虐待について学びを深めるために参加した、性暴力被害者支援研修だった。

その研修で初めて複雑性PTSDの概念を知った。その症状の特徴が、これまでの自分の生きづらさに当てはまっていたため、「もしかして、自分の生い立ちは、自分が思っているより、かなり深刻だったのかもしれない」と、いままでにない激しい動揺を経験した。

そのころ、普段は疎遠な現役信者の母から、あるトラブルの相談を持ちかけられ、いままでに感じたことのない怒りが湧き上がったこと、さらに私の長男の年齢が、自死した弟の年齢になったことなど、さまざまなトリガーが重なった結果、過去の傷つき体験が次々とフラッシュバックした。人前では平静を装っていたが、精神的にはかなり不安定になってしまった。

このような経験を通じて、ついに忌まわしい過去の〝蓋〟が開いてしまったなという、諦めに近い感覚と、自分の過去と正面から向き合う覚悟が芽生えた。

その結果、若い時に経験したような、当事者同士で互いに回復しあう関係性を取り戻したくなり、Twitterで当事者同士の交流を図ったり、前述の「宗教2世の会」に参加させてもらうことになった。

4　Twitterの「スペース」を用いたピアサポート活動

「スペース」でピアサポートを始めたのは、いつも参加を楽しみにしていた「宗教2世の会」が、二〇二〇年の秋頃に、主催者の横道氏が学術研究のために海外出張に行くこととなり、約半年ほど活動を休止することになったからだ。

これを機に、「自分のための新たな回復の場を創出したい」という気持ちが高まり、「スペース」を活用しながら、宗教2世を対象にした自助グループを主催してみよう、と思い立った。

スペースでの自助グループを主催するにあたって参考にしたのは、それまで参加してきた「宗教2世の会」での運営方法やファシリテート技術、横道誠の著書『唯《ゆい》が行く！——当事者研究とオープンダイアローグ奮闘記』などである。

「宗教2世の会」の主な特徴として、次のようなものがある。

①安心・安全な場を確保するためのグランドルールがあるため、場が荒れにくくなっている。

②開催する日時や時間が決められていて、事前申込制となっているため、参加者は限定的であること、そして参加者には守秘義務が求められるため、より安心・安全な場での対話実践が行えるようになっている。

③自分が語りたいテーマを時間を決めて話し、参加者からのレスポンスも得られ、そこでの発言内容は、参加者の同意を前提に公開され、その蓄積ができている。

これによって安全性の高い、フォーマルなピアサポートが実現し、多くの当事者の回復（リカバリー）に寄与してきた。

こうした運営の仕方を参考にしつつ、「スペース」を利用することで、若い時に体験したオフ会のようなインフォーマルなピアサポートが体験できる自助グループの実現を目指すことにした。

私が考えている「スペース」のメリットとして、次のようなものがある。

①Twitterアカウントがあれば、いつでも自由にホストになることができ、自分に関心のあるタイトルをつけて開催することができる。

②自分がスペースでホストをしていることは、ツイートやダイレクトメール（DM）で拡散させることができ、知り合いのフォロワーがスペースを開催していることは画面上部に表示されるので、関心のあるテーマや興味のある人とつながる機会が得られる。

③興味をもったスペースにはリスナーとして参加することができ、話したくなったらスピーカーになることもでき、参加する際のハードルが低い。

つけ加えれば「スペース」では、参加者のTwitterアカウントのプロフィールやツイート内容から、参加者の人となりを推測でき、場合によってはホストの権限で、参加者をブロックしたり、スペースから出てもらうという対応もできる。

スピーカー同士の対話を、リスナーとして共有することができ、その対話に自由に加わることができるので、フィッシュボール（対話を深め、すべての参加者が共有するための方法論。円の中心で行われる対話を、その外側で円形になった人々が耳を傾ける形式で行われるため、金魚鉢になぞらえて、フィッシュボールと呼ばれる）的な対話ができる。

この「スペース」が登場したことは、Twitter上の宗教2世界隈にとって、革命的な出来事だった。「スペース」は音声SNSと言われているだけに、インフォーマルな形で当事者同士でつながる機会が飛躍的に増えた。

もともと宗教2世は、親からの信仰の強制とそれに伴う傷つき体験から、学習性無力感・パワーレス状態になっている。そこから抜け出して助けを求めようとしても、宗教2世の生きづらさを世間に理解してもらうのはなかなか困難だ。

そのような中で、同じ経験をしているがゆえに「言葉が通じる」宗教2世当事者と音声でつながれる経験は、右も左もわからない孤立無援の外国で、母国語を話せる人と出会えるぐらいの感激があるのではないか。そのことを、ある参加者は「普通の人には、自分の生きづらさを説明しても一〇話して一も理解してくれないが、ここに来ると、一話すと一〇理解してくれる」と表現していた。このように、スペースでピアサポート的な活動が生まれるのはある意味、必然だったと思われる。

文字よりも音声の方が、圧倒的に多くの情報量をやり取りでき、レスポンスにも優れているが、それに加えて「スペース」では好きな時間に、物理的な場所を問わず、気軽に「簡易版オフ会」を開けるようになった。これは、それまでにない画期的なことだった。従来の「オフ会」では、時間や費用をかけて参加する必要があったが、「スペース」を使えば、思いついた時に、たとえベッドの中からでも、オフ会や「公園での立ち話」のような感覚で、対話ができるようになった。

私自身も「スペース」で当事者同士のダイアローグ（対話実践）をすることで、若い時に参加していたオフ会に参加しているような感覚になり、回復に向けての多くのヒントや励ましを得ることができた。

また、最初はリスナー参加だった方が、徐々に慣れてきて、自らホストとなってスペースを主催することで、つながりの場がさらに広がっていく傾向も見られるようになってきた。

ただ、便利なツールが普及するようになると、必ずデメリットや悪用が目につくようになるのは、世の常である。リアルなオフ会でもさまざまなトラブルが起きたのと同様、「スペース」でもトラブルが全くないとは言えない。

「宗教2世の会」と違って、グランドルールなどに守られておらず、誰でも飛び込みで参加できるという特徴は、メリット、デメリットそれぞれの要素となっている。またオープンな場なので、深い傷つき体験を話す際には不向きとも言える。そのため現時点では、「スペース」上で安心・安全な、インフォーマルな自助グループを実現できるかどうかは、リアルなオフ会と同様、ホストの振る舞い方や参加者のマナーに大きく左右されるというのが実情だ。

私自身、今でも試行錯誤を繰り返しているが、実践を通じて、対人援助にかかわる援助者の行動規範として有名な「バイスティックの七原則」は、ここでも活用できると考えている。この原則は、①個別化の原則（一人ひとり問題は異なる、同じ問題は存在しない）、②受容の原則（頭から否定しない）、③意図的な感情表現の原則（肯定的な感情も否定的な感情も自由に表現しやすい配慮をする）、④統制された情緒関与の原則（自分の感情を自覚し、相手の感情などを受容的・共感的に受け止められるようにする）、⑤非審判的態度の原則（自分の価値基準で評価・審判しない）、⑥自己決定の原則（問題に対する解決の主体は自分）、⑦秘密保持の原則（相手の情報・言動や状況は秘密・プライバシーとして守る）というものだ。

また、「イエス・アンド法」（相手の意見や感情を一度受け止め同調し、自分の意見や感情をいったん脇に置いて、相手にインスパイアされた意見や感情を付け加えて返す）を意識しながらその場をコントロールすることで、議論や対立ではなく、対話にしていくことを心がけている。

おわりに

二〇一〇年代半ばぐらいから、アメリカを中心に展開されてきたトラウマインフォームド・ケアと呼ばれる「こころのケガ」に配慮するケアが、日本の精神医療や児童福祉の分野でも徐々に広がってきた。これには、次に示す「六つの主要原則」と呼ばれているものがある。①安全、②信頼性と透明性、③ピアサポート、④協働と相互性、⑤エンパワメント・意見表明・選択、⑥文化・歴史・ジェンダーに関する問題、である。[*5]

宗教2世のメンタルヘルスの支援に関して、少しでも多くの研究者や臨床家が、トラウマインフォームド・ケアを柱にして、複雑性PTSD、発達性トラウマ、機能不全家族、アダルトチルドレン、マルトリートメント（不適切な養育）、小児期逆境体験などの観点から、宗教2世が抱えている課題を分析したり、より具体的な支援方法を確立していくことを、一当事者として切に願っている。

私自身の展望としては、公認心理師・社会福祉士の対人援助職の実務家として、さらには社会人学生（二〇代後半に放送大学を卒業したが、二〇二一年度に再入学した）として、専門的な支援や研究を進めていきたいと考えている。

ただ、「宗教2世」のメンタルヘルス支援に関しては、体系的な研究はまだほとんど進んでいないのが現状だ。こうした中にあっては、サイコロジカル・ファーストエイド（＝こころのケガの応急手当）的なピアサポートがまずは必要だと思っている。

これまで当事者は、長きにわたって社会から「存在しない者」とされ、孤立・孤独感に苦しみ、誰にも言えない、理解してもらえないという「こころのケガ」を、ひたすら耐え忍んできた。ようやく当事者が声を上げるようになってきている中で、まずは当事者たちが、インフォーマルなピアサポートを通じてつながり、エンパワメントされることで、「心の氷が解けた」「生きていていいんだ」「言葉が通じた」「ここに来れば元気になる」と実感でき、回復への道を歩んでいけるような対策を講じることが急務だと考えている。

＊1　社会福祉法人豊芯会「ピアサポートの活用を促進するための事業者向けガイドライン」、二〇一九年 https://www.mhlw.go.jp/content/12200000/000521819.pdf

＊2　精神障がい者ピアサポート専門員養成のためのテキストガイド編集委員会編『精神障がい者ピアサポート専門員養成のためのテキストガイド（第三版）』一般社団法人障がい者福祉支援人材育成研究会、二〇一五年、六頁。

＊3　同書、七頁。

＊4　塚田穂高「「宗教2世」問題の沸騰は何を問いかけるか」自由国民社編『現代用語の基礎知識 2022』自由国民社、二〇二一年、二七八頁、において指摘された2世の特徴にあてはまる。

＊5　「精神保健医療福祉施設におけるトラウマ（心的外傷）への対応の実態把握と指針開発のための研究」研究班『トラウマインフォームドケアをもっと知るために―TICガイダンス』、二〇二一年。https://traumalens.jp/g/pdf

（ちざわりん　元エホバの証人2世信者、公認心理師・社会福祉士）

18 統一教会2世として生まれて

もの

「お父様、真《まこと》のご父母様、どうか、どうか……！」

自宅に設けられた祭壇の前で泣き叫びながら祈りを捧げる父と母。祭壇の写真には「人類の真《まこと》の父母」と称される中年の夫婦が写っている。幼少期から幾度となく目にしてきた光景だ。

私の両親は破壊的カルトと呼ばれる「統一教会」に五〇年もの長い間心酔し、人生を捧げてきた。「これこそが人類や世界を救うためのただ一つの道だ」と今も信じて止《や》まない。

二〇二二年七月に起きた安倍元首相銃殺の事件以来、「統一教会」というワードを連日報道で耳にするようになった。それと並行して、「宗教2世」としての容疑者の苦悩が各方面で取り上げられるようになり、流行語大賞にもノミネートされるほど世間での認知が進んだように思う。

今まで日の当たらなかった私たちにここまで注目が集まるとは想像だにしていなかった。

統一教会2世としての私の生い立ちと苦悩を辿りながら、今感じていることを綴っていきたい。

「悪魔」が支配する世界に生まれた「神の子」

一九八〇年代、私は統一教会の熱心な信者である両親の下に生まれた。二〇歳前後でそれぞれ統一教会に出会った両親は「統一原理（統一教会の教義）こそ真理」という確信を抱き、それまでの仕事を辞めて入信した。自身の家庭や人生の問題に悩んでいた彼らは、教会が与えてくれた「答え」に衝撃と感銘を受けた。今までの悩みは全て晴れ、人が変わったように活動に邁進するようになったという。

その後、両親はあの合同結婚式に参加し、教祖によって夫婦として結ばれ、子どもをもうけた。教祖によって「神の血統」に転換されたとされる待望の「祝福2世」である。両親は私が知りうる信者の中で最も信仰熱心だ。子どもたちにも教義を守るよう厳しい教育を施した。祝福2世は「神の血統」を守り抜き、同じ祝福2世と結婚して3世を産み、「神の血統」を引き継いでいく使命があるとされる。一般人との恋愛や性交渉は「堕落」と呼ばれ、最大の禁忌とされた。

物心もつかない頃にはじめに親から教えられたことは「人を好きになってはいけない。好きになられてもいけない」だった。好きという感情も知らない幼児にはその言葉に対する恐怖だけが残った。テレビや漫画等、娯楽の内容は厳しく検閲され、少しでも恋愛の要素が含まれていると即チャンネルを変えられ、漫画のページは破り取られていた。異性の目を惹かぬよう、露出を抑えた地味な服を着せられていた。

日曜は朝五時から家族全員で礼拝を始める。午前中は教会に行き、再び礼拝となる。日常的に教義の勉強をする。それらを何の疑問も抱かず、ごく当たり前の生活習慣として受け入れていた。

だが成長していくと、統一教会の価値観とは全く違う外の世界が存在することに気付いた。教会からするとそこは神ではなくサタン、「悪魔」が支配する世界だという。「私は神の子なのだからサタンと交わってはいけない」と思い込み、うまく人間関係を構築することが出来なかった。

小学校に入りしばらくすると、霊感商法に加えて、芸能人が参加する合同結婚式をめぐり、統一教会が連日テレビに取り上げられるようになった。「あんな根も葉もないことを」と毎日泣く母親を見て、「大好きなお母さんを泣かせるなんて許せない」と外の世界を憎んだ。

さらに、教会は世間では悪評高いことを幼心にも察知した私は、「家が統一教会と知れたら、外の人に何をされるか分からないから、絶対に言わないようにしよう」と心に誓った。

学校では統一教会のことを絶対に知られてはいけないが、ひとたび家に帰ると「神様」「真《まこと》のお父様」と慕っていなければいけない。学校では恋愛や流行のドラマ等の話に全く付いていけない。常に二つの顔を使い分け、二つの世界を行き来することで、いつしか私は、どこにいても本当の自分をさらけ出すことができなくなった。

芽生えた違和感と疑念

中学・高校に進学すると、段々と教会から足が遠のいていき、学校や友人との関わりなど一般社会の比重が大きくなる中で徐々に親や教会への疑問も芽生えていった。「そもそも、教会が言っていることは本当に正しいのだろうか」「神様は本当に存在して、教祖はメシヤなのだろうか」どれだけ考えても分からなかったが、小さな違和感の芽は年を経るごとに膨らみ、教会への嫌悪感が強まっていった。

両親はイベント時以外に無理に教会に連れて行くことはしなかったが、自宅で連日のように教義の勉強をさせた。学校が長期休暇になると、泊まりがけで修練会（教義の勉強等を行うイベント）に参加しなければならなかった。また、高額献金により家計は常に火の車で、両親は常にイラついて夫婦喧嘩を毎日のように繰り広げ、家庭は安心できる居場所ではなかった。

教会に対し本格的に懐疑心を抱いたのは大学入学後だ。大学ではじめて使ったパソコンのネット検索で、この教団に対する世間の一般的な認識を知ってしまったのだ。世間での評価はあまり良くないであろうことは薄々感じていたが、ネット上に広がる酷評は想像を上回るものだった。「破壊的カルト」「洗脳」「詐欺行為」といった言葉があふれ、「真の家庭」と崇められていた教祖家族の実態が書き連ねられていた。食い入るように読み進めていく中で、頭を打ち砕かれるほどのショックを受けた。自らの出生を、ひいては存在をも否定されている気分になった。

心のどこかで自尊心を保つために縋《すが》っていた、「神の子」であることのアイデンティティが音を立てて崩れていくようだった。私は統一教会の熱心な信者同士から生まれた。言い換えれば教会がなければこの世に存在しなかった。だが、当の教会は世間ではこんなにも悪名高く、こんなにも被害者がいて、脱会を望む家族や高額献金をめぐる訴訟も多い。統一教会は悪だったのか。

それともこの世が悪なのか。何が間違っていて、何が正しいのか。

小さな頃から様々なことを制限され、親の監視下で「神様が喜ぶように」「神様の御心に沿うように」と刷り込まれ、自らの意思などなく、抜け殻のように生きてきた。好きでもない男と結婚させられ、一生この宗教に縛られて生きていくのだろうか。何のために生まれたのか。何のために今まで生きてきたのか。これから、どうやって生きていけばいいのか。

気持ちが錯綜し、混乱した。悩んだ末に相談相手を求めて、大学で信頼できる先生たちに思いを吐露したこともある。しかし皆、口を揃えて「親の宗教ごときで何をそんなに悩んでいるのか。自立すればいいだけだ」「親は親、貴方は貴方。最終的には貴方が決めることだから」と答えるだけだった。今思えば真っ当な正論ではあるのだが、当時の私は、長年味わってきた苦しみと葛藤への回答が、「自立」という一言で済まされてしまうことにどうしても納得がいかなかった。「どうせ誰も自分の気持ちを分かってくれない」と落胆し、より一層心を固く閉ざした。

勇気を出して何人かの友人に、家庭の悩みを話したこともあった。彼らは私の話を最後まで真剣に聞いてくれたが、「宗教の問題は難しいよね」と気まずそうな顔をするだけだった。

葛藤を抱いていることを、両親に対して率直にぶつけたこともあるが、話は全く通じない。教会を否定する言葉を少しでも口にすると、「あなたは2世なんだよ。教会を否定することは自分自身を否定することだよ！」「神様の願いに答えず、自己中心的に生きるつもりか！　サタン（悪魔）の考え方だ！」と鬼の形相で怒り狂った。そして、教会内でしか通じない用語を持ち出し、教会内でしか通じない価値観で説教を始める。

両親と話すたび、「やはり私は、教会の道を行くことしか許されない」という諦念と絶望が増していった。長期休暇中にはやはり、修練会への参加を強要される。学生の頃は、親に経済的に依存していたため、なかなか逆らえず、「（修練会に）行かないと学校やバイトに行かせない」と脅されると、従うしかなかった。両親にしてみれば、「祝福2世」として生まれた娘がいつまでも自らと同じ信仰を獲得せず、サタンがはびこる俗世に染まっていく事態に焦っていたのだろう。

精神的自由を得るも……

教会に対する混沌とした思いがようやく氷解したのは、大学を卒業する直前の頃だった。その時私は、韓国にある聖地と呼ばれる場所で、大勢の信者とともに、指導者の説教を聴いていた。その説教の中で指導者は、「一つの思想を持ち、この堕落した世界を統一する」と、何度も説いていた。たった一つの絶対的な「理想」に向かう、善と悪しか存在しない世界。

ふと思った。「世界には数えきれないほどの人がおり、文化があり、思想があるのに、それを一つの思想で統一できるのか」「世界が平和になるためはそれしかないのか」「そもそも、そんなことが本当に可能なのだろうか」

何かが違う。そうか。今まで私が真理だと思ってきたものは虚構だったのだ。仮に真理が存在するとしても、無数にある「真理」の中で、何を選び取っても間違いではなかったのだ。

酒を飲むことも、人を好きになることも、結婚して子どもを作ることも、自分の好きなことをして生きることも。大罪だと思っていた数々のことは、自分で選び取った外の世界ではごくごく普通のことだったのだ。私は、「神の血統」へと転換された「神の子」ではない。その価値は組織内でしか意味を持たず、対外的には信者同士から生まれた、ただの人間だったのだ。

憑き物が取れた思いだった。そして、「この教えを今後も信じることはない」と確信した。自分が特別な存在ではなく、ただの人間だと知った時、刷り込みから解き放たれ、精神的にとても自由となった。確かに外の世界では毎日、哀しいことが起きているが、同時にそこは、美しくて豊かな世界でもある。私は白か黒かの二分法で判断したりせず、その間に存在する全てのグラデーションを許容して生きていきたい。世界の暗部をすべて正そうとする善悪二元論を教会は掲げているが、そうした理想は、私にはどうしてもしっくり来なかった。

「私の人生に統一教会は必要ない」。そう気付いてから、両親との関係はよりこじれ、一人で悩み続けた。何せ両親はたった一つのことを願い、この世に私を生み出したのだから、2世として生きる道以外は決して認めない。教会を離れて生きることは、親との訣別を意味する。私は「人並みに親に愛されたいし、裏切りたくない」という、共依存とも言える感情に縛られ、長年そのことを決断できなかった。

社会人になった頃、相談相手を求めて近付いた男性との恋愛関係が両親にバレてしまい、長期にわたる凄まじい軟禁と罵倒を経験した。ここでは詳細は省略するが、人生で一番苦しい時期だった。それでも両親の期待や愛情を手放すことができず、実家にとどまった私は、両親の支配を甘んじて受け入れていた。

二〇代も半ばを過ぎると、一般人の友人たちは次々と結婚していった。両親は陰で、「神様を介さない一般の結婚なんて最悪だ。あんなの、すぐに離婚する」と痛烈に批判した。また、「貴方の相手は決まっているのだから、祝福（2世同士の結婚）を受けられるように、早く教義を学びなさい」と繰り返した。

SNSで発信をはじめる

真綿で首を絞められるような日々が続き、気が狂いそうになった私は、「統一教会2世」と称したツイッターのアカウントを作成した。

当時はツイッター上に統一教会2世はほとんどいなかったが、幸い元1世（脱会者）やエホバの証人の2世と繋がることができた。ずっと自分の中でこねくり回していた苦悩を怒濤の勢いで書き連ねたところ、フォロワーは私の置かれている状況を理解し、リプライをくれた。私の葛藤も肯定してくれた。人生ではじめて「分かってもらえた」と感じた瞬間だった。彼らと交流する中で新たな気付きや視点も芽生え、自らの苦悩が段々と可視化され、整理されていった。

ネット上とはいえ、私がさらけ出した正直な気持ちを受け入れてくれる場が存在していることが、何よりも嬉しかった。「私は一人じゃない」、はじめてそう思えた。

このツイッターが、私の人生にとって大きな転機となる。段々と心が癒され整理がついた私は、親と対峙し自分の人生を生きる決心がつき、紆余曲折を経て実家を出て一人暮らしをはじめる。絶対に無理だと信じ込んでいた一般人との結婚も、最終的には叶《かな》えられた。「両親がカルト信者」というハンデを抱えて婚活に励んだり両親とわたり合ったりするのは本当に大変だったが、ツイッターのフォロワーに逐一経過を報告し、反応を得るたびに勇気が湧いた。

ツイッターを長年続ける中で、「統一教会2世」のフォロワーも少しずつ増えていった。ネット上で声を上げる2世がどんどん増え、「宗教2世問題」が少しずつマスコミにも取り上げられるようになってきた頃、あの事件が起きた。

「事件の背景には、高額な寄付による家庭崩壊があるらしい」と報道された瞬間、複雑な思いに駆られた。容疑者の苦悩が多少なりとも理解できてしまったからである。かつて私は苦しみの渦中にあって、「(教団の)松濤本部に行って、食口《シック》(教会員のこと)の一人や二人をメッタ刺しにして報道されれば、私の苦しみも少しは社会に分かってもらえるだろうか」と考えたことがある。

当時の感情がよみがえり、容疑者と自分を重ね合わせてしまった。また、「こんなにも重大で凄惨な事件を引き起こす原因となったカルト宗教出身の自分は、やはり生まれてくるべきではなかったのか」という葛藤が再燃した。今では容疑者と自分を完全に切り離し、冷静に問題を捉えられるようになったが、多くの2世にとってこの事件は大きな転機となったと言ってよいだろう。

実際、事件の後、宗教2世のツイッターのアカウントは、統一教会の2世を中心に爆増した。

彼らの多くは、私と同じ信仰のない2世だ。親と同じ信仰を持てなかった2世の苦しみには、当事者でないと理解できない複雑さがある。彼らはみなツイッター上で、自身の経験に基づく苦悩を声高に叫んでいた。

2世問題の本質とは

信仰のない2世はなぜ、これほどまでに苦しまなければならないのか。宗教2世問題の本質とは何だろうか。様々な主張があるだろうが、私は「人生における選択肢を与えられないこと」「心と体の自由を制限され、尊厳を踏みにじられること」だと考える。

それぞれの2世の苦しみの中身は、似ているようで少しずつ異なっているし、信仰を強制される度合いや献金被害等の程度は、家庭によって違いがあるだろう。だが、私の苦しみの根本は、「たった一つの価値観を強いられ、自由意志と選択権をもぎ取られ続ける状況」にあった。常に私自身の人生が、他者から奪われ続けているような感覚である。

また、「相談できる場所がどこにもない」ことも、2世の生きづらさを助長する。かつての私のように、出自がバレることを恐れ、ひた隠しにしながら生きていく場合もあるし、多くの2世の居場所となっているSNSで繋がることのできない未成年者も少なくないだろう。

勇気を振り絞って外部に相談する際も、難解な教義や自らの生い立ちを一から説明しなければならない。そうやって頑張っても大して理解されず、親子問題として片付けられがちだ。

社会の側の、カルトや宗教に対する偏見や無関心も依然として根強い。今思えば、子どもの私を「カルト信者の子」として気にかけてくれる大人はいなかった。親戚は、両親の信仰を知っていたが、それに触れることは一切なく、私自身も腫れ物のように扱われた。

何気ない世間話の中で「壺」や「合同結婚式」をネタに笑いをとる大人たち。「破壊的カルトに注意しなさい」と学生に啓蒙する大学教員たち。彼らは、自分の意思ではなくそこに生まれてしまったが故の葛藤を抱える2世の存在に気付いていたのだろうか。

恋愛や結婚においても、親の宗教が何度、障壁になったか分からない。宗教に対する日本社会のタブー視も相まって、宗教2世は随所で社会的な不利益を被っていると感じる。

宗教2世問題は、かつて私が大学の先生から言われたように、「親からの自立」だけが問題なのではない。教義や両親、社会との関係等が複雑に絡み合っているため、外部からはこの問題が見えづらく、また分かりづらくなっている。「正しい道」が最初から決められていたがゆえに、教団から離れて生きようとしても、自らの意思で選び取って生きていく力がもぎ取られていることも多い。教義や経済的な事情で進学や就職が制約を受け、自立を阻まれているケースもある。

問題は、そのような困難に直面していながらも外部に向かってヘルプを求められず、親や教団と社会との狭間で一人で苦しんでいる2世が多いことだ。社会はそれを「自己責任」と突き放すのか。それとも、社会の責任としてこの問題に継続的に関わっていくのか。むろん、これは統一教会だけの問題ではない。宗教2世が抱える問題についての議論は始まったばかりだ。

私は現在、医療機関のソーシャルワーカーとして働いているが、福祉や医療の領域でもまだまだ宗教2世問題への認知が極端に低いと感じる。既存の社会資源や制度を適用できる場合もあるが、行政の窓口に相談に行ったところ、「宗教のことは分からないから、家族とよく話し合って」と突き返されてしまうケースを頻繁に耳にする。

社会が「宗教」とりわけ「カルト宗教」を過度にタブー視してきた弊害かもしれない。福祉の専門家として、また一当事者として、これからも2世問題に継続的に関わり、居場所作りや社会資源の適切な情報提供など、自分にできることを模索していきたいと考えている。

私は現在、一度は断絶した両親と最低限の関わりを持ちながら、一般人の夫と穏やかで幸せな生活を送っている。長年の苦しみと葛藤の末に選び抜いた今の生活は何ものにも代え難い。

ツイッターで固定ツイートにしている、宗教2世に向けたメッセージで、本稿を締めくくりたい。

何度でも言う。私たちは親とは違う別の人間だ。親や他の誰かが敷いたレール上を歩くことは何の意味もない。それは親が歩んだ道を否定することとイコールではない。私たちは何を杖としどう生きるか、自分の力で決め、自分の力で道を切り開いていく義務がある。

（もの　統一教会2世）

19 「宗教2世ホットライン」について

Tea

私は文鮮明に決められたカップルから生まれ、中年になるまで深い信仰を持っていた統一教会2世だ。離教時に世界観が崩壊してそれを再構成するのに非常に苦しかった。それを機に、2018年頃からツイッターで、離教した2世の苦しい叫びを拾っては共感しあい、「一人ではない、乗り越えられる、大丈夫だよ」とメッセージを発信している。後述する「宗教2世ホットライン」では管理者代表として活動している。本章では、複雑な要素が絡みあっている「宗教2世問題の本質」をデータによって明らかにしたい。

宗教2世二三四名調査が明らかにしたこと

新たな問題が脚光を浴びると、専門家でも当事者でもない部外者が、自分の限られた経験と知識で持論を構築して「これで解決」などと説く場面をよく目にする。だから数字とデータに基づいて本当に必要な解決策を見つけることが大切だ。宗教2世問題については二〇一九年に、宗教2世当事者であるW氏により、ツイッターを通して宗教2世二三四名のオンラインアンケートが実施されている。以下では、その成果を紹介し、宗教2世問題の解決策を検討していく。[*1]

アンケートの対象は、信仰のない宗教2世である。所属教団の内訳は多い順に、エホバの証人（七六人）、統一教会（六九人）、幸福の科学（三二人）、創価学会（二八人）だった。

脱会を決意したきっかけについての自由記述回答を内容別にカテゴライズすると、大きく六つに分かれた。①教義への疑問、②教団への疑問、③自身の葛藤、④家族との軋轢、⑤一般社会での葛藤、⑥外的要因――である。それを細かく分けると二七項目になったが、その中で特に多かったのは、「教義への疑問」（四七件）、「親からの信仰強要や束縛への恨み」（三七件）、「外部情報への接触」（三〇件）だった。一人の回答でも複数の項目が当てはまり、一つのきっかけで変わるのではなく、幼少期からのさまざまな要因が積み重なって脱会を決意することがわかる。

1世と2世で、脱会のきっかけに何か違いはあるだろうか。1世で「自然に脱会した人たちのキッカケ」[*2]と比較してみよう。1世と2世で、脱会の理由として共通しているのは、「教団内での人間関係の不和」「組織不信」「指導者不信」「金銭奪取への疑問」「教団第一主義への疑問」「信じても幸福になれないと悟る」「将来への不安」「教義への疑問」「感情や思考の束縛」「外部情報への接触」「組織と距離を置く機会」などである。

他方で、2世にのみ該当する項目とは何か。まず、2世が自ら選んで信仰しているわけではないという「信じない自由の侵害」に関わるもので、「信仰生活の辛さ」「宗教的価値観と自身の価値観の不一致」「元から信仰が受け入れられない」「狂信的な環境への拒絶感」「自分の人生を生きたい」などである。

次に、「親からの信仰強要や束縛への恨み」「親が信仰しているのに家族は不幸である」「宗教にお金をつぎ込む親への不信感」「親に自分より活動を優先される辛さ」などの項目があり、いずれも、「親からの宗教的抑圧」に起因するものである。

残りは全て「一般社会での葛藤」に分類されるもので、「結婚・恋愛の不自由」「職業選択の不自由」「一般社会における人間関係への支障」「禁止事項の多さ」「教団に関わることによる社会的信用へのリスク」「普通の人が羨ましい」「教団内と一般社会での人格の使い分け」などである。

私自身もそうだが、宗教2世当事者にとってはよくある内容だろう。

ただし、教義によっても違いがある。例えば、「結婚・恋愛の不自由」は統一教会に、「職業選択の不自由」はエホバに顕著であった。

以上から、宗教2世特有の問題とは、大きくは「信じない自由の侵害」「親からの宗教的抑圧」「一般社会での葛藤」であることがわかった。

これらの要素があっても、宗教2世はなかなか脱会には至らない。何がその阻害要因となっているのだろうか。自由記述回答を三三項目に分け、それを三つのカテゴリーに大別して説明する。

一番多かったのは「家族との関係」で、一六二件あった。親が信仰を持つ宗教2世に特有の中核的な問題であり、最も深刻な阻害要因である。本来なら味方になるはずの親がむしろ最大の敵になってしまう。この「家族との関係」を、五つのサブカテゴリーを設けて整理し、多い順に紹介すると次のようになる。

サブカテゴリー①は「親との関係悪化の恐れ」だ(五一件)。自由記述欄には、「やはり親と断絶してしまうという恐怖が一番でした」「信じていないと母に告げたらどうなるか怖い」「恋愛結婚をしたら親と絶縁するしかないんだろうと思い、悩んでいました」などがあった。これらはどの教団の場合でも共通して見られた。

サブカテゴリー②は「親からの脅迫や抑圧」だ(四六件)。その内訳は「精神的な攻撃」(二二件)、「日頃の精神的抑圧」(八件)、「身体的危害」(六件)、「親からの教義的な脅し」(六件)、「経済的支援の打ち切りの脅し」(四件)だった。「精神的な攻撃」の例として、「信者の家族全員からキチガイ呼ばわりされ不安になった」「排斥覚悟で高校生の時に脱会を試みたが、高校を退学させられ家に監禁され、集会や奉仕は引きずって連れていくと脅された」「教団から距離を取ろうとすると、母親が怒鳴る、食事を抜かれる、包丁を振り回して泣き喚く等のことをされ非常に精神的に疲弊した」などがあった。読むだけで辛さが伝わる。「日頃の精神的抑圧」では、「事あるごとに祝福(宗教結婚)を受けるように圧力をかけられる」といった事例があり、「身体的危害」では、親から殴られたり首を絞められたただけでなく、エホバの証人に特有の鞭による虐待もあった。

サブカテゴリー③「親への情」(二五件)では、親への愛情や配慮が、脱会を阻害する要因となっているのが複雑なところだ。項目「大切な親を裏切る罪悪感」に該当する事例として、「両親には感謝しているしとても大切な存在には変わりないので、両親が望む私でいられなかったことに罪悪感を覚える。両親を喜ばせてあげられないのが悲しい」「両親が好きで尊敬すらありますが、俺の幸せは両親の幸せではありません。両親の幸せは俺の幸せではありません」「母との関係は良好で大切なものだったので母を悲しませる事が何より辛かったです」などがあった。もう一つの項目「信仰を大切にする親への配慮」では、「親は宗教により精神的に立ち直り、それを拠り所としているので、親が死ぬまでは波風を立てたくない」という回答もあった。

このあたりが、多くの宗教2世の本音である。親を大切にし、幸せになってほしいと思う2世も多いのだ。

サブカテゴリー④は「家族親族が皆信者」である（二〇件）。圧力を感じ脱会したくても、なかなか打ち明けられない実態がわかる。サブカテゴリー⑤は「親への経済的依存」である（二〇件）。未成年や学生のうちは、経済的な弱者であるため親に頼るしかないという例が見られた。

脱会を阻害する二番目の要因は「教義・教団の呪縛」で、八六件あった。うち、三五件が項目「教義の呪縛」に該当した。「教義を破れば地獄へ落ちる」という恐怖心を幼い頃から植え付けられている。このように幼少期に宗教的世界観を刷り込まれ、それを〝物差し〟として世界を見るのだから、抜け出すのは難しい。エホバの証人には、脱会すると家族と会えなくなるという〝排斥〟の教義があるが、それもここに含まれる。それ以外の項目として「信者仲間との関係」がある（二八件）。家族や親戚だけでなく、友人関係、教会内でのコミュニティのほか、宗教団体が創設した学校に通う場合、学校での人間関係も含まれる。具体的には「仲間を失いたくない」「交友関係が教団にしかない」「仲間を裏切る罪悪感」「信者の視線」などがある。「コミュニティに属したい」「コミュニティから認められたい」との心理は強い。そこから抜け出すのは簡単ではないのである。

三番目の阻害要因は「社会での居場所の無さ」で、二九件だった。多い順に項目を挙げると、「経済・社会基盤の欠如」、「理解者がいない孤独」、「社会で生きる知識がない」、「代替となる価値観の不在」、「世間体」などとなる。信仰の喪失は、生まれ育った社会基盤や価値観をすべて失うことと同義なのだ。

われわれ宗教2世が求める支援とは

次に、相談相手の有無をみてみよう。「相談相手がいる」三六％、「いない」六四％であった。多くの2世は、一人で何とかしようと苦しみ、もがいているのだ。私も信仰を失った時、誰かに相談することさえ思いつかなかった。なぜ相談できないのか。「宗教の話題はタブーという空気があり話しづらい」「周りに信者以外いなくて相談する機会がない」「教義で信者以外に相談するのを悪とされている」「宗教的用語や概念の複雑さを理解してもらえないと思う」などが理由として挙がる。

相談相手がいると答えた人は、誰に相談したのか。多い順に、「友人」「恋人」「兄弟」「親族」「その他」となっている。だが、どれだけ助けになったかというと、「友人」では、「親じゃないからいくら相談しても解決しない」「話を聞いてもらっても心が落ち着く程度」と、あまり助けにならないとする回答もあった。対照的だったのは「恋人」で、「励ましてくれるし罪悪感に苛まれている時は慰めてくれる」「脱会時の心の支えになった」など、理解がある場合には助けになるようだ。「兄弟」が信仰を失っている場合は、相談相手として頼れるロールモデルとなるが、信仰している場合は理解が得られないことが多い。「その他」の項目には、カウンセラーやネットでつながった脱会後の宗教2世も含まれる。

宗教2世は、「脱会できたら全て解決」でないのが辛いところだ。脱会後の良い影響としては、「自由になった解放感」が挙げられる。「自己肯定感を感じることができるようになった。生きていていいのだと思えるようになった」「もう行かなくていい、無関係なんだと思うとすごく気が楽」などの回答があった。悪影響としては、「脱会しても宗教的虐待からPTSDになった」「親に会うたびにフラッシュバックに悩まされて鬱になった」「宗教的価値観の喪失によって自暴自棄になった」「宗教内コミュニティを失って社会の居場所が無くなり孤独になった」などの回答があった。また、「脱会当初は解放感があったのだが、罪悪感や虚無感に苛まれ、自己啓発本を読んだり資格勉強に没頭するようになり安定していった」といった、時間の経過とともに価値観を再構築して安定していくケースも多く見られた。そこから導き出される推移モデルとしては、初期は「罪悪感」「恐怖感」「解放感」「安堵感」などを抱き、中期の「自己受容」「価値観の再構築」を経て、「社会に溶け込み統合していく」という流れが考えられる。

アンケート結果から見て取れる「脱会後の精神状況の良化のために必要な要素」は、①教団と距離を置くこと、②社会に自分の居場所を見つけること、③価値観の再構築――の三つである。

だが、これを全て一人で何の援助もなく達成するのは難しい。「脱会の阻害要因」で最も多かったのは「親との関係の悪化」だが、脱会後にはどうなるのか。驚くべきことに、「変化なし・良好」が二五％で一番多かった。次が「絶縁」（二三％）なので、全てがうまくいくわけではないが、脱会後も関係を保っているケースが多く見られた。なお、「絶縁」と答えた過半数がエホバの証人2世で、その背景には〝排斥〟教義があるとみられる。他方で統一教会では、「緊張関係の継続」という回答が最多で、脱会後も教団・信仰生活に引き戻そうとする傾向があるようだ。

では、どのような支援が必要とされているのか。多い順に挙げると、「精神的支援」（八〇件）、「経済的支援」（四三件）、「道具的支援」（四二件）となっている。一番多かった要望は「ただ話を聞いてほしい、吐き出しの場がほしい」だったのが驚く。裏返せば、脱会を望む2世は誰にも話を聞いてもらえないし分かってもらえない。その苦しみと孤独は相当なものだ。「問題が問題なだけに、周りに相談できず抱え込む形となっていたので、背景を深く話す事ができる吐き出しの場が欲しかった」「当時の自分は誰かに話しを聞いてほしかった。脱会する前提の話ではなくて、その時感じていた悩みとかを相談できる場所があったら救われると思いました」などの声がある。

「精神的支援」としては、「脱会経験のある宗教2世との接触、経験談の傾聴」「個別カウンセリング」「感情の肯定・共感・承認」などの要望があった。

統一教会は安倍元首相銃撃事件以降、改善策として各教会に2世相談窓口を設置したが、「信じない自由の侵害」「親からの宗教的抑圧」のある状態では、親や教団信者を信頼し安心して相談することは困難だ。教義に反発して脱会を希望している2世に対しては、親も教団信者も、「感情の肯定・共感・承認」を提供できない。「相談に乗ってくれる同じ境遇の2世や脱会経験者を紹介してほしい」「今の生活に疑問・矛盾を感じている状態が正常である、と複数の人から言われて褒められたい。神、教義に反する事をしてもバチなんか無い、と複数の人から断言されたい」などの回答があった。特筆すべきは、「オンラインでの相談の場が欲しい」との要望が、「オフライン」の三倍もあったことだ。匿名でのオンライン相談は、安全性を確保できハードルも低いという利点がある。だが、そのような場は未整備の状態だった。

「宗教2世ホットライン」の試み

ないなら作ろうということで、二〇二〇年にツイッターでつながった各宗教の脱会2世が協力し合って立ち上げたのが「宗教2世ホットライン」だ。[*3] 脱会に向けた具体的なアドバイスや情報提供、経験談を、当事者である2世たちが投稿し、相互扶助や自助作用を期待したものだ。

調査結果を思い起こしてほしい。2世の六四%が、相談相手がいない。一番必要とされている支援は精神的支援であり、「ただ話を聞いてほしい」「脱会経験のある宗教2世との接触、経験談の傾聴」「感情の肯定・共感・承認」などが求められていた。そのため、同ホットラインには「高額献金による自己破産」「信者・非信者の父母による家庭内不和」「教義や宗教的倫理観への批判」など、脱会した2世が経験談を多く投稿した。そこには2世の苦しみが溢れている。脱会のきっかけとして、アンケート結果に挙がっていた以下の項目、すなわち「教義への疑問」「教団への疑問」「自身の葛藤」「家族との軋轢」「一般社会での葛藤」「外的要因」そのものだ。

苦労話だけでなく、困難を乗り越えた成功体験の投稿もある。では、どうやって教団への恨みを乗り越えたのか。投稿には「親との和解の様子」「異性への理解を勝ち取った方法」などが書かれてあった。アンケート結果で、脱会を阻害する要因として「家族との関係」「教義・教団からの呪縛」「社会での居場所の無さ」が挙げられていたが、それらをどうやって克服したかのモデルとなっている。これらの投稿に対して、「私だけではなかったと安心した」「他の宗教にも同じような苦悩を抱える2世がいるのを知って、自分の宗教の滑稽さに気づいた」「疑問を持ったり苦しんだりしているのが異常ではないとわかった」など、多くの声が寄せられた。

この種のアンケート調査、ホットラインの運営および記事の募集も、SNSの発達なしには実現していなかった。それまで宗教2世たちは、「信じない自由」を蹂躙されても泣き寝入りし、傷を隠して孤独に生きていくしかなかった。しかしSNSの普及によって、宗教2世たちは匿名で緩いつながりを形成し、共感・承認・肯定し合いながら、自助コミュニティを作った。それは時代の流れだ。物理的な制約を超えて、愚痴を言って慰め合い、情報を共有し、連携し、テレビの取材を受け、書籍を出版した。記者会見を開き、政治家のヒアリングに出席し、被害者救済法の制定に尽力した。これは〝カルト宗教〟にとって脅威であるだろう。

しかし、本当に心惜しいのは山上徹也がつながれなかったことだ。もし彼が宗教2世ホットラインを見ていたら、SNSで教会や親の愚痴を言い合えていたら、あんな事件は起こらなかったかもしれない。

（Tea　統一教会2世）

＊1　本アンケート調査の結果を、対象者が特定されないかたちで紹介することについては、W氏より許可を得ている。なお、結果の概要については、動画で公開している。https://youtu.be/IrX_sMdY2nw

＊2　日本脱カルト協会「カウンセリングへの心構え④自然に脱会した人たちのキッカケ」http://www.jscpr.org/qanda

＊3　https://www.niseihotline.com/

20 報道分野で働く宗教2世として

匿名2世

まず、身元の特定を防ぐために、匿名で個人情報をぼかして記述することをお許し願いたい。

私は宗教2世、カルト2世として育ち、その環境から必死で抜け出して進学し、今はあるメディアで働いている。履歴書に書いた学歴の中に、ある宗教団体名が付された学校があったため、就職活動の際には酷い差別にも遭った。しかし、幸運にもそういったことで差別せず採用してくれた会社があったため、かねてから希望していた報道分野での仕事に就くことができた。ところが、二〇二二年七月八日、安倍晋三元首相の銃撃事件が起きてから人生が一転した。

事件後の報道で「旧統一教会」というワードが出た際、「ああ、統一教会か」と私が呟いたのを隣で聞いた若手の同僚から「統一教会って何ですか?」と聞かれて、カルト2世の問題の取材が始まったのを今でも鮮明に覚えている。

幸か不幸か2世だとカミングアウトすることはすでにできていたため、自身が脱会済みであるということを打ち明け、職場でこの2世問題について議論をし、取材に取り組むようになった。

正直、事件以前はこの2世の問題を、生まれも育ちもよい恵まれた人生を送ってきた同僚たちが理解できることは一生ないだろうと思っていたし、話しても無駄だと思っていたので、まさかこの問題を職場で真剣に議論し取材に取り組むような日が来るとは想像だにしていなかった。

だがやはり、このカルト問題を、一般社会に生きる人たちに一から説明するというのは当事者であっても最初はものすごく大変なことだった。一つ一つの教義や起きている問題をうまく言葉にしてわかりやすく説明することに四苦八苦しつつ、さまざまな教団の2世へも取材を行っていったが、教団によって問題の性質が異なることもわかり、私自身も知らないことだらけであった。

本稿では、報道分野で働く2世として、メディアの人たちとこの問題に向き合う中で、私たち2世と一般社会に生きる人たちとの隔たりの大きさに驚きが尽きなかったので、取材を通して感じたことを、私の経験も踏まえつつ紹介していきたい。

2世として発信することのリスク

まず私も含め、なぜ2世が簡単には顔を出して発信できないかということについて、メディア側の人間の想像力が及んでいないことがわかった。この問題を取材する中で、「犯罪者でもないのに顔をぼかさなければいけないことに違和感を覚える」といった意見も、メディア側から出た。なぜ2世が簡単には声を上げられないのか、私たちの状況を説明していきたい。

顔を出して教団の批判をすることで起きうること。まずは、カルト問題にはつきものの訴訟リスクが挙げられる。スラップ訴訟（恫喝的・威圧的訴訟）など訴訟を乱発する教団出身の2世は、顔を出して活動する場合、いつ名誉毀損などで訴えられてもおかしくない。その場合、社会生活に大きな支障が出るが、それだけでなく、2世は家庭環境の影響もあり、経済的な問題を抱えていることが多く、生活が破綻しかねない。

さらに、SNSなどで顔を出さずに匿名で発信している場合であっても、身元を特定され、家族に連絡が行くこともある。カルト団体に所属する親の下に生まれた2世たちは背教的行為が発覚すると、一家で信者である場合は家族全員から、教団が運営する教育機関出身の2世の場合は、それまで培ってきた友人の大半から忌避され、罵られることもある。学生など、実家をまだ出ていない場合は、精神的虐待や経済的DVに遭う可能性もある。カルト2世は匿名であろうと、声を上げることにはこういったことが起きるリスクを踏まえて覚悟を持たなければ発信できない。

一つわかりやすい実例を挙げるとすると、菊池真理子氏のマンガ『「神様」のいる家で育ちました』のモデルとなったある2世は、ある教団が運営する教育機関の出身者だったため、その学校の教員や2世の友人が連絡したものの連絡が取れないという公式声明を、その教団が発表したことがあった。つまり教団は、匿名のモデルとして登場した生徒が誰なのかを突き止めていて、教団が運営する学校の教員などが連絡しているということを公式に発表しているのだ。私はこれを知った時に震え上がった。

匿名ですらこういう目に遭うことを知れば、2世として顔を出して発信する難易度がいかに高いことか、分かってもらえるのではないか。もちろん私自身も、この文章で特定され、連絡が来る可能性を覚悟して、これを書いている。

私は業界の一員でありながら、こうしたことへのメディア側の配慮について、未だに不信感が拭えない。取材をする中で、口では顔出しはしないと約束したにもかかわらず守られなかったという例もあったと聞いた。

多くの2世が直面する「信教の不自由」

次に、一般社会に生きるメディア人になかなか理解が得られなかったことを挙げると、「脱会がゴールではない」ということだ。

私自身はたまたま脱会している身ではあるが、自分の所属していた教団の2世の友人で、すでに信仰から離れていても、脱会までした人はなかなかいない。取材をする中でも、所属している教団の規模が大きくなればなるほど、わざわざ脱会する率は減ると感じている。

では、なぜ脱会しないのか。比較的大きな規模の教団に所属していた私の個人的感覚で答えると、わざわざ脱会するメリットがないからだ。

一家全員が信者の家庭に生まれた2世の場合、「脱会」するということは家族全員と縁を切る、ということとほぼ同義だ。仮に「脱会」するなどと口に出そうものなら、家族に毎日説得され続ける。一家全員に歯向かって縁を切り、保証人や緊急連絡先などを失い、社会生活に支障が出るような真似をわざわざするのは、あまりに割に合わないだろう。特に、まだ学生の場合、学費や生活費を人質に取られているようなものだ。その状態で信教の自由などあったものではない。

特殊な例では、エホバの証人における「排斥」という制度で、教団によって除名されるようなこともある。エホバの証人においては「バプテスマ」と呼ばれる洗礼を受けたかどうかが一つの基準となり、この「バプテスマ」を受けた人間が、教団の教義に反するようなことや教団の基準に反する「ふさわしくない」ことを行った場合、「排斥」の対象となり除名されるようだ。この「バプテスマ」は、早ければ中学生から受けるようで、中学生で「排斥」される子どももいる。問題なのは、教団の教義によって、「排斥」された人間と関わってはいけない、たとえ家族であっても、必要最低限の会話しかしてはならないとされていることだ。

一般社会に生きる人たちには、この過酷な状況はイマイチ想像しづらいようなので少し補足をすると、中学生など親の意向の影響が大きい時期に洗礼を受けると、その後、信仰から離れるような選択や異性との付き合いなどをしたくなっても、親と口が利けなくなる、支援が得られなくなる状況に子どもたちは置かれてしまうのだ。こうした子どもたちに、果たして信教の自由などあるのだろうか。

脱会し、家族と絶縁するという選択

脱会を自ら選ばない2世、教えに背いたことで教団から除名される2世、さまざまなケースがあるが、私自身はあえて脱会し、家族と絶縁するという選択をした。

そこまでしてなぜ私が脱会したかということを、2世の一例として記述しておきたい。

私は教団の運営する学校を卒業しているが、スマホやSNSの普及によって、外の世界の情報に触れやすくなった高校時代、教団の矛盾や空虚さに徐々に気づき始め、この世界でずっと生き続けるのは嫌だと思い、どうにか抜け出る機会を探り始めたのが、最初のきっかけだったと思う。

脱会を選んだ理由はいくつもあるが、進学や就職などで親の意にそぐわない選択をするたびに「信仰心が足りない」と言われ束縛されてきたことや、新型コロナの流行を受けて、ノーマスクや反ワクチンを推奨するなど、多くの人に実害を与える教団になったと感じたこと、LGBTQへのあからさまなヘイトスピーチを行ったことなどから、これ以上この教団に加担していては自分の良心が死ぬと感じ、正式に信者を辞めて家族と縁を切る覚悟を決め、脱会することにした。どうやって脱会したかについては特定されてしまうので詳述できないが、然るべきところに書類を送れば脱会はできるものだ。

脱会する前に先に知っていてよかったと思ったのは、行政のDV等に対する支援措置によって、戸籍などに閲覧制限をかけて、現住所を親族に知られないようにできるということだった。私はこの措置の存在を、冠木結心《かぶらぎけいこ》氏の著書『カルト宗教からの脱会』[*1]で知ったが、この制度を知っていたことが、自分の脱会がうまくいった一つの要因かもしれない。この支援措置を受けるには警察署などに相談に行く必要があるが、必要な人は敬遠せずに思い切って足を運んでほしい。私の地域の警察署ではきちんと話を聞いてもらえた。

2世は環境によっては、教えてほしいと思う情報を教えてくれる人が周りにいないことも多い。私自身も閉鎖的な環境で育ったので、学歴によって就職先にこんなにも差が出るということを教えてくれる人は、周りに誰もいなかった。親に喜んでほしい、悲しませたくないという一心で親の意向を拒絶できず、教団名のついた学校名が学歴として残ってしまう私のような2世も多いのではないかと思う。それが、小学生や中学生の時期ならなおのこと、自分で選んだとはとても言えないだろう。

こういった身の上話をすると、一般社会では驚かれ、可哀想だと言われることも多いが、自分としては2世として生まれた中ではかなり幸運な方だと思っている。親と縁を切る選択ができない人や、実家を出られない学生などは、逃げ場がなくて本当に苦しい状況だと思う。私自身は家庭内で暴力を受けて育ったことと、早い時期から親元を離れ寮生活をしていたことで、親を捨てる決意は比較的簡単にできた。幸いなことに心の健康も失わず、苦しみつつも努力してここまで来ることができたが、正直かなりキツかった。心の健康を失ってしまっては、行動を起こすこともままならなかっただろう。もしも今苦しくてどうしようもない状況にある方には、まずは自分の心を大切にしてほしいと願うばかりだ。

私が2世の友人たちに、自分の脱会を伝えた時の反応としては、親とどうしても縁が切れないので羨ましい、おかしいとは思うけどこれまでの人生で培ってきた全てを捨てることはできない、親の介護の問題を考えると辛い、親が希望する教団の納骨堂を子どもの自分が維持し続けるにはどうしたらいいのか悩む、といったものから、それでも親が好きだから悲しませたくない、といったものまで、さまざまだった。

脱会以前の私にとって一番呪縛になっていた教団の教義は、「子どもは親を選んで生まれてくる」というものだった。だから親に感謝しなさいというのが、教団の教えだ。生まれてから成人するまで、子どもを支配できるこの魔法のような言葉を親からかけ続けられて育った子どもの人生を想像できるだろうか。

私にかけられたこの呪いのような言葉を解いたのは、一般社会でできた友人だった。生まれてきた子どもを心身ともに健康に育てるのは親の義務だ、と言ってくれた。今思うとごく当たり前の常識的な意見だが、こんな当たり前なことを言ってくれる人は、私がかつて生きていた世界には一人としていなかった。私がこの教義を完全に捨て去った時から、一気に自分の心が健康になっていったのを感じた。大人になって、子どもを持つような年齢になった今、生まれてきた子どもたちにこんな考えを植え付け、従わせるようなことを、親や教団が平然と行ってきたと考えると、本当に悪質だと思う。

今でも、どうしたら昔の自分を助けることができただろうと考えることがあるが、何度考えても無理だろうと思う。「189」（児童相談所虐待対応ダイヤル）の存在を知ったのも、報道分野で働き始めてからだった。何が最善の選択だったのか考えることもあるが、家族を捨てるという選択肢以外に方法はなかったと思うし、家族を捨てなければこの職業を選ぶこともできなかった。

一般社会の人たちに望むこと

カルト問題を取材していると、メディアの人間から、どうしたら2世を助けられるだろうかと聞かれることもあるが、一般社会に生きる人たちが、直接何かをして助けてあげられることはほとんどないのではないかと、個人的には考えている。強いて言うなら、緊急連絡先がなくて困っている2世が周りにいたら助けてあげてほしい、とは思う。私自身も、賃貸住宅や医療機関で必要になった際には、友人・知人に助けてもらってここまで来られた。保証人と違って、借金を返済する義務などないので、可能であればぜひ、なってあげてほしい。

直接的に助けてあげられることはそう多くない一方で、一般社会に生きる多くの人が、宗教2世をめぐる問題を認識し、知識をアップデートして、差別することなく接してくれるような社会になれたなら、私たち2世も、困った時に相談しやすくなり、生きやすくなるのではないかと思う。

二〇二二年、安倍元首相銃撃事件が起きてから、世間がカルト問題に関心を持ったことで、良いことも多かった半面、私のように、教団名のつく学校を出て学歴にそれが残っている人間が差別を受けているのではないかと心配だ。信仰から離れていても脱会できていない2世もいれば、脱け出そうともがいている最中の2世もいるので、当事者たちの状況は様々だ。私が願うのは、周囲の人たちがその努力をつぶさないようにしてほしい、ということだ。私のような例もあるので、宗教に関わりがあるということだけで、簡単に差別し排除するような社会にならないことを切に願っている。

最後に。厚生労働省は二〇二二年度末に、宗教を背景とする児童虐待に関するガイドラインを発表した。働きかけて下さった2世の皆さんには心より感謝申し上げたい。「宗教虐待」として想定される事例として、「地獄に落ちる」と子どもを脅して宗教活動への参加を強いることが盛り込まれたが、旧統一教会やエホバの証人の2世だけでなく、多くの宗教2世が、こうした精神的暴力を受けてきたと思う。

このガイドラインを見て、2世の子どもたちの環境が少しでもマシになる方向へと進んでいると思い嬉しく感じた。一方で、「地獄に落ちる」という事例から、私自身の経験も「虐待だったのだ」とはっきりすると同時に、私の青春時代に与えられるべきだった選択肢やチャンスはもう取り戻せないという現実に改めて打ちのめされてしまい、翌日は一日寝込んだ。

私の場合、教団から抜け出す糸口を自力で必死に摑んで道を切り拓いてきたが、抜け出るまでは誰も助けてくれる状況になかった。周りに信者の子どもしかいない環境で育ったため、一般社会の人たちと交流するチャンスが少なかったからだ。国や行政が対応すべきことをきちんとやっていたら……、日本社会が見て見ぬふりをしていなければ……。「たられば」ではあるが、やるべきことを日本社会がしなかったために自分は犠牲になり、あんなに苦しい思いをして逃げて来なければいけなかったという、「親ガチャ」に加えて「国ガチャ」も外してしまった現実に打ちのめされた。

「宗教2世」であるがために信教の自由もなく職業選択の自由もない時代に宗教2世として生まれたということは、女性だからという理由で職業選択の自由もない時代に女性として生まれたということに近いのだろうか。「恵まれた時代になってよかった」という気持ちと、取り戻せない自分の人生に対する感情に折り合いをつけて生きていかなければならない。

どこの教団とは言わないが、「地獄に落ちる」という脅しを前面に打ち出した内容の本を二〇二二年の年末に刊行し、翌年のメインの経典として大々的に売り出した教団がある。まさか自分たちの教団が運営する学校で、子どもたちにそんな本を読ませたりはしないだろうなと言いたい。私はそういった教育を受けてきたために、青春時代に精神のバランスを崩していたのだと、教団を抜け出してから分かった。

意を決して外の世界に出てみると、想像していたとおり、そこは厳しい世界ではあったが、見返りなどなくても助けてくれる人たちともたくさん巡り会うことができた。本当の人の温かさを知ることができ、自分の思考を放棄して教団の言いなりになって人を裁くような、かつて自分がいた世界こそ、冷たい「地獄」だったのではないかと感じている。本当はもううんざりだ、こんな人生はもう嫌だと思っている、かつての私と似た境遇の方々は、ぜひ思い切って全てを捨てて挑戦してみてほしい。きっと、かつての私のように、こっそりこの本を読んでいるのだろう。私の場合、失ったものも本当に大きかったが、得られたものは想像以上に大きかった。自分の心が苦しいと思っている人は、気力があるなら行動を起こしてみてほしい。助けられることは私も助けるし、相談にも乗る。そして、私自身も報道の現場でできることを頑張っていきたい。

＊1　冠木結心『カルト宗教からの脱会』kindle版、二〇二〇年（その後、大幅に加筆・再編集され、以下の本となった。冠木結心『カルトの花嫁――宗教二世　洗脳から抜け出すまでの20年』合同出版、二〇二二年）。

21　オウム真理教家族からみた「宗教2世」問題

永岡弘行・永岡英子

私たちは、オウム真理教（以下、オウム）に入信した息子を取り戻すために「オウム真理教被害者の会（現・オウム真理教家族の会）」として活動してきた。オウムでも親が子どもを連れて出家するケースがあり、「2世問題」という言葉はなかったが同種の問題はあった。2世問題はカルト問題とも深く関わる。ここでは、オウムというカルト団体の問題に取り組んできた信者家族の経験から、いくつかのことをお伝えしたい。

息子の入信から始まった

私たちの息子は一九歳のとき、一九八七年にオウムに入信した。ちょうど、前身の「オウム神《しん》仙《せん》の会」から「オウム真理教」を名乗るようになった頃だった。

息子が入信していたことはしばらく気づけなかったが、入信から一年ほどの間に、「オヤジ、人のために何ができるかって考えたことあるかよ」などと、それまで言わなかったような変なことを言い出すようになった。もともと素直すぎるくらいの子だったのに、親に突っかかってくるようになったのだ。父の弘行は男気が強いから、口喧嘩になり、大騒ぎになった。

そんな息子の変化が不審だったので、当人の部屋を調べるとチラシなどオウムの印刷物が出てきたので、入信がわかった。もともと身体が弱く読書などが好きだったので、おそらく教団の書籍を通じて興味を持ったのだろう。

当時はオウムがどういう団体なのか情報もなく、弘行が赤堤（世田谷区）にあったオウムの道場での教祖・麻原彰晃の説法に通うなどして様子を見るようになった。何回か通ってみると、麻原は息子が言っていた「人のために何ができるか」という話を繰り返していた。息子は、こういう説法を聞いて、麻原について「自分を犠牲にしてでも何か一生懸命考えてくださる、それこそ救世主のような方」だと思っていたのだろう。確かに言っていることは素晴らしい。だが、麻原はそうやって人を酔わせるテクニックを持った人間のように見えた。息子は、教団から意図的に発せられた言葉を私たちに言っていたのだと思う。

麻原の説法会では、弘行が質問しようと思って手を挙げても、なかなか当ててもらえない。そこである時、麻原の目の前で一万円札を落としてみた。麻原は、自分は全盲であると盛んに言っていたのに、ふっと一万円札の方に目をやった。そこで弘行は麻原にこう質問した。「法を説く人間は、たった一つのウソもあってはならないのではないか」。麻原が「その通りだ」と答えたので、「貴様、一万円札の方を見たではないか（全盲というのはウソではないか）」と言ってやった。

すると新実智光（元死刑囚）らが出てきて、道場から追い出されてしまった。

一九八八年か八九年頃、私たち以外にも、入信してしまった子どもを取り戻そうとしている何組かの家族に出会った。オウムの赤堤道場の近くに交番があって、そこにも相談に行った。すると、同じような相談をしに来た家族が他にもいて、そこで接点ができ、横の繋がりができていった。

一九八九年六月、そんな親の一人から相談を受けていた坂本堤弁護士たちが弁護団を結成。坂本弁護士の尽力で一〇月に「オウム真理教被害者の会」が設立され、弘行が会長となった。『サンデー毎日』が七週連続でオウム問題を取り上げる追及キャンペーンを開始したのも、会設立とほぼ同時期だった。

一九九〇年には大阪で、母親が子連れで出家したために父親が子どもの人身保護請求をした裁判の証人として弘行が呼ばれたこともあった。この裁判は一一人の子ども（母親は計四人）についての人身保護請求で、当時中学生だった一人を除き一〇人が父親のもとに戻された。また、地下鉄サリン事件後の強制捜査以降、全国の教団施設から児童相談所により一一〇人を超える子どもが保護された。保護されなかったケースを含めるとさらに多くの子どもが教団施設で暮らしていたと聞く。当時、「2世問題」という言葉はなかったが、オウムにも2世問題は確実にあった。

被害者の会は、2世問題に取り組んだのではなく、基本的には入信した子どもを取り戻そうとする親たち（非信者）の団体だった。オウム側はこれについて、「子どもを返せと言っているが、すでに成人した大人である」とか「もともと家族関係に問題があったから子どもがオウムに居場所を求めたのだ」という類いの主張をしていた。藤倉善郎氏によると、最近でも、麻原の三女ですでに後継団体「アレフ（Aleph）」と無関係になったとする松本麗華《りか》氏が、トークイベント等で同じようなことを言っているという。後継団体「ひかりの輪」代表の上祐史浩も、「親子関係に問題があってカルトに入信する」ということを強調し、オウムと同じような見解をいまだに持っている。

しかし実際には、うちの息子も未成年のうちに入信していたし、坂本弁護士も、未成年で入信どころか出家までしてしまった子どもを取り戻したいという親から相談を受けて教団側と交渉をしていた。妻が子どもを連れて出家してしまったという夫からの相談等もあった。なお被害者の会に集まった家族たちの中で、子どもの入信前に家族仲が悪かったりしたケースはほとんどない。私たち家族にしても同様で、むしろ子どもが入信してから、そのことをめぐって口論が絶えなくなった。オウムが原因で家庭がおかしくなっていた。

私たち家族が巻き込まれたのは2世問題とは違うが、未成年者を含む子どもをめぐる問題であり、カルトによって家庭が壊されるという問題だった。その点では共通する。

オウム脱会者からの相談に乗ったこともあるが、そこで聞く話はどれもほぼ同じ。入信すると、親からすれば初めての経験だから困惑し、子どもと揉めてしまう。それが信者自身にとって大きな傷になる。教団側にとってはそれが目的で、そうやって家族ではなく教団に依存するよう仕向けているように感じる。この影響は、教団をやめれば消えるものでもなく、やめた後も、自分が信者時代に親に対してとった態度や言動が傷として残っていたりする。

行政とメディアの動きの問題

オウムは松本・地下鉄両サリン事件が有名だが、実際にはテロを計画する何年も前から様々な問題を抱えていた。私たちはそれを問題視してきた。

教団では、前述のように未成年者を出家させていた。それだけでなく、うちの息子は、「親が死んだら遺産を全て教団に寄付する」という趣旨の誓約書を教団に書かされていた。教団は、麻原の血を飲む「血のイニシエーション」で、信者から一〇〇万円もの金を取っていた。麻原の血に含まれるDNAには特殊な効果があると京都大学の研究で証明されているかのように宣伝していたが、そうした研究が行われた事実はなかった。このことは『サンデー毎日』で報じられ、坂本弁護士もこの点について教団を追及しようとしていた。

オウムは一九八九年に東京都から宗教法人の認証を受けていた。しかし一年以内であれば取り消すことができるという規定があった。そこで当時の「被害者の会」では都に請願を行っていたが、都側は話し合いの日取りを延期するばかりで、最後まで何もしなかった。一九九五年の地下鉄サリン事件後に教団施設への強制捜査が行われた頃になって、都は関係書類を返送してきた。それでいて、当時の青島幸男都知事は検察官とともにオウムの宗教法人解散を裁判所に請求し、最終的に宗教法人としてのオウムは解散となった。オウムの問題が、政治家や行政の体裁を取り繕うことに利用された印象すら受けている。

都に請願をする際には、各政党の都議にも協力をお願いしに行った。日本共産党だけが親身になって話を聞いてくれた。当時、機関紙『赤旗』の記者でカルト問題を熱心に取材していた柿田睦夫氏も、いろいろ助けてくれた。しかし他党はほとんど相手にしてくれなかった。公明党の都議は、事務所に行くとその場では前向きなことを言っておきながら、最後は「自民党が(請願を議会に)提出しないことになったから、うちもやらない」と言ってきた。

これらのことを考えると、いまでも本当に悔しい思いだ。私たちの声に耳を傾けて何かしらの対応をしてもらえていれば防げた事件があったかもしれない。

当時、私たちはメディアにも失望していた。

前述の『サンデー毎日』による追及キャンペーンは非常にありがたかったが、ワイドショーでは、オウムの問題を取材して報じるのではなく、私と麻原を番組内で対決させようとするものもあった。テレビ朝日のワイドショー「こんにちは2時」では、事前にうちの息子を出演させないよう要請していたのに、麻原が女装した息子をスタジオに連れてきて、息子に弘行を非難させた。結局、オウムの宣伝のような番組になってしまった。

息子は現在すでに脱会している。このテレビ番組のことを後で聞いたところ、事前に麻原から「お前の父親は何を一番嫌がるか」と尋ねられたそうだ。息子は「(父親は)〝男は男らしくしろ〟

とよく言う」と答えたため、それなら女装をしようということになったそうだ。

　地下鉄サリン事件以降に明らかになったことだが、TBSのワイドショー「3時にあいましょう」のスタッフが上祐らオウム幹部の要求に屈して、放送前の坂本弁護士のインタビュー映像を見せてしまった。この「TBS問題」が起こったのも同時期のことで、一九八九年一〇月だった。ビデオを見た上祐らの報告を受けて麻原は坂本弁護士を自分たちにとって脅威であると判断し、幹部らに殺害を指示した。そして同年一一月四日の未明、坂本弁護士は妻子とともに殺害される。

　こうした経緯が判明したのは地下鉄サリン事件以後で、当初坂本弁護士一家は「失踪」として報じられた。オウムによる犯行を疑う声もあったが、大手メディアはオウムを名指ししなかった。警察は坂本弁護士が借金を抱えて失踪したとか、左翼過激派の内ゲバに巻き込まれたなどといったデマを新聞社にリークした。

　坂本事件についても、TBSが坂本弁護士のビデオをオウムに見せなければ起こらなかったかもしれない。あるいは見せたとしても、坂本弁護士のインタビューをきちんと放映していれば、事件は防げたかもしれない。オウムを批判する坂本弁護士がテレビに流れた後では、オウムへの疑いが強まる。教団は犯行をやりづらくなっただろう。

　坂本事件後でも、警察がきちんと調べてくれていれば、その時点で教団内で発生していた事件（一九八八年の信者死亡事件、翌年の信者殺害事件）も含めて早く発覚していたかもしれない。そうなれば、以降の事件も防げただろう。

坂本事件以後、地下鉄サリン事件が起こるまでは、オウム問題を取り上げる報道も減っていった。オウムによる抗議や訴訟が繰り返されたことでメディアが萎縮したのか、原因はわからない。いずれにしても、前述のように、メディアに裏切られるようなこともあったので、やがて被害者の会では、積極的にメディア対応をしないようになった。自分たちの子どもを取り戻す活動、オウムの問題性を世に訴える活動、そして坂本一家を探すための情報提供等を募る活動など、他にやるべきことが山積みだった。

地下鉄サリン事件以降、オウム問題は大きく報道され、オウムによる多くの事件が発覚して裁判が行われ、法的には「解決」した。地下鉄サリン事件についても、その前年には警察が、教団がサリンを所有している事実を知っていたと聞いている。もっと早くに行政やメディアがしっかり動いて社会がオウムの問題性に目を向けてくれていればと考えると、いまだに悔しくて仕方がない。一連のオウム事件は初期から最後まで、「あの時、ちゃんと動いてくれていたら」ということばかりだ。その点では、昨今の旧統一教会問題や「宗教2世」問題も同様なのかもしれない。

教訓は活かされているのか

オウム事件では二〇一八年に、教祖の麻原と一二人の弟子たちの死刑が執行された。

若くして入信した彼らは皆、親にとっては「入信してしまった子どもたち」だ。私たちは「被害者の会」、後に「家族の会」として、そんな子どもたちを取り戻そうとしてきた。一連のオウム事件の被害を受けた皆様には、そんな親として本当に申し訳ない思いでいっぱいだ。私たちの息子は犯罪には関わらず、すでに脱会している。しかし、誰が犯罪に関わってもおかしくはなかった。死刑になった弟子たちのことは、私たちにとって他人事ではない。オウムに巻き込まれたがゆえに、教団に依存するよう仕向けられ、犯罪に関わるように命令や誘導をされて、最終的に死刑囚になってしまったのだ。だから私たちは、世間の皆様に申し訳ないと思いながらも、子どもたちの死刑だけは何とか避けてほしいと署名活動などをしてきたが、叶わなかった。

こうした、何をするかわからないカルト宗教の被害や恐ろしさ、それによって引き裂かれる家族の苦悩、その問題に社会が取り組むことの重要さといった「オウムの教訓」は、これまで社会の中でどれくらい活かされてきただろうか。

オウム後継団体の一つである「アレフ」は、露骨に麻原信仰を維持していることなどから、いまでも時折、危険視する報道はある。しかし、同じ後継団体でも「ひかりの輪」と代表の上祐については、無批判に扱うメディアや宗教学者も目につく。事件を反省したとする彼の言葉を真に受けているのかもしれない。「ロフトプラスワン」というライブハウスでは上祐を出演させるイベントを日常的に繰り返している。前出の藤倉氏によると、そこでは「ひかりの輪」による観客への勧誘活動も行われているという。

上祐は、未成年で出家した子どもを取り戻したいという親からの依頼で坂本弁護士が教団側と話し合った際に、坂本弁護士に対し、「こちらには信教の自由がありますから」と言い放った人物だ。これに対する坂本弁護士の「人を不幸にする自由はない」という言葉は、いまでも語り継がれている。そして上祐は、地下鉄サリン事件直後も、広報担当者としてメディアに登場しては、事件と教団は無関係だというウソをつき続けてきた。

上祐やひかりの輪が、事件を反省したと主張しているからといって、本当に信用して大丈夫なのか。それをしっかり検証したり批判したりしないままなら、社会として多くの事件を未然に防ぐことができなかった九〇年代前半と変わらないのではないだろうか。

二〇二二年の安倍晋三元首相銃撃事件を受けて、旧統一教会の問題は盛んに報道され、2世問題という形で、カルトに巻き込まれる家族と子どもたちの苦悩についても社会の目が向けられるようになった。しかし、いまも統一教会やエホバの証人以外の宗教団体の問題は大手メディアではほとんど報道されていない。それどころか、上祐がインターネットやトークイベントなどで、まるで識者か何かのように旧統一教会問題や2世問題を語っている。

統一教会については、本稿執筆時点では文化庁が質問権を繰り返し行使している。かつてオウムが宗教法人として認証された直後に、都が私たちの声に耳を傾けてくれなかった結果、何が起こったか。それもまたオウムを教訓としつつ考えていただきたい。

（ながおか・ひろゆき／ながおか・えいこ　オウム真理教家族の会（旧称、オウム真理教被害者の会））

22 仏飯を食べたらお坊さんにならなければいけないのか──お寺の2世問題

越高陽介

「寺に生まれ、御仏飯《おぶっぱん》で育てられた皆さんには大きな責任がある」

その会で、好道は、寺に生まれたことをいやがっている子弟の多いのにおどろいた。

「お坊さんになりたくない」

「お寺には嫁入りしたくない」


（丹羽文雄『一路』[*1]）

世界平和統一家庭連合（旧統一教会）の信者の子どもによる安倍晋三元首相殺害事件から、宗教と政治の関係や、霊感商法に基づく不当な勧誘・寄付などの問題がクローズアップされることが増えた。さらにこの事件をきっかけに、「宗教2世」が自分たちの苦悩や、虐待の経験を広く発信し始めたことで、社会全体に大きな衝撃を与えた。

これらは伝統仏教界にどのように影響を与えたか。宗教と政治の関係については、教団として選挙で推薦を出さないように方針を転換した臨済宗妙心寺派や、[*2]旧統一教会と密接な関係があった候補を推薦してしまったことを反省しチェックを強化することにした日蓮宗[*3]のように、大きく動いた教団があった。二〇二二年末に成立した「法人等による寄附の不当な勧誘の防止等に関する法律」については、全日本仏教会が法の趣旨には賛成するが慎重な運用を求める理事長談話を出す[*4]など、「自分たちのこと」として考える意識は見受けられる。

しかし、宗教2世問題に関しては、伝統仏教界は「自分たちのこと」としてはほとんど関心を払っていないのではないかと、管見では思われる。「おかしな宗教の子どもが酷い目にあっているのは同情するが、私たちにはそんな問題なんかない」と言わんばかりで、自分たちのことだと考える意識が弱いように見えるのだ。

本当に、伝統仏教界に宗教2世問題は関係ないのだろうか。

僧侶の妻帯と世襲で生み出される2世問題

大塚玲子「実家から逃げられない「寺の跡取り娘」悲壮な告白――僧侶の父のモラハラ、結婚相手も制限され……」[*5]でインタビューに応じた寺の一人娘の女性の体験は壮絶である。両親、祖父母が不仲な姿を毎日見せつけられて育ち、「何より耐えがたかったのは、家ではこれほど横暴な父親が、外では「人の道を説く僧侶」であることでした。酒を飲んでは「俺の稼いだ金で飯を食うな」と暴言を吐き、母親が用意してくれた食事を捨てたり、「女のくせに」と母親をこき下ろしたりしているその人が、「すべての人間は平等。お肉や野菜、食べ物はすべて何かの命をいただいている」などと教えを説き、一時は地元の保護司まで引き受けていたのです」と回想する。

その後、女性は親から宗門大学に進学することを暗に強制され、寺の後継ぎとなってくれる結婚相手を探すことを求められる。親（家）の宗教が子どもの人生を束縛する宗教2世問題が、伝統仏教界にもあることを剔抉した記事である。

妻帯が当たり前になったこの百年ほどの伝統仏教教団では、住職の息子、もしくは娘の配偶者が、寺院の跡継ぎになるということ（世襲）が常態化した。[*6] 寺院の家庭化、住職の家業化が引き起こされたのである。そのため、2世問題というか、3世、4世、5世にまでわたる問題ともいえるが、本稿では「2世問題」とする。

世襲が円満に行けば、檀信徒の信仰は強固になることも多く、寺院運営は安定化するので、一概に世襲が悪いともいえないが、住職後継の強制という宗教2世の問題が発生していることも、きちんと見据えなければいけない。

寺に生まれた男子の場合、両親から、祖父母から、あるいは檀家から「跡継ぎ」であることを期待され、宗門の大学に行き、親と同じように修行道場に入って住職資格を得て、寺を守って一生を終える。この一般的な住職のライフヒストリーに、いくつかの問題が見いだせる。

まず、子どもが親と同じ信心を持つこと、その後の人生でも持ち続けること、同じ仕事をすることを、どうして親が定められるのかという問題である。子どもは子どもなりに色々と将来のことを考え、夢を描いたりするものだが、お寺の子どもに生まれたことで「お寺を継ぐ」以外の選択肢が閉ざされていくのは、好ましいことではない。様々な人生行路の中で、仏教ではない宗教に出会い、別の信仰を選ぶことだってあり得る話だ。[*7]

中野優信は「曹洞宗における女性（尼僧・「寺庭婦人」）の地位」[*8]で、世襲寺院における信仰の自由、子女の教育について問題提起する。「親には子供を教育する権利と義務とがあるが、子供の信仰の自由に干渉する権利まであるかということである。現在、宗侶《しゅうりょ》の子弟、特に次期住職後継候補者である男子は、ほとんどが幼いうちに半強制的に得度を受けさせられる。そして宗門関係の教育機関で教育を受け、通過儀礼的に一定期間の安居《あんご》を行い、「一人前」の宗門僧侶となり、「めでたく」後継住職となるのである。そこでは信仰の自由や、僧とは何か、あるいは宗教者とは何かということについて考える余地はほとんどない。こうした宗門の現状は、「出家」あるいは僧であることの意味を自ら問い直すことを困難にしている」と、厳しい視点を提示している。

「仏飯をいただいたのだから」という圧力

お寺の子が住職や住職の妻になる以外の将来を展望すると、「お仏飯で育ったのだから仏様に恩返ししなさい。ばちが当たるよ」ということを言われ、住職になる以外考えてはいけないように思い込まされる。この「お仏飯で育ったんだから」という殺し文句は、多くの寺院に生まれた子どもを僧侶の道に進ませている。

一例。一九八八年九月に開催された日蓮宗の中央教化研究会議の法器養成部会で「あなたの息子が僧侶になるのが嫌だといったら、あなたは息子に僧侶の使命をどう説明しますか」という質問に、ある参加者はこう答えた。「えり首をつかんでも父親の敷いたレールに乗せ、坊さんに育成すべきだ。父親が強引に身延山高校、あるいは短大に入れ、厳しい修行の中で、いずれも本人自ら意志を固め、順調に進んで現在立派な後継者になった。／仏飯を食んで育った。御恩報謝は当然で、子供一人は必ず坊さんにして立派な後継者にしてみせる。という親として師僧としての強い気迫を持つことが何よりも大切だ[*9]」。もはや戦慄するレベルの回答である。

この寺院ではそうやって子どもを後継者にし、うまくいったのかもしれない。しかし、このやり方を一般化することがどれほど危険なのか、贅言《ぜいげん》は不要だろう。

また哲学者の福田定良（瀬川行有《ゆきあり》）は、自伝『脱出者の記録[*10]』で、寺の子としての苦悩を回想している。福田は物心つく前に浄土宗寺院住職の養子になったが、少年時代に父に「活動の弁士になれたら、いいな」と無邪気に言うと、父は怒って火箸を摑んで打擲《ちょうちゃく》しようとし、恐怖を感じたという。そして福田は浄土宗の宗門校に入るのだが、教師は福田を叱るたびに「仏飯をいただいているくせに」などと小言を突きつけた。宗内生として馴染めず、孤独感に苛まれた結果として福田は、寺の跡を継がなかった。

「そんなのは古い話だ」と思われるだろうか。いや、寺院出身者ならば、こういった「お寺を継がせる圧力」は、かつてほどではなくとも、今もなお厳然とあることを、知っているはずだ。

寺院生まれの、ある世界的大企業の代表取締役が、禅の老師との対談でこんな主旨のことを言っていた。「父親は、どうしても自分を跡継ぎにしたかったようで、宗門の大学に入れた。そこ以外の大学に行くことは許さない、もし行っても学費は出さないと言われたので」

その大企業の人物は笑い話めかして言っていたので、当人の中では気にしていない出来事だったのかもしれない。だが、このように、子どもを宗門の大学以外に進学させないというのも、仏教界の2世問題であろう。各宗門大学での教育プログラムは、たしかにどれも素晴らしい。だが、親が、学費を盾に、「仏飯」を盾に子どもの進学をコントロールしていいのだろうか。[*11]

子どもを赴かせた修行道場で暴力事件が起きる現実

こうした伝統仏教界の宗教2世問題では、住職資格を取得する修行道場（僧堂、信行《しんぎょう》道場、専修《せんしゅう》学院など、宗派によって呼び名は様々である）の問題も避けては通れない。いじめ、暴力、ハラスメントが蔓延している修行道場もあるからだ。曹洞宗の修行道場の一つである正法寺《しょうぼうじ》専門僧堂で、修行僧が後輩に暴力を振るい、刑事事件になったことは、全国紙でも報道された。[*12]

読経を訓練したり境内の作務《さむ》をしたりなどの修行は、厳しくても耐えられるだろう。しかし、無意味な暴力、ハラスメントが修行者の心に傷を残すのなら、本末転倒としか言いようがない。

自身が直接に暴力を受けなくとも、聖職者を育てる道場でそのような世俗顔負けの愚行が蔓延しているのを見せられるのは、精神的には重度の負担になるだろう。「修行道場に入ってしばらくのあいだ、本当に自分をこんなところに入れた師匠（父親）を恨んで、逃げ出したかったし、寺なんか消滅してもいいくらいに思った」と、ある僧侶が沈痛な面持ちで打ち明けてくれたことがある。

寺院に生まれた男子にはこうした苦労があるが、女子の場合は別方面の苦労もある。男兄弟がいない場合、後を継いでくれそうな結婚相手を見つけるよう求められるのは、先述の大塚玲子がレポートしている通りである。浄土宗の女性僧侶で宗議会議員の稲岡春瑛《いなおかしゅんえい》は、女性が教師資格を得ること自体が困難な上に、せっかく教師資格を得ても「周りから、また檀信徒さんから、早くお婿さんを取ってお寺を継いでもらいなさいよと言われたり、つまり、周りはその女性教師が跡取りとは思っておられないんです」と宗議会で訴えた。[*13]仏教界に瀰漫《びまん》するジェンダー偏見が女子の寺院子弟に苦痛を与え、活動を制約していることも無視してはいけない。

浄土真宗本願寺派の第一一回宗勢基本調査[*14]では、「具体的に何をしている時に充実感を得ていますか」という質問に対し、「特に充実感はない」と回答した住職が五・六％存在した。他宗でも同程度には充実感のない住職が存在していることは想像できる。こうした充実感がない住職の中には、「やりたくもない寺の跡取りにされた」と悔やみ、嫌々ながら法事や葬儀を行っている人もいるのではないかと推測もできよう。

お寺の2世問題を克服する方法はあるか

以上、「寺を継ぐことの葛藤」という面に特に着目して伝統仏教界の2世問題に触れてきた。伝統仏教は教義がソフィスティケイテッドされているため、一般常識と乖離したオカルトめいた世界観の押し付け、教義に基づく過剰な政治への介入、他国や異民族へのヘイトスピーチ、他宗教との交流拒否などが寺院内で押し付けられるといった2世問題が発生する可能性は高くないだろう。しかし、信仰の継承に関わる2世問題があることから目を背けるべきではない。

どうすればいいか。まず、寺院を継ぐことは決して子どもの義務ではない、寺は住職一家の私物ではない、と仏教界全体の意識を変えることだ。少なくとも「お仏飯を食べたのだから寺を継いで恩返ししないとばちが当たる」的な教育は、回避すべきではないか。仏教界にとって信仰の継承は重大なことであり、それを円満に果たせるように住職が努力するのは当然とも言える。だが、肉体的・精神的な暴力や金銭的な脅迫によってそれを無理やり成し遂げようとするのは、仏教界にとって百害あって一利なしだ。月並みな話になってしまうが、住職がいきいきとした宗教活動を行い、檀信徒から尊敬され、社会貢献などをして立派な姿を見せることが、「自分も将来、住職をやりたい」と子どもに感じさせ、後継者に育てる、最良の方策だろう。

次に宗門がなすべきこととして、修行道場での暴力やハラスメントを根絶し、ジェンダー平等を追求することが必須だ。傷ついた寺院子弟の心のケアをし、適切なレジリエンス（精神的回復力）に結び付けられる人や機関を紹介するシステムの構築が望ましい。そうしたケアは、寺院子弟だけでなく、すでに住職になった人が受ける意味もある。「仏飯で育てられたのだから寺の跡を継げ」という圧力が今よりも強かった時代に住職になり、心ならずもその道を歩んだことに内心で煩悶している中高年層こそケアの必要があるかもしれないのだ。さらに、子どもが後継者にならなかった寺院のために、道心《どうしん》ある僧侶をきちんと後継者として見つけ出しマッチングすることを宗門が手助けするのも大切になってくるだろう。在家出身僧侶の登用にもつながる。

色々と現状の問題を指摘したが、寺に生まれ、仏縁に感謝し、住職、副住職になって溌剌と教化活動に取り組んでいる寺院子弟がたくさんいることを、もちろん私は知っているし、何十人も、何百人も出会ってきた。それは嬉しいことだ。ただ、繰り言になるが、そういう人たちの陰に、悩み、傷ついた「お寺の2世問題」があることを知るべきである。

仏教教団は今、僧侶の資質向上、後継者養成、ジェンダー平等達成、人権意識向上などの改革の必要性に迫られている。教団改革に真正面に取り組む中で、「お寺の2世問題」を克服できる可能性は十分にある。仏陀の教えの根本は「一切の生きとし生けるものは、幸せであれ」[*15]というものなのだから、仏子《ぶっし》たちが皆幸せになれるように、仏教界が動くことを願ってやまない。

＊1　『一路　改訂版』講談社、一九六七年、二九七頁。初版は講談社、一九六六年。丹羽は真宗高田派の寺院に生まれた「宗教2世」で、『一路』は寺院の生活、愛憎をめぐる小説である。

＊2　『週刊仏教タイムス』二〇二三年三月二三・三〇日合併号、四面。

＊3　『週刊仏教タイムス』二〇二三年六月八日号、三面。
＊4　全日仏ホームページ（http://www.jbf.ne.jp/info/detail?id=16263）、二〇二二年一二月二〇日付。
＊5　東洋経済オンライン二〇二一年九月五日（https://toyokeizai.net/articles/-/451911）。
＊6　例外的に浄土真宗は前近代から妻帯と世襲が一般的であった。
＊7　例として、浄土真宗の寺に生まれたがキリスト教に出会い牧師になった亀谷凌雲《かめがいりょううん》が挙げられる。亀谷は『仏教から基督へ』（福音館書店、一九五七年）で「仏飯で育ってきたのに」と周囲から戒められたと記す。
＊8　『曹洞宗研究員研究紀要』第二四号、一九九三年、一八二頁。
＊9　『現代宗教研究』第二三号、一九八九年、一五三頁。
＊10　『脱出者の記録──喜劇的な告白』法政大学出版局、一九六四年。福田は無神論者を自認。
＊11　もっとも、近年では宗門大学の仏教学部・学科が定員を満たし難くなっているのは事実であり、「子どもを強制的に宗門大学に入れる」という圧力が低まっている傾向はあるだろう。
＊12　『読売新聞』二〇一三年九月二七日付ほか。その後、曹洞宗は僧堂改革に取り組み、暴力の根絶を目指している。
＊13　第一二八次定期宗議会二日目。浄土宗『宗報』二〇二三年二月号に議事録掲載。
＊14　浄土真宗本願寺派『宗報』二〇二二年一月号に単純集計が掲載されている。
＊15　中村元訳『ブッダのことば　スッタニパータ』岩波文庫、一九八四年、三七頁。

（こしたか・ようすけ　『週刊仏教タイムス』記者）

23 日本のクリスチャン2世

松谷信司

1 「宗教2世」問題への反応

本稿で求められているのは、いわゆる「宗教2世」とクリスチャン2世がどのように異なり、あるいは共通しているのか、についての分析である。安倍晋三元首相銃撃事件は当然、伝統宗教にも少なからぬ波紋を投げかけた。そもそも「宗教2世」問題を語る際に、キリスト教を含む伝統宗教の「2世」問題を含めるかどうかについては議論がある。

名称変更した統一協会（現・世界平和統一家庭連合）が、文化庁発行の『宗教年鑑』で現在も「キリスト教・単立」に分類されていることからも明らかなように、教義や宗教活動の形態などはキリスト教や聖書がベースとなっており、「什一《じゅういち》献金」「礼拝」「教会」などの用語も共通しているため、伝統的なキリスト教関係者の間でも「同一視されかねない」との懸念は少なくない。実際、霊感商法や合同（集団）結婚式が社会問題化した一九八〇～九〇年代には、「正統的」なキリスト教を公然と名乗り、『キリスト新聞』や『キリスト教年鑑』（いずれもキリスト新聞社）などのキリスト教関連メディアにもたびたび登場していた。

僧侶で宗教学者の釈徹宗《しゃくてつしゅう》氏（相愛大学学長）は『朝日新聞』のインタビューで、「宗教2世という表現が適切なのか。どの文化圏のどの民族も大半の人は親や地域の宗教風土に影響を受け、同じ信仰を持つ人が家族を築いている。問題はカルト宗教団体であり、「カルト2世」の表現を定着させたほうがいい」と問題提起した。[*1]

この間、TBSラジオの番組で「宗教2世」に関する問題をたびたび取り上げ、編著『宗教2世』にまとめた評論家の荻上チキ氏は、その冒頭でこの問題に触れ、「カルト2世」とくくることによって、「伝統宗教には2世問題がない」かのような誤解が生じかねないと指摘する。[*2]

長らく一％未満（カトリック、プロテスタント、正教会を含めて一〇〇万人前後）を推移してきた日本のクリスチャン人口も、戦後のブームで洗礼を受けた信徒層がここに来て軒並み高齢化し、2世、3世と世代を下るにつれて大幅に数を減らしている。各教会は伝道・布教活動で大きな成果を上げられていないのだ。

一方で、オウム真理教事件から約三〇年。世間が宗教を忌避し遠ざける中で、統一協会は水面下で政治家との癒着を強めた。伝統宗教は「正しく」て「安全」なのに、「危ない」新宗教が「反社会的」な事件を起こし、それを「いい迷惑」だと切り捨ててきたツケが、今日の惨状を招いているとは言えないだろうか。政教分離を曲解し、「無宗教」を標榜してきた日本における宗教リテラシーはいまだ低いまま。クリスチャンも、キリスト教系新宗教を「無関係」と切り捨てるばかりで、それらによる宗教被害に無関心を貫いてきた反省に立ち、「自らの課題」として考えるべきだろう。

二〇二一年以降、元信者による漫画などを発端に「宗教2世」をめぐる報道が増え始めた。ほとんどのキリスト教メディアは対岸の火事として黙殺していたが、福音派の読者を多く持つ『百万人の福音』（いのちのことば社）は二〇二二年七月号（発売は銃撃事件の前）で、「宗教2世」と題する特集を組み、信仰継承の問題を取り上げた。牧師や臨床心理士による分析と提言に加え、クリスチャン2世当事者による座談会が掲載されている。

座談会の出席者は、二〇代から四〇代の現役信者五人。それぞれの家庭環境と、自身の信仰遍歴を紹介しつつ、「友達を教会に連れてくることがあなたの使命と教えられ、……小学生でまだ信仰的にもフォローが必要な年齢なのに、すでに救われて（原文ママ）クリスチャンホーム（親がクリスチャンの家庭：引用者注）の子の私を誰も特別にケアしてくれなかった」「キリストを信じて死ぬか信じないで死ぬかで天国か地獄かが決まるっていう考え方が納得できなかった。……人を否定しないと生きていけない生き方はしんどい」などと赤裸々に語り合った。信仰のプラス面をポジティブに取り上げがちな専門誌の中では、異色の内容だった。

とりわけ編集長の宮田真実子氏が、同号の編集後記に記した言葉が印象的だ。「学校の授業で出てきた「踏み絵」。クラスメートの男子が笑いながら自作の「踏み絵」を足下に置いた。クリスチャンホームで生きることは時に息苦しかった。親の愛を感じつつも、その信仰についていけないと思ったことも。もし親に喜ばれない私だとしても、神はひとり子を給《たま》うほどに私を愛しておられる。そのことを知れたことはやはり恵みだったと思うのだ[*3]」

以下、クリスチャン2世が陥りがちな困難と、その予防策について具体的に詳述する。

2　クリスチャン2世が陥りがちな困難

「宗教2世」が多様であるように、クリスチャン2世もまた多様である。ここでは便宜上、3世、4世以上も「2世」に含めるが、少なくとも次の六つのパターンが考えられる。

①自分が生まれたとき、両親はすでにクリスチャン
②自分が生まれたとき、片方の親がクリスチャン
③成長の途中で両親がクリスチャンに
④成長の途中で片方の親がクリスチャンに
⑤自分が生まれたとき、両親（または片方の親）が牧師
⑥成長の途中で両親（または片方の親）が牧師に

いずれも、クリスチャン2世として共通する側面がありながらも、教派や教会、牧師のパーソ

ナリティ、地域性などによって大きく変わってくる。[*4] さらに、自分が生まれてきたときに、両親、あるいは片方の親がすでにクリスチャン（牧師）であった①②⑤の場合と、成長する過程で入信（受洗）した場合（③④⑥）とでは、幼いころの経験、記憶が異なるため、「2世」色の度合いは異なる。それと同様に、①③の場合よりも、「片方の親」がクリスチャン（②④）の子ども（俗に「片《かた》クリ子《こ》」と呼ばれる）のほうが、「2世」色は確実に薄まる。ただこのケースでも、両親の信仰の違いが子どもにある程度、自由な選択を可能にする場合と、逆に価値観の異なる両親の間で板挟みになり苦しみを抱え込んでしまう場合などの差異は生じる。

なかでも、牧師家庭で育つことになった「PK（Pastor's Kidsの略）」（⑤⑥）は、他のクリスチャン2世とは区別されるべき特異な家庭環境にあり、「2世」問題がより凝縮して表れることが多いので、まずはその事例から取り上げたい。

二〇〇九年に創刊された季刊誌『Ministry（ミニストリー）』（キリスト新聞社）は、「宗教2世」が注目を浴びるよりも早い二〇一一年一月段階で、「教会に生まれて」と題し、PK固有の課題を取り上げている。それまで、あまり公に語られることのなかった牧師家庭の負の側面に焦点を当て、当事者へのアンケートや専門家らによる分析もふまえて多角的に検証している。

そこで浮き彫りになったのは、「「いつも誰かに見られている」息苦しさ」「「子どもらしい」子ども時代を過ごす権利が保障されていない」「無意識のうちに良い子を演じてしまう」「親の言行不一致を目の当たりにする」といった問題である。[*5] 特集を監修した関谷直人氏（同志社大学教授）

は、「早期における「子どものスタッフ化」や「大人扱い」は、結果的にAC（Adult Children）を生み出す温床となることを、教会も、牧師世帯の責任を担う人々も、早く気づくべきである」と問題提起した。[*6]

そんなPKの典型例として、『ママがおばけになっちゃった』などで知られる絵本作家、のぶみ氏の事例（両親ともプロテスタントの牧師）について、本人の証言から考察してみたい。

「1階が礼拝堂で、2階が住居でした。教会って、礼拝だけじゃなくてホームレスの方たちに炊き出しなども行っていて、わりと忙しいんですね。そのせいか、常に「母にかまってもらえない寂しさ」を感じているような子どもでした」[*7]

「勉強は苦手で、小学校ではいじめられ、近くの公園でロープを使って、首をつろうとしたこともありました。中学では引きこもり、高校では荒れました。一番荒れていた17歳の頃、派手にケンカをして警察を呼ばれ、署に迎えにきた父にビンタされたこともあった」[*8]

他のメディアのインタビューでは、「心配かけたらいけないと思って、いじめられてもなにも話さなかった。……何度か捕まってしまったけど、お母さんは一度も警察署へ迎えに来なかったし怒らなかったんです」[*9]と語っている。

PKが直面する困難を象徴するような出来事が、毎日放送（MBS）制作のドキュメンタリー番組『情熱大陸』（二〇一六年一一月一三日放送）の取材中に起きた。

インタビューを受けたのぶみ氏の母親が「のぶみは小学生のとき、みんなと仲が良くて、友だちがいっぱいいて……」と話し始めた。本人にとってそれは予想外の発言だったので何度も反論したが、「あなたは忘れている」の一点張り。撮影後に母親から送られてきたメールには、「のぶみのマイナスイメージな面を見せたくなかった。だから、いじめられていたことや、悪さをしていたことを隠したかったのよ」とあった。母親の中で、「悪かった僕はいないことにしたかった」のだと気づいたのぶみ氏。この出来事を経て、「子どもの頃の僕は、お母さんに振り向いてもらいたくてどんどん悪さをしていたんだと思う」と振り返っている。[*10]

のぶみ氏と同じように牧師家庭に生まれ育ち、他の家庭なら背負わずに済んだ重荷に苦しんできたPKは少なくない。にもかかわらず、当の親である牧師や周囲の信者らは、後々まで気づけずにいるケースがままある。そして、こうした傾向は、その度合いに違いはあるにせよ、多くのクリスチャン2世にも存在している。

前出の荻上チキ氏が所長を務める「社会調査支援機構チキラボ」は二〇二二年九月にアンケート調査を行い、「宗教2世（3世以降も含む）」と自認する一一三一人から回答を得た（仏教系六一一人、神道系一〇〇人、キリスト教系三四五人[*11]）。

調査の性質上、「より強い被害に遭った人」や「自分の宗教には問題がないと思わせたい人」などに偏りがちという限界もあるが、クリスチャン2世にも通じる傾向が表れており興味深い。自由記述欄の中から「キリスト教系」に該当する回答だけを抜き出してみると、その類似性はより顕著になる。例えば、「日曜日は礼拝厳守のため部活に参加できなかった」「仕事を選ぶ際に制限された」「良いことが起こると「神様のおかげ」、悪いことが起こると「試練」「サタン」といって思考停止」「恋愛や結婚はクリスチャン同士が望ましいとされた」「婚前交渉をしないように指導された」などだ。

この調査の回答者は新宗教「2世」が中心と思われるが、教派や教会によってはそのまま伝統的なキリスト教に当てはまる回答も多く、なかにはエホバの証人でも統一協会でもないと明言した「2世」の声もあった。

「私は普通のキリスト教です。ですが親の異常な信仰心で私は生きづらさを感じ続けています。親と会話をしても常に神様が真ん中にあり神様基準での話しかしたことがありません。親からの愛情を常に欲していました。親は神様だけをみていて私達のことは見えていませんでした。私が親に助けを求めると神に祈る事しかいわれませんでした。親に見てもらいたくて親の愛に植《ママ》えていました。常に再臨の恐怖に怯え悔い改めをしないとねれませんでした」

こうした例は、前述ののぶみ氏の事例とも合致する。これらの回答から、新宗教ではない伝統的キリスト教も、同じ課題を内包していることが容易に想像できる。教派に所属せず、他の教会との交流が少ない、単立の教会では特にその傾向が強い。

キリスト教系のメディアの中で最も保守的とされる月刊誌『ハーザー』（マルコーシュ・パブリケーション）の、岡野俊之氏（聖書キリスト教会グレイスホーム牧師）の連載「子育て1・2・3」も象徴的である。「子どもを従わせる」と題する回で岡野氏は、エホバの証人で「むち」による体罰の根拠として用いられる旧約聖書の箴言《しんげん》を引用しつつ、「虐待」を否定する一方、子どもに「わがままは罪」だと教えるための「愛のある」しつけ、「懲らしめ」は肯定する。[*12]

「子どもは、羊飼いである親の言うことに従っている限り、安全で豊かな生活ができるのです」「クリスチャンの教会生活も同じだと思います。教会の羊飼いとして立てられた牧師の指導に従っている人は、サタンの攻撃から守られて、健康に、安全に信仰が成長していきます」

旧約聖書の十戒（出エジプト記）が「父母を敬え」と教え、「神が立てた権威」を尊ぶことが教会で重視されているのは間違いない。しかし、額面通りに受け取れば、いわゆる「毒親」家庭の子どもが救われないどころか、逃げ場を失いかねない。さらに、「サタンの攻撃から守られて、健康に、安全に信仰が成長」していくと信じ、「羊飼いとして立てられた牧師の指導」に従い続けた結果、「安全で豊かな生活」どころか、身も心も家計も破綻し、それでもなお、自責の念にかられて病んでいくとしたら……。

岡野氏が牧師として働く聖書キリスト教会は、いわゆる「カルト」ではない伝統的な福音派の教会である。こうした事例からわかるとおり、新宗教における「宗教2世」の問題も、伝統的なキリスト教の「2世」問題も何ら変わりはない。聖書にルーツをもつ教義に前述のような解釈を施すことで、一般的な子育てにおける常識から逸脱すれば、それは宗教的・精神的虐待（スピリチュアル・アビュース）になりうる。

3 幸せなクリスチャン2世のために

ブログ「ちょうをゆめみるいもむし」で、二〇一六年から不定期連載されているインタビューコーナー「クリスチャンホームのリアル」には、クリスチャン2世の飾らない声が克明に記録されている。キリスト教系メディアでは「清く正しく」取り繕うことが多い中で、限りなく素に近い当事者たちの肉声に触れられるという意味で貴重である。

「悪いことしたらしかる、罰する怖い神様っていうイメージ」「教会では仮面を付けているような居心地の悪さ」と語る二四歳の男性が、「クリスチャンライフなんてつまらない、窮屈でいいことなんか何もないと思っていた」のに、他の2世との出会いから、改めて信仰と向き合うようになった過程も語られる。[*13]

牧師を含むクリスチャン家庭の問題点に焦点を当ててきたが、自身の生育環境を「良かった」とする2世も少なくない。同ブログの書き手でありインタビュアーである山田風音《かずね》氏（ライフストーラー企画代表）は、牧師家庭で育ちながら信仰的なことを強制されたことがないという二五歳の女性Kさん（PK）を例に、「どうしても信仰がある程度の「強制」になりやすい日本の教会の雰囲気の中で、……ひとつの新しい可能性を示してくれているような気がします」と記している。[*14]

教派を超えて全国の「キリスト者」一三五人に六年がかりで取材したという、最相葉月《さいしょうはづき》氏のノンフィクション『証し――日本のキリスト者』には、決して光の当たらない無名のクリスチャンによる体験談が数多く収録されている。[*15]「クリスチャンホームのリアル」同様、「2世」を含め、教会で傷ついた信者による赤裸々な告白や、それでもなお信仰を捨てずに生きる人々の率直な思いが綴られており興味深い。

臨床心理士の村上純子氏（聖学院大学教授）は、「親は子どもを育てる責任を神様から与えられている」という聖書的な価値観が、「子どもを自分の所有物のように思い、自己満足、自己実現のために子どもを利用するという危険性」を減らせると説き、教会で複数の大人が子どもの成長を見守り、両親を助け、より多くの人に関わってもらえることも「大きなプラス」だと評価している。[*16]

その上で、「親への反抗心も手伝って、信仰や教会に対して強く反発する」思春期について、「「親の信じている神様」への信仰から、「自分の信じる神様」への信仰へと成長していくために必要なこと」で、「子どもに「信仰は、あなたと神様の一対一の関係です。あなたがこの先、誰を信じて、何に従って生きていくのかは、自分で考えて答えをだしなさい」と言うことが大切」だと提言する。

紙幅の都合で詳しくは述べられないが、信者夫婦が子どもに代わって神の恩恵に与《あずか》るという「幼児洗礼（小児洗礼）」にも複雑な教派的背景があり、長らく議論されてきた。

「2世」から派生した問題として、ここ数年で疑問視されるようになった「牧師夫人問題」に象徴される教会内の性差別（LGBTQへの差別を含む）も看過できない。女性が牧師・役員になれない、性役割分業を強いられるなど具体例は枚挙に暇がなく、こうした状況は改善されるべきである。しかも、それらが聖書の記述によって補強・正当化されていることを考えると、神学的な解釈を再検討する必要があるだろう。神道政治連盟の冊子『同性愛と同性婚の真相を知る』（二〇二二年六月発行）に掲載された弘前学院大学教授の楊尚眞《ヤンサンジン》氏による講演には、聖書を論拠としながら明らかな事実誤認と性的マイノリティへの差別意識が見て取れるが[*17]、その背景にも、統一協会を含む原理主義的な「宗教右派」の台頭が関係していることは指摘されているところである。

クリスチャン2世の問題も、子どもの権利を含む基本的人権の問題として捉える必要がある。伝統的なキリスト教倫理に則れば、信者か否か、性別、年齢を問わず、誰もが「神の被造物」として尊重されなければならないはずなのだ。

＊1　『朝日新聞』二〇二二年一二月二日付。
＊2　荻上チキ編著『宗教2世』太田出版、二〇二二年、一七頁。
＊3　『百万人の福音』いのちのことば社、二〇二二年七月号より。座談会部分は三―七頁。編集後記は七八頁。
＊4　ちなみに「牧師」はプロテスタント教会の教職者を指す。カトリック教会では「神父（司祭）」と呼ばれるが、結婚・妻帯は許されていないので、「神父」を親にもつ2世はありえない。
＊5　『Ministry（ミニストリー）』キリスト新聞社、八号、二〇一一年一月。
＊6　関谷直人『牧会の羅針盤――メンタルヘルスの視点から』キリスト新聞社、二〇一五年、九八頁。
＊7　「32年越しの母と和解は〝一言〟が決め手だった」『ウートピ』二〇一六年五月一〇日。
＊8　『朝日新聞』二〇一六年四月二二日付。
＊9　「情熱大陸の舞台ウラ！　絵本作家のぶみ」『ウーマンエキサイト』二〇一六年一一月一一日。続く引用部分も同記事。

＊10　なお、のぶみ氏の言動をめぐっては、絵本作家として活躍するようになって以降、数々の批判が寄せられており（「ヒットを飛ばすも次々炎上する絵本作家の商法はどこがマズいのか」https://diamond.jp/articles/-/200195）、健全なかたちで親子の問題を解消できていないことに起因するのではないかと指摘する声もある。そのことと、「2世」特有の問題とを短絡的に関連づけて論じるべきではないが、検討すべき課題を残す。

＊11　チキラボ「『宗教2世』当事者1、131人への実態調査」（二〇二一年一一月一日発表）https://www.sra-chiki-lab.com/reaserch-result/。

＊12　『ハーザー』二〇二二年三月号、二四―二七頁。続く引用部分は二六―二七頁。

＊13　「クリスチャンホームのリアル～馬場薫さんの場合～」（二〇一六年一一月二二日）https://bit.ly/3G7Onlx。

＊14　「クリスチャンホームのリアル～山本響子さんの場合～」（二〇一八年三月二〇日）https://bit.ly/3zGzCCN。

＊15　最相葉月『証し――日本のキリスト者』ＫＡＤＯＫＡＷＡ、二〇二二年。

＊16　村上純子『子育てと子どもの問題（キリスト教カウンセリング講座ブックレット16）』キリスト新聞社、二〇〇九年、一〇八―一〇九頁。続く引用部分は一一〇頁。

＊17　松岡宗嗣「「同性愛は依存症」「ＬＧＢＴの自殺は本人のせい」自民党議連で配布」（二〇二二年六月二九日）https://news.yahoo.co.jp/byline/matsuokasoshi/20220629-00303189。

（まつたに・しんじ　『キリスト新聞』編集長）

24 日本に育つムスリム「2世」をめぐる覚書

西田今日子

毎週土曜日の午後、東京ジャーミイ（東京都渋谷区にあるイスラームの礼拝施設。以下、「職場」と表記）に隣接する文化センターの三階は一気に騒がしくなる。四歳以上の未就学の児童や、小学校低学年から中・高校生の少年・少女向けの宗教学習のクラスに通う子どもたちが集まるためだ。少ないときでも三〇名ほど、全員がそろえばその倍近くになる。教師をつとめるのはムスリム（イスラーム教徒）の婦人たちだが、彼女たちはもちろん、他の部署で働く従業員たちも、夕方、子どもたちが保護者に連れられて帰宅する頃には皆ぐったりしている。大声を出さない、走り回らない、食べたおやつの包み紙を床に散らかさない、といったことを言い聞かせたり、時には叱りつけたりもしてきたが、それで子どもたちが心を入れ替えるかというとそんなことはなく、今日もまた元気いっぱいで自分が世界の中心であるかのように振る舞っている。

時折、親御さんから申し訳なさそうに声をかけられる。「家ではいつも「教室では静かにしなさい」と言っているんです。でもここに来ると、なぜか大騒ぎになってしまうんです」。東京ジャーミイの子ども向け教室は、啓典クルアーンの朗読を教えたり、神（以下、「アッラー」と表記）や預言者ムハンマド、そしてムハンマド以前の預言者たちについて教えたりといった宗教的な学びの場でもあるが、何より「子どもたちにモスクを好きになってもらう」ということを最大の目的としている。モスクは「アッラーの家」であり、アッラーは目には見えなくとも常に私たちを見守っているという実感や、楽しいときやうれしいときはもちろん、つらいことや苦しいこと、悲しいことなどがあっても、モスクは自分を受け入れてくれる場所、という安心感を持ってもらうことは確かに大切だ。

「非日本人」扱いに「もう慣れましたけどね」

とはいえ、安心しすぎて羽目を外し、石造りの床を走り回って怪我でもしたらと思うと、何回かに一回は雷を落としたくもなる。あまり効果はないようだが。そうして「子どもは子ども」という真実に落ち着く。同時に、この子どもたちがやがて子どもではなくなり、社会に一歩、踏み出したときに直面する（かもしれない）あれこれを考えたりもする。

二年ほど前の話である。ある青年が帰宅途中に自宅の最寄り駅近くで職務質問を受けた。彼にとりそれは初めての経験だった。身分証明書の提示を求められ、所持していないことを告げると、それがまるで彼の過失であるかのように詰め寄られ、数名の警察官に足止めされた。そこは、彼のアルバイト先である外食チェーン店の正面だったこともあり、最終的に警察官はその店に立ち入り、彼にとっては職場の仲間である店員たちに彼の身元の確認をして引き上げていった。

この青年とは、私の息子のことである。普段から職場に出入りしている若者たちにこの話をしたところ、次のような反応が返ってきた。「おお、息子さん、職質デビューですか」「おめでとうございます」「ちなみにおれの最高記録は一日で三回です」。その場に居合わせた男子のほぼ全員が経験済みだったのである。そしてほぼ全員が、こう付け加えた。「もう慣れましたけどね」。

こんな話もある。仲の良い友人同士で食事に出かけた。愛想の良い店員が料理をサーブしながら、世間話のような気楽さで「みなさん、どちらからいらっしゃったんですか」と尋ねてきた。彼らが「日本です」と答えると、店員は笑いながら(冗談だと思ったらしい)、「え、それで本当はどちらからいらっしゃったんですか」と繰り返した。

この話を聞かせてくれた青年も、最後にこう付け加えた。「もう慣れましたけどね」。

両親のうちどちらかが、あるいはどちらもが日本人ではない彼ら・彼女らのこうしたエピソードは、私がじかに聞いたものだけでも書き尽くそうとすればキリがない。[*1] 本人は日本で生まれたか、あるいは海外で生まれたにせよ、子どものころから日本で育ち、日本語を話し、日本的な感覚を身につけている。そうでありながら、一歩家の外へ出ると「非日本人」とみなされるという混乱の中に置かれる。そしてその都度、混乱を解消する役割を彼ら・彼女ら自身が引き受けることを暗黙のうちに、あるいは公然と求められさえする。彼ら・彼女らはそうした経験を語ったあとで、必ずと言っていいほど最後に「もう慣れましたけどね」と付け加える。「もう慣れましたけどね」。それは言い換えるなら、心の一部を殺すことだ。「多文化共生」「異文化交流」あるいは「ダイバーシティ（多様性）」といった言葉があちらこちらで盛んに聞かれるようになった。職場にも、週末には多くの見学客が訪れる。ここ数年は、修学旅行や授業の一環として、学校単位での訪問もある。また「インバウンド」「ハラール」といったキーワードでレポートや論文を書くためにやってくる学部生や院生なども少なくない。後者の多くは、日本でムスリムとして暮らす上での「不便さ」「大変さ」を聞き出そうとする。しかし特定の宗教に属し、実践しているだけで少数派となってしまう日本では、ムスリムとして暮らす上での「不便さ」「大変さ」の由来を、その宗教に求めるよりも、マイノリティに共通する経験として理解した方がより実態に即していることもある。

ゼノフォビアと女性蔑視

先に示した例のように、彼らが「慣れて」しまうほどの頻度で起こる出来事の多くも、宗教に由来するものではない。そもそも、みな自分がムスリムであることをいちいち知らせながら日常生活を送っているわけではないし、特段の目的がない限りそうする必要もない。ここでは話を「宗教2世」としてのムスリムに限定するとして、彼らの置かれている状況をより正しく理解するには、矛盾しているようでも、彼らの背景にあるイスラーム、ひいては「宗教」のことを、いったん保留した方が良いこともある。当たり前だが、人間は多面的な存在である。しかし、「イスラーム」「ムスリム」と聞いた途端に、多くの人は、そのことを忘れてしまうようだ。「生きづらさ」を感じることがあるとして、そこに宗教はまったく関係がないとは言えないまでも、宗教「だけ」が要因ではない。何かあるたびに、それが自分たちの信仰や、ひいては出自と必然的に関連があるものとして語られることへの違和感を表明する若者も現れている。[*2]

「イスラームフォビア」という語が使われ始めた当初は、イスラームという宗教それ自体に、あるいはその信仰者であるムスリムに対する偏見や憎悪に分類されうる事象もあったかもしれない。しかし現在、周囲で見聞きする範囲で言えば、個々人に起こる出来事のほとんどは、宗教的背景を持つものではない。それでも、あえてフォビア（恐怖症）と呼ぶのなら、ゼノフォビア（外国人恐怖症・嫌悪）に分類するのが妥当だと思われる。また、女性に対する蔑視も看過できない。ムスリムの女性というと、必ずと言っていいほど取り上げられる話題のひとつに、頭髪を覆う「ヒジャーブ」がある。昨今では「モデスト・ファッション」（肌の露出を抑えたファッションスタイルのこと）といった言葉も生まれ、肯定的に捉える語りも出てきた。しかし、ムスリムの女性一人ひとりの人格を脇に置き、執拗なまでに布一枚に還元したがる風潮はなくなっておらず、それは宗教的な生活規範への関心ということだけでは説明しきれない。[*3]たとえ、そのまなざしが好意的なものであろうと、その根底に女性全般に対する無自覚な軽視がないと言い切れるだろうか。[*4]

ここでムスリムの若者に話を戻し、一歩、家の中に入るとどうかを考えてみよう。

宗教に関して親にできること

親の世代が子どもに宗教を継承させたいと考えること自体には、おおむね問題はないだろう。そもそも、イスラームの実践が当然とされるような、ムスリムが多数派を占める社会において、職業的宗教者を目指すのであればそれなりに訓練を受けることになるだろうが、ごく一般的な家庭であれば、環境に適応すればそれで何も問題はない。

しかし、そうではない社会ではどうか。何か悩みがあったり困ったりしたことがあっても、「アッラーに頼れ」「クルアーンを読め」「信仰が足りていない」、果ては「シャイターン（悪魔）のささやきに耳を貸すな」といった言葉しかもらえないのが苦しかったと述懐する若者は、男女を問わず少なくない。また女子の場合、体や心の不調を訴えても、男性医師による診察を親が忌避するため、適切なタイミングで適切な医療を受けられなかった事例のあることも耳にしている。両親が、南アジア地域などでは「パルダ」とも呼ばれる、女性を社会から隔離する風習を当然視し、教育を受ける機会を奪われた女性は、日本にも存在している。[*5]

日常生活の中でムスリムとして実践すべきだとされることをある程度は知っていても、全員が全員、教義の全てを知っているわけではない。親世代の中には、自分たちの生まれ育った社会にのみ存在するしきたりや習わしといったものを、「宗教」あるいは「唯一、正しい解釈」と思い込み、自分の子どもに継承させようとしたり、改宗者に受け入れさせようとしたりする人もいる。そのため、「人によって言うこと、やることが違う」と混乱させられることも当然、あるだろう。

ムスリム全体を一元的に統率する最高権威といった立場は、この社会には存在しない。礼拝を先導したり宗教的助言を与えたりする、イマームと呼ばれる指導者は職場を含め各地のモスクに点在するが、そこに通うムスリム全員の生活を管理・監督しているわけではないのだ。

そうした一方で、日本で生まれ、日本で育った世代の多くは、日本社会で生きていくことを前提に自らの人生を設計しようとする。そうして、日本社会になじめばなじむほど、親の世代にはそれがイスラームから離れていくかのように、あるいは宗教を離れて世俗化していくかのように見えてしまう。共同体を維持するためのさまざまな制度や規範がある中で、親にとっては宗教だけがそうしたものである場合、なおさらである。

子どもの将来に不安を感じること自体は、親として自然なことだろう。しかし、だからといってその不安を解消するために子どもの行動を著しく制限したり、何もかも否定したりすることが正しい対処の仕方だといえるだろうか。一時的には子どもを、自分の思いどおりにできるかもしれない。しかし長い目で見ればどうか。

私が職場で出会う若者たちは、モスクに来る若者たちであり、宗教を（少なくとも現時点では）わがこととし、自らがムスリムであることを肯定している。

では、彼らはどのようにしてここに至ったのか。彼ら・彼女らのほとんどが、親との関わりの中で「親が選択肢を与えてくれたことが大きい」「最終的に決めるのはあなた自身だ、と言ってくれた」と回想する。彼ら・彼女らは、成人するなかで、それぞれのタイミングで「宗教」「信仰」と向き合い、その上で選び取り、モスクに来ている、と考えている点で共通している。育った環境や親の影響を受けていること自体は認めつつ、親に言われるがままに宗教を実践しているだけだと思われることには強く反発する。よって、本音では宗教「2世」という呼称に対する違和感や拒否感を持っており、「Preacher's son/daughter（牧師の子）」のように「ムスリムの親だからムスリムなのだろう」というステレオタイプを拒絶しているともいえる。そうした態度表明は尊重されるべきだろう。加えて、そこには非常に重要な示唆が含まれていると思う。つまり、親が子どもに自分の宗教を継承させたいと願うなら、子どもに対して強制してもほとんど意味がない、ということだ。

情報技術が高度に発達した現代では、良くもわるくも、知りたいと思うことに、誰しも簡単にアクセスできる。ものごとを合理的に考えることが推奨され、尊ばれるようになった。若者たちは生まれたときから、そうしたあり方に馴染んでおり、少しでも疑問を感じたら、すぐに手元のスマートフォンで検索をすることが日常となっている。そうした中では、宗教もまたさまざまな角度から検証され、宗教が提供する以外の世界観や価値観と比較検討されることを免れ得ない。親や伝統的な宗教者の教えることが無条件に優位性を保てる保証はどこにもないし、かつて子どもだった親がそうであったように、自分の子どもが何ごともなく受け入れる保証もない。

年齢を重ねるほど、変化に対して、無自覚のうちにおそれを抱くようになるもので、私もまた身におぼえがある。しかし人間は、永遠に生きられるものではない。好むと好まざるとにかかわらず、共同体の未来はすでに若者の手の中にある。そのことが理解できず、若者が批判的な目を持って現状を観察し、疑問を持ち、問いをたて、新たなアイデアを提示することを歓迎できないようなら、遅かれ早かれその共同体は衰滅することになるだろう。

あるいは、延命をはかろうとするかもしれない。そのようにして現状維持を目的にしてしまった共同体は、往々にして変化を求める者を重荷とみなし、異物として排除する方向に舵をとる。異議の申し立ても、それが若者から発されたものであれば、「未熟だ」とか「知識が足りていない」「経験が足りていない」といった、もっともらしい理由でたやすく却下されてしまう。

もっとひどい場合には、健全な育成によって養われ、知識を得、経験を積むという、若者にとって当然の権利を保障する代わりに、未熟であること、知識や経験のないことにつけこんで、彼らの情熱を搾取することも起こりうる。数年前に出現し、世界中を震撼させた「イスラーム国」などはその極北だろう。[*6] イスラームと一口に言っても、その宗教実践の現れ方はさまざまであり、「イスラーム国」ほどの熾烈な暴力や破壊を伴わないにしても、特定の政治思想を掲げる運動体なり、伝統的な一種の修行者集団なり、その両方であったりしつつ実際には単なる個人崇拝かと思われるようなグループも数多く存在し、インターネットを利用して活発に宣伝を行っている。

先ほど、「良くもわるくも、知りたいと思うことに、誰しも簡単にアクセスできる」と述べたが、情報を遮断すればそれで済むということでもない。

「もう慣れた」と言わせないために

宗教に関して、親にできることとは何か。慶應義塾大学SFC研究所イスラーム・ラボによる「全国ムスリム・ミーティング」第五回が二〇一八年一一月一〇日に開かれ、「神をどのように伝えるか――母と子による報告」と題された報告がまとめられている（その責任者は同大学総合政策学部准教授の野中葉氏）[*7]。大切なことが簡潔にまとめられており、これ自体が美しいドゥアー（祈禱）のようでありながら、実践が可能な具体的な助言ともなっている。

疑問を持つこと自体を禁じるようなことがあってはならない。それぞれが固有の人格を持っている以上、相手に対する思いやりは大切だが、同時に風通しの良さも不可欠だ。そしてそれは、放っておいて保たれるものではなく、時には意識して換気すべきこともある。

親が完全であらねばならない必要はない。同様に、宗教者が完全であらねばならない必要もない。宗教者はあくまでも宗教の専門家であって、医療なら医療の、法律なら法律の、といった具合に、それぞれの分野のプロフェッショナルの手を借りればよい。それを躊躇する必要もなければ、助言を求める信仰者にそうするよう勧めない理由もない。

職場で親世代から持ち掛けられる相談のほとんどは、ここ日本で生活していく上での困りごとである。子育て関連なら、健康診断の受け方から保育園の申込み、進学の手続きなどだ。一枚ずつ、一緒に書類の空欄を埋めて、終わりには「提出したとき、何かあったら必ず電話して」と言い添えることを忘れない。それで電話がかかってこなければ、きっとうまくいったのだろう。日本に在住するムスリムは二〇万人ともいわれるが、その中にはすでに二世代どころか三世代もいることだろう。彼ら・彼女らの人生がせめて必要以上に困難なものとならないよう、願わくは「もう慣れた」などと言わせないよう、やるべきことも、できることも沢山あるはずだ。

ここに記した文章の大部分は、私が職場で見聞したことに基づいている。イスラームという宗教的・文化的背景を有する若者すべてに当てはまることではない点に留意してほしい。また両親ともに日本人の「2世」については人伝てに聞いて知っているくらいで、信仰や宗教実践から離れた立場の人から話を聞く機会もごく少ない。偏りもあるだろう。

繰り返しになるが、宗教実践のあり方は本当に人それぞれである。加えて、時とともに人間は変容する。今の今まで宗教学習や実践の必要を感じていなかった人も、明日も同じとは限らない。逆もまたあり得る。イスラームの法学は、救済の可能性を追求することで発展したのであって、罪人を増やすことを目的にしてはいない。そのことを常に忘れないようにしたい。

＊1　学校生活における2世たちの経験については、クレシサラ好美「日本に暮らすムスリム第二世代——学校教育現場における実態の検証」『白山人類学』二五号、二〇二二年、一三一—一五四頁、に丹念な聞き取りが収められている。
＊2　Why Nabra?（二〇一八年六月一〇日）https://slate.com/human-interest/2018/06/nabra-hassanen-killing-one-year-later-was-it-a-hate-crime.html
＊3　「ムスリム女性「異なる人物像、独り歩き」毎日新聞が陳謝、第三者機関で審議へ（下）」（二〇一六年二月二

五日）https://news.yahoo.co.jp/byline/yanaihitofumi/20160225-00054717

＊4　仮にそうではなく、あくまで宗教的な生活規範の話であるというのなら、男性の服装規定や髭の有無、ひいては割礼などについても同様の熱量をもって議論されていいはずだが、実際はどうだろうか。

＊5　「「女の子は学校行かなくていい」　日本に暮らす外国人の子どもの今」（二〇一九年一二月一八日）https://withnews.jp/article/f0191218003qq000000000000000W02m10101qq000020235A

＊6　「ムスリムの若者＝テロリスト予備軍」といった誤解を招くことなく、若者の育成に大なり小なり携わる関係者の間で共有されている問題意識を伝えることに伴う困難と複雑さについて、浪岡新太郎「誰のことかわからないままに、ムスリムについて語ることの問題」（令和元年外務省外交・安全保障調査研究事業報告書『反グローバリズム再考』、二〇二〇年、二四三―二四九頁）、は学ぶことが多かった。日本国際問題研究所のウェブサイト上で閲覧可 https://www2.jiia.or.jp/pdf/research/R01_Global_Risk/05-05-namioka.pdf。また宗教を悪用しての暴力や搾取の正当化に対する注意喚起については以下を参照した。"EXPLOITATION OF RELIGION AND TERRORIST ORGANIZATION:DAESH"（トルコ共和国宗務庁発行、二〇一八年一〇月）

＊7　「神をどのように伝えるか～母と子による報告～」（二〇一八年一一月一〇日）https://islamlab.sfc.keio.ac.jp/?p=33

（にしだ・きょうこ　東京ジャーミイ職員）

25 だから、いま、語りたい——さまざまな宗教2世の声

計一七名の「宗教2世」「3世」の方々（親が「陰謀論」に傾倒したケースも含む）に、これまでの体験、自らの思い、社会に理解してほしいこと、教団・団体などに望むところなどを、自由に語ってもらった。

親の苦悩を救った教義が子どもを縛りつけている

もるすこちゃん（統一教会2世）

二〇代前半の時、統一教会の職員から茶封筒を渡されました。中にはまだ見ぬ結婚相手の写真が入っています。数日後に、その人と合同結婚式を挙げるのです。事実上、拒否権はありません。日本人ではなく言葉も通じないかもしれません。この結婚のために、思春期から異性を視界に入れないように努力してきました。教会の教義は、私の思考回路の中心になっていました。私のような祝福2世は原罪がないと教えられます。だから祝福2世同士で結婚することは絶対条件です。幼い頃から生殖器は、将来結婚する相手のものだと教えられます。自慰行為にすら、強い罪悪感を植えつけられています。どんな人でもその人と結婚できることに感謝し、幸せな家庭を築いていくことが、神様、真《まこと》のご父母様、そして自分の両親を喜ばせられる完璧な人生なのです。合同結婚式を挙げた私たちは、数年にわたる葛藤を乗り越えて家族を作っていきました。今では子育てに

追われながらも、日常のふとした瞬間に、大きな幸福を感じます。目の前の子どもがスヤスヤと寝ている。お菓子をおいしそうに食べている。私は幸せです。

「なぜ統一教会を批判するのか」「偏向報道」「魔女狩り」、現役信者はこう考えています。私も一歩間違えれば同じことを言っていたかもしれません。善悪の判断基準が明確な宗教は、信者から考える力を奪い、視野を狭めます。代わりに日常の悩みや不安を取り除いてくれます。視野を広げてみると、同じ日に合同結婚式を挙げた2世たちの姿を思い出します。婚約破棄となった人たち、3世を生みDVで離婚した人たち、相手が見つからない女性たち、祝福を受けず親との関係を絶った2世たち。この兄弟姉妹たち（信者仲間）の苦悩を見過ごすことはできません。親の苦悩を救った教義が、子どもを縛りつけています。思考停止することで得られる幸せは幻想です。宗教が子どもを苦しめている現実を社会全体の問題として捉え、子どもたちが必要な時に助けを求められる社会に変わっていくことを願っています。

私は「地獄」へ行こうと決めた

デビル（統一教会2世）

「神様が決めた人以外を好きになると、地獄に落ちるのよ」――これが母が狂った合図だった。私はその日、幼稚園から帰り、いつものように初恋の男の子の話を母にはじめた時だった。五歳。大好きな男の子の話を、大好きな母にするのが楽しかった。家族以外の人に対して、初めて自分の中から湧き出る幸せな感情の体験を共有したかった。これが、地獄に落ちるほど悪いことだと裁かれた。母の眼差しが真っすぐに私を捉えた。「将来、神様が決めた人がいるから、その人以外を好きになっちゃダメなの。いい？」。私は自分の体を操るように頷いた。この小さな私が将来「Vtuberデビル」という存在となり、自分が受けた被害をTV等で世間へ発信することになるとは。母は半ば育児放棄をしながらも、地獄や堕落の恐ろしさをたびたび私に指導した。そのかたわら、壺や絵画や宝石や高麗人参濃縮茶を買いあさった。家族に内緒で大借金をし、家族を騙して金を強奪していくようになった。家の中は常に荒れ、母は家族の誰とも会話が成り立たなくなっていった。

初めて私に彼氏ができた。すると、賃貸アパートが一棟なくなった。神が決めた人以外と私が接触した「罪」を償うための献金だった。家族は荒れに荒れた。大学進学を諦め、罪悪感で働きながら、家にお金を入れる人生を選んだ。母が私の身分証明書を勝手に使い、私と同じ年頃の教団の女性が母の娘になり、私名義で勝手に借金をしていた。その理由は全て「家族のため」「先祖と子孫のため」、そして「世界平和のため」だった。私は「地獄」へ行こうと決めた。今が地獄だから、死んでも今と変わらないからだ。自己の内から自然に湧き出る欲求や感情を自制し、監視し、悩み、常に「地獄に落ちたくない」と考えながら生きる子ども時代だった。死後の行き先を地獄にセットすることが私の解放だった。

安倍元首相銃撃事件が起こった時、「やっと起きたか」と思った。一番に感じたのは、深い納得だった。事件から約一年が経った。カルト問題の氷山は溶けはじめたばかりだ。

生きづらさの理由に気づけたが、苦しみは続く

井田雫（統一教会2世）

壮絶な経験や被害を受けた自覚はない。強いて言うなら母親の献金による借金問題、信仰する母と反対する父にはさまれて辛い気持ちをひとりで抱えていたくらいだ。父の反対が幸いしてか、子どもの頃は虐待や信仰の強制を受けたわけではない。しかし、「周りの友達と何か違う。でも信仰も持てない。誰にもわかってもらえない」と、真綿で首を締められるような生きづらさに苦しんだことは多かった。私のような人は少なくないと思う。「自分だけじゃない」と、一人でも多くの人の共感につながればと思ったのが、この問題について発信を続ける理由だ。

安倍元首相銃撃事件後にさまざまな事実を知ることで、親から教えられてきた価値観が教団の教えによるものだったと認識することが増えた。「常に正しくあらねば」とこだわるがゆえに、人間関係の悩みや生きづらさを感じることが多かった。そのことに気づけたのは最近のことだ。ただ、具体的な救済策もないため、今も真綿で首を締められているような状態は続いている。

「宗教2世」問題の最優先課題は、自力でどうにもできない子どもたちへの支援である。一方で、生きづらさや孤独を抱えたまま育ってきた、すでに大人になっている2世への支援は、具体的に議論されないままだ。「孤独・孤立対策」「就職氷河期世代支援」など既存の制度の中にも、2世の「後遺症」を理解してもらうだけで、使えるものがいくつもあると思っている。信仰心の強い親をもつ2世は、宗教的価値観に染まっている親の下で人格形成し価値観ができあがるため、何が一般社会の常識なのか、わからないことが多い。一般と異なるのは、行動の理由に「宗教的価値観」が入ってくることだ。社会や支援の現場に望むのは、まずは「知ること」「理解の姿勢を見せること」。傷をもつ2世は、意思や存在を無視される場面が多い。存在を認めてくれる場所があること、反応してもらえること、それだけでも安心感につながるのではないかと私は考える。

押し殺された意思、心がかよわない家族

夏野なな（エホバの証人3世）

祖父母の代から熱心なエホバの証人の家庭で生まれ育ちました。物心がつく前から、週に三回ある教義の勉強会（集会）への参加や毎日の布教活動を強要され、心身ともに大変な苦痛を強いられました。集会中に居眠りをしたり声を出したり動いたりすると、乳幼児でも容赦なく素肌に鞭打ちされました。身体の痛みはもちろんのことですが、私は教義を信じたことが一度もなかったため、納得のいかない気持ちを常に押し殺さなければならなかったのが一番

辛かったです。宗教活動に参加するのは当たり前で、異を唱えることは許されず、私の意思は、成長して家を出るまで鞭によって封殺されていました。腹を割って話し合おうとしても、家族は「聖書のここにこう書いてあるから」と、常に教義に基づいてしか話さず、心がないように感じられ、とても苦しかったです。エホバの証人は、聖書に書いてあることを実践すれば幸せな家族生活を送ることができると教えていますが、そのせいで親子が自然な感情で愛し合い、いたわり合い、心を通わせ合えなくなるのは悲しいことです。

教団を離れて長い年月が経ちましたが、幼少期の心の傷はいまだに癒えず、フラッシュバックに苦しんでいます。家族の幾人かはいまも熱心な信者で、死ぬまでまともな交流ができないのかと思うと、とても辛い気持ちになります。家族の中には「復活の希望」を信じたまま亡くなった者もいますが、教義に阻まれて一般的な供養も許されず、やりきれない気持ちです。残された家族も、まもなく来る楽園を信じて年金保険料を支払わないことが推奨されてきたため、老後は無年金です。いくら宗教とはいえ、ここまで人の人生を奪うことが許されるのか、社会全体で広く議論していただきたいです。政治や政府には、どのような教義であれ、子どもを虐待することは決して許されないことだとしっかりと法律に明記していただき、教団活動において行われている虐待の教唆についても、厳しく責任を追及してほしいと思っています。

人生の目標から興味まで一切を制限された

鈴木徹（エホバの証人2世）

幼少期に母親が入信したため、物心つかないうちから、苦痛だろうが病気になろうがかまわず布教活動に引きずり回されました。信者子弟としての信仰生活を自分の意思で確立しているように見せるため、学校では自分がエホバの証人子弟であることを周囲に示すよう親から強要されました。それは周囲との激しい軋轢を引き起こし、凄惨ないじめの原因となりました。中学時代に輸血拒否事件があった時もそうです。石を投げつけられるような日々を、母は「イエスと同じように迫害された」と狂喜するだけでした。親の庇護の下で生きるしかない子どもにとって、親から虐待同然の体罰が加えられていたこともあり、信仰生活を辞めたいと言えるはずもありませんでした。人生の目標を自由に定めることはおろか、興味や趣味嗜好まで一切を制限され、家庭にも社会にも、どこにも安寧の場所はありませんでした。そうした子育ての仕方を、親は組織内でひけらかし、組織内の人間も皆、それを賞賛していました。組織の教導に反した一部信者の暴走ではないのです。

人生の初期に、社会に出て自立するために必要な知識や常識を学ぶ機会を全て奪われました。精神的な苦痛に耐えかね、苦渋の決断で成人後に脱会した時、私は赤子のような状態で、頼れる人も場所もなく放り出されたのです。その苦労は筆舌につくしがたいです。学歴も資格もなく、何より信仰以外の多様な価値観を持つ人との相互理解やコミュニケーションのための能力等が全く足りていません。これでは自立に必要な経済的基盤を構築できるはずもありません。それらを身に着ける機会と能力をスポイルされて、ここまで来てしまったのです。それゆえに、まずはこのような被害によって人生を奪われた人に対して、行政による支援、カウンセリングをともなう資格・学歴取得のサポート、場合によっては一時的な生活保護支給への方向付けや支援などがあれば、と強く思います。また、親の支配の下にあるため、容易に逃げられない未成年の信者子弟が、国から一時的に保護される制度制定なども必要だと思います。

人権侵害を放置したコストを被害者が払う？

ベリタス（エホバの証人2世）

私は生まれたときからエホバの証人の両親に育てられました。そのため、集会や伝道への参加を強制され、禁止事項の多い規則でがんじがらめの生活でした。父親は教義上の問題で仕事を変えなければ入信できないと長老（教団役職者）から言われたため、公務員の仕事を辞めて入信しました。その結果、経済的に困窮し、母親が実家へ「お金を貸してください」と泣きながら電話していた姿が目に焼き付いています。また「伝道しなければ、あなたの隣人は滅びる」と教えられていたため、自分の行動が人の生死に関わるという重圧にずっとさらされていました。

現在、複雑性PTSDとの診断を受けて、精神科デイケアでトラウマ専門のグループ療法とカウンセリングを受けています。人への警戒心の強さと感情調節の難しさが私の特徴としてありますが、これはエホバの証人式の教育によって引き起こされたトラウマだと考えています。どんなに優しい人でも「いつか裏切られるのでは」という警戒心がいつまでもありますし、教義的にふさわしくない感情を表出すると鞭で打たれ、滅ぼされると脅され、感情表出を抑圧された環境で育てられたためだと思うからです。

宗教2世の問題の根は、無条件の愛を注がれず、宗教組織による人権侵害的な教育によって安心安全な人間関係を知らずに育ったために、生きづらさを抱えていることだと考えています。政治や社会がこの問題を見て見ぬふりをしてきたので、私たちは、一部の専門家の助力と、自分たちの自助努力によって生きづらさを乗り越えてきました。宗教による人権侵害を野放しにしたコストを被害者が背負わされるという現状に疑問を感じます。カウンセリング費用の補助など、環境整備が必要です。学校での人権教育で、宗教による人権侵害や、健全な宗教とはどのようなものかについて教えてもらいたいです。そのような教育があれば、人権侵害から早めに逃げてよいと気づくことができたと思います。宗教団体による人権侵害を乗り越えた2世の声に耳を傾け、同じ被害者を作らないために何ができるのか、考えてもらいたいです。

私の友人の転居先まで投票依頼に行った両親

ゆき（創価学会2世）

小さい頃は特に疑問を持つことなく、勤行をしたり、未来部の集会に参加していました。私が住んでいたのは公明党候補者の出馬しない地域でした。それなのに両親は、他県に引っ越した私の友人から届いた年賀状の住所を頼りに、公明党候補者への投票のお願いにその友人宅まで行ったと笑顔で報告されたことは、今でも強く印象に残っています。当時、小学校高学年だった私は、そこまでする両親の姿を想像すると本当に恥ずかしく、友人にもその親にも申し訳ないと思い、初めて親に猛抗議しました。さすがに悪かったと感じてくれたのか、以後、私が学会活動への参加を断っても何も言わなくなりました。仕事と学会活動に忙しい両親は家にいることが少なく、私はよく留守番をしていました。もっとも、私には兄がいたのもあって寂しくはなく、マンガやゲームなども特に制限されませんでした。修学旅行などで初めて鳥居をくぐったり、お賽銭を投げたりしましたが、罪悪感よりも皆と同じ行動をすることを自分の意思で優先しました。学会とは関係のない友人にも恵まれました。そんな状況だったためか、教団に恨みを持つこともありませんでしたし、これからも自分には関係がないものとして距離を置いた状態でいようと考えています。現時点では脱会は考えていませんが、両親が亡くなった後にゆっくり考えようと思っています。

宗教によっては、学校行事への参加やマンガなどの娯楽を禁じられ、進学を否定されるなど、周囲の人との協調性をはぐくみながら生活することを難しくさせられている2世がいるという事実を、大人になって知りました。そのような状況にある人が安心して相談できるような場所が、色々なかたちであればよいなと思います。創価学会に望むのは、人生の大半を創価学会中心に活動してきた両親（特に母親）が亡くなるその日まで失望させることも、子ども世代に信仰を強制するようなことも、昔のような過激で攻撃性を持った団体に戻るようなこともなければよいなということです。

「福子」に生まれた私と「宗教」との距離

天野（創価学会2世）

「福子《ふくし》」として生まれた。これは両親ともに創価学会に入信している子として生まれたことを意味する言葉で、創価学会の子として自ら選んで生まれたともされる。「広宣流布」（法華経および学会の教えを広める）ためなら命を賭すことも辞さないのが福子だと聞いた。もちろん生まれる前に、「あの家は学会だから生まれてやろう」と思った記憶などない。三人兄弟の真ん中なのだが、なぜか自分だけ池田大作会長に命名してもらったらしい。新聞は当然、聖教新聞。母は配達をしていた時期もあったように記憶している。勤行・題目の実践も、幼少期に全部ひらがなで書かれたものを読むことから始めた。それが当たり前で、他とは違うという感覚を持つのはもっと自我が芽生え、学校で集団生活を行うようになってからだ。ただ、学校では一クラスに数名は2世の子がいたので、単に少数派であるとしか思わなかった。一般社会とのギャップは、鳥居の下を潜ってはいけない、クリスマスを祝うことはないといった習慣だった。お山（日蓮正宗大石寺）にも、学会が日蓮正宗から破門された小学生の頃までは何度か行っている。しかし過度の寄付金などによる貧困、迫害や差別といったことは記憶にない。輸血拒否などもなく、山上徹也被告のように切羽詰まった感覚もなかった。

私は浄土真宗系の学校に進学し、その後は宗教と距離を取るようになった。宗教を毛嫌いしていたわけではない。どういうものなのか冷静に考えるようになった。今、あなたの宗教はと問われたなら、私は仏教徒であると答える。無宗教や反宗教ではない。そうなってから、我が家が信じる宗教が他者からどのように見られているのかを知るようになった。いままで2世であるがゆえの辛さについて深く考察したことがなかったが、山上徹也の事件以降は自分の宗教観の曖昧さにも気付かされた。日本では宗教の話はタブーと言われている。そういった世の中を変えていければと思う。

家族を傷つける人が願う「世界平和」の欺瞞

矢野（創価学会3世）

「同じ信仰を持つ人に悪い人はいない」と思い込んでいる信仰者は少なくありません。私の周囲では、祖母や母だけでなく親戚も熱狂的な信者でした。私が、「母から殴られている」「食事ももらえない」と事実を訴えても、「平和を願う仲間がそんなことをするはずがない。あなたが悪いんじゃないの？　お母さんを困らせないでね。他の人にもそういうことを言わないでね」と、話を聞いてもらえませんでした。日本社会では、信仰熱心な家庭は白い目で見られることが少なくありません。私も、同級生から距離を置かれており、そうするよう子どもに言い聞かせていた親たちもいました。私が家に帰るのが怖くて学校に残っていた時に、迎えに来た義父に殴られ流血しているのを見ても、担任の教師は、「家庭の事情でしょう」と見捨てました。今なら、そうした環境から逃げ出すための手段も思い浮かびますが、小学生の私にはそんな知識もなく、逃げ場も助けもないと感じていました。教えの中にある言葉を用いて「魔がついている」「業を背負っている」と後ろ指をさされ、「餓鬼」「畜生」「お前に人権はない」と言われ、小学生の頃から家事全般をさせられました。勉強すら許されませんでした。そうして私は、同級生と比べて知識も学力も何もかもが劣る人間になり、元々あまりなかった自信も底を尽き、自ら「奴隷」であることに納得し始めていました。

このように、宗教が虐待のブースターになるのは、私の場合だけではないと思います。信仰熱心な母は、信仰のためにやっていると自らに言い聞かせることで納得し、罪悪感も覚えなかったのでしょう。私は今、全ての宗教に強い嫌悪感を抱いて生きています。信仰によって盲目になり、同じ信者を過信し、平和を願いながらも身近な人を傷つけるというのは、あまりにも無責任だと思っています。家族を傷つける人が願う「世界平和」とは、何ですか？　地獄を作り出した人間が言う「世界平和」とは、何でしょう？　都合の悪いことには目を向けず、なかったことにする「偽りの平和」なら、確かにそこにありました。

目を背け、勝手に決めつける社会は恐ろしい

佐藤（幸福の科学2世）

立派な職業に就き、教祖様の教えを世界に広める「使命」を持って生まれてきた子だと、周りの大人たちに言われて育ちました。地元では、友人・知人家族に母が宗教勧誘をするため、なかなか友人を作れませんでした。学校行事と宗教活動が重なると、当然のように宗教活動が優先されます。お正月には必ず宗教施設に参拝に行き、私はそこでボランティアをするのが習慣でした。進学について相談したとき、母はこう言いました。「あなたの本心は分かっている。あなたの守護霊が全部教えてくれるの」――。私の守護霊が答える内容は全て「母の望み」であり、私のやりたいこととは正反対のものばかりでした。母との最後の会話の中で、今でも忘れられないせりふがあります。「信仰を捨てれば必ず不幸になる。その時、お母さんのせいにしないよう、ここで誓約書を書け」という言葉です。

　私が脱会を考え始めた頃、「宗教2世」という言葉はまだありませんでした。その頃の私の体験を少し紹介します。就職のための面接では、履歴書の学歴欄から宗教について根掘り葉掘り質問され、「世間知らず」と揶揄されました。縁を切った家族に住所を知られるたび引越しを繰り返し、仕事も変え、金銭的な余裕はありませんでした。警察に相談しても親子喧嘩だと言われ、帰されました。あの頃は、この世の全てがとても憎かった。今はＳＮＳで多くの宗教2世が声を上げていますが、それができるのはＳＮＳだからです。実名で声を上げて助けを求め

ることには大きなリスクを伴う2世も多いはずです。どこに助けを求めればよいのか、私には分かりません。なぜなら、本来その役目を果たすべき政治家たちの中に、特定の宗教団体と繫がっている人が大勢いるからです。社会の無関心・無知が、2世を追い詰めることもあります。知らなかったことは何も悪くありません。ですが、知ろうともせずに決めつけて、自分とは無関係だという人が大勢いる社会は恐ろしい。他人に危害を加えるような2世が、これ以上、出ないでほしいと思います。

教団系高校生の多くが、系列無認可校に進む

是枝堂七（幸福の科学2世）

私の親は、幸福の科学教祖の写真や祭壇などに数百万円を布施してきた。それ以外にも、本棚には一〇〇〇冊以上の教祖の著作がある。教団施設で有料の祈願を受け、教団が映画を作れば何十枚もチケットを買う。裕福ではないのにこの生活ぶりなので家計に響く。私は、教団が作った全寮制の中高一貫校に通った。級友いわく、「最寄りのセブンイレブンへ歩いて片道四〇分」という山奥に位置し、生徒も教師も信者が多い。熱心な「宗教教育」が施された。

卒業後、かなりの数の級友が、教団系列の「ユニバーシティ」という、大学ではない無認可校へ進んだ。東大や早稲田大を蹴って行く人もいた。「日本の「最高学府」」を自認する同校の学園祭では、理系学部一年生の研究成果が紹介されていた。同校上空に現れた「UFO」の映像を解析したとするものや、教祖の講演会で聴衆の手や会場の床に突如出現した「金粉」とされるものを分析したが、金（Au）の発見には至らなかった、といった報告が目を引く。だが、ここでは宗教的思想の是非は措いておくべきだし、それを理由に個々の信者を差別してはならない。むしろ私が気になるのは、2世が歩むキャリアだ。中高一貫校の進路指導は、「ユニバーシティ推奨」に偏っていたと感じる。内部での進路指導の文書には、「ユニバーシティに（…）合格することを中

心に指導」する、東大など難関大進学の指導は「併せて行」う、という方針が明記されているくらいだ。通常の大学に行くことが、まるで添え物であるかのような書き方だ。文科省が認可した公教育の場で、このようなことが起きている。ユニバーシティを卒業した学生の約四割が、幸福の科学グループの職員となる。「真理企業」と呼ばれる、信者が経営する教団外企業に進む者も多いと聞く。高卒で、実質四年間のブランクがあるような経歴は、ハンディになりうるのではないか。彼ら彼女らのキャリア形成を支援する施策が必要かもしれない。

2世が気づいた、親と教団の抱える問題

大黒雅成（幸福の科学2世）

私は「洗脳」が解けた2世だ。教団職員だった。待遇も恵まれていた。友人たちや恋人のおかげで教団の中枢にも触れられた。しかし、違和感が蓄積していた。公式発表と実態、教義と現実とがあまりにかけ離れていたからだ。自分が暮らす「幸福の科学帝国」の全員が、表面上は自信満々に信仰しているようだった。批判する者は事実上、「悪魔」であるかのように扱われる。信者向けの教義と中枢の論理はちがった。言ってみれば、作者に問題があっても彼の作品に罪はなく、アイドルの醜聞を揉み消すのはむしろお客様への優しさだ、そんな感覚だった。

「洗脳」が解けるキッカケは、大川隆法が私の嘘を見抜けなかったことだった。私の虚偽の報告が、総裁への報告書で偶然使われ、彼は説法の中で自慢げに話していた。その頃から、二重スパイのように恐る恐る教団の実態を探り始めた。そして、彼が〝裸の王様〟だと確信するにいたった。

「宗教2世」問題は、「毒親」問題だ。私も含めて、2世は親が問題のある宗教にハマらなければ別の人生があったはずだと夢見る。しかし、大麻を禁止しても酒に溺れるだけだ。我々は、親の愚かさを痛いほど知っている。陰謀論やオカルト、疑似科学医療、自己啓発なども大好きだ。大川隆法はそれを熟知し

ていたのではないか。

最後に明るい話をしたい。これは先端研究で示唆されている未来予測だ。私は、ＡＩ関係を専門に仕事をしている。近年、ＡＩが少しずつ宗教の代替物になり始めている。ＡＩは、口のうまい魔法の頭脳だ。教祖の話術やテクニックを教え込むこともできる。ＡＩを「カルト」信者の言動でファインチューニングすることができ、問題性を薄めた「宗教」を作れる。ＳＮＳや動画サイトでそれをばら撒き、ある種の「免疫」をつけさせるのだ。実証はこれからだが、テクノロジーはカルト問題も変えていくはずだ。この問題が過去の話になると信じている。

子どもや家庭よりも宗教活動を優先させた親

匿名（幸福の科学2世）

私は幸福の科学の2世であり、現在三〇代です。幸福の科学が家族に与えた影響は、私が子どもの頃から感じていました。特に二〇〇〇年代以降、実際の信者数に見合わない拡大路線が加速してから、明らかに家庭が疲弊しています。教団施設の建設ラッシュ、高額の宗教グッズや祈願・研修の乱発、映画の量産、教団の政界進出、法話・霊言の乱発、大量の書籍の出版、霊園や中学・高校・大学（大学は文科省により不認可）の建設などに伴い、親が無理をして「植福《しょくふく》（お布施）」や政治活動、支部活動をせざるを得ない状況が続きました。家庭や人づき合いはなおざりで、家計は常に火の車。私の従兄弟の結婚式をドタキャンし、私の祖父の香典代すら私に頼るなど、親は明らかにおかしくなっていました。このように親が子どもや家庭よりも宗教活動を優先することが、私にとって何より辛いことでした。私自身も教義に精神を呪縛されており、柔軟な思考を放棄していました。そのことは今も尾を引いています。

幸福の科学については、教祖の霊言や講演会での派手な衣装、教祖家庭のスキャンダルばかりが注目を集める一方で、末端信者の宗教被害に対する世間の関心は依然として低いままと言わざるを得ません。

しかし、最近はSNSで声を上げる元信者や2世が少しずつ増えてきており、私よりも悲惨な体験をしている多くの被害者の声が、より一層すくい上げられることを望んでいます。また、大川隆法は社会と相入れない主張をすることが多く、例えば最近では、マスクもコロナワクチンも不要だと主張していました。信者はそれに従うので、ますます世間との隔たりを深めることになり、健康面でもリスクを高めてしまいました。もし2世がワクチン接種を希望しても、信者の親の下では困難だと想像できます。教祖亡き後の教団には、現実的で倫理的な言動を求めたいですし、このような教団の実態が、社会に広く認知されることを希望します。

「信教の自由」が自分にはないことに絶望

nini（真如苑2世）

私は、真如苑の熱心な信者である母の下に生まれ、退会するまでの二〇年以上にわたり、信仰を強要されてきました。母の宗教活動についていくだけで、真面目に活動はしておらず、「真如苑の教えを信じてはいるけど、他のことに時間を使いたいな」と思いながら子ども時代を過ごしました。大学生のとき、真如苑に通っていることを恋人に知られて強く非難され、ショックを受けました。それがきっかけで、真如苑についてインターネットで調べるうちに、信心は完全になくなりました。母の宗教活動を放置している父に「辞めたい」と相談したこともありましたが、経済的に自立するまでは、母の活動につきあってあげるよう言われました。そのとき、誰でも持っているはずの「信教の自由」が、なぜか自分にはないことに絶望しました。同時期に、同年代の信者限定の行事に参加させられ、皆が楽しそうに真如苑について話しているのを見て、「この人たちとは思想が違いすぎる、頭が変になりそうだ」と感じたのを覚えています。

たまたま生まれた家で、信じなければならない宗教が決まり、思想を強制されるのは辛いことでした。

この辛さはカルトであるか否か、体罰があるか否かなどとは関係なく、そもそも人権侵害だと思います。そのため、年齢の低い子どもを強制的に入信させる行為を、社会で規制してもらいたいという気持ちが強いです。私の場合、最終的には両親を説得して自分だけ退会し、現在も信仰している母とは良好な関係を継続できていますが、こうしたケースは稀だと思います。本当は仲良くしたかった親と、宗教が原因で絶縁せざるを得ない状況になり、精神的・経済的に苦しむ宗教2世が救われるようなセーフティネットが必要だと考えています。そして、真如苑の2世の中には、「接心」と呼ばれる修行で霊能者から言われる霊言を絶対視する親に、進路や就職先、結婚相手などを強制されてしまう方もいました。そういった方々が救われ、今後出ないような教団になっていってほしいです。

社会の側が変わらなければ解決は遠のく

まひろ（オウム真理教2世）

私は四〇代の女性で、オウム真理教の元2世信者です。親族が熱心な信者で、母を勧誘したのが入信のきっかけです。一九九五年の地下鉄サリン事件当時は、施設内で隔離された出家生活を送っていました。未成年の時から大人同様の過酷な修行や教義の勉強を課せられ、進学・就職・結婚などはあきらめ、早くこの穢れた現世から離れなくてはいけない、すなわち死ぬことを考えるようになっていました。強制捜査後は家に戻りました。父や親族から見放され、警察機関の執拗な来訪や付きまといにより母は満足に働くこともできず、生活が立ち行かない時期がありました。マスコミによるバッシングや周囲からの壮絶な差別を見聞きし、私は精神を壊し自死が頭をよぎるようになり、藁をもすがる思いでオウムに戻ってしまいました。警察から身を隠さなければ生活が立ち行かない状況で、国や行政に頼ることは一切できなかったのです。社会は「オウム」という名の下で、1世の親とともにその子どもを透明な存在にし、切り捨てたのです。この時期に支援があれば、私の人生も変わっていたのではないかと思うと悔しく、また当時は社会を恨んでいました。

この問題で真っ先に対応が必要なのは、弱者である子どもたちです。そして、成人後も苦しんでいるのに見過ごされてきた2世たちへの支援も訴えたいです。特に精神的支援、カウンセリングの必要性があると考えています。宗教被害にも対応できる支援者の育成を、政府主導で取り組んでもらいたい。そして、宗教団体に過去・現在、在籍していた（いる）者への差別や偏見がある現代社会のあり方を変えてゆかねば、この問題の解決は遠のきます。教団の幹部たちが当時と同じままなら、選民意識のかたまりでしょう。教団側も変わらなければいけませんが、彼らは思い悩み、生きづらさから宗教に辿り着いた被害者としての側面もあることを世間には知っていただきたい。ただ排除するのでは問題は解決しません。そのため、「社会の見る目」を変える必要があると、当事者の私は訴えます。差別されればされるほど、私たちは身を隠し、深く潜ってゆくのです。

陰謀論動画で「洗脳」された母

匿名

陰謀論による被害は、二〇二〇年アメリカ大統領選の頃から始まりました。「バイデンは偽者だ！不正選挙だ！」。「ディープステート」「レプテリアン」という聞きなれない単語。そして、「芸能人や政治家はみんなゴム人間だ！」「トランプがディープステートから子どもを助けている！」と意味不明なことを唐突に母が言うようになりました。特につらかったのは、コロナの流行やワクチン接種が、人口削減を目指す組織などによる陰謀だといった話です。母はワクチンを打たないと宣言し、私にも絶対打つなと言いました。命に関わる問題です。

デマ情報の出どころは全部、ＹｏｕＴｕｂｅです。

母は初め、イチベイというインフルエンサーの動画を見始め、やがてジョウスターやあおみえりといったインフルエンサーの動画も見るようになりました。それらを見た母は、荒唐無稽な陰謀論のデマを連日、私に向かって口走り、LINEでも、関連動画を次々と送ってきます。実の親が「洗脳」される恐怖と苦悩は、これまでの人生で味わったことのないものでした。陰謀論インフルエンサーたちは、イベントや健康グッズ販売、寄付集めなどで、何かとお金を取ります。母が金銭被害を受けないようにするために私は口出しせざるを得ず、それが口論の原因になっています。たとえば、二五〇万円の「テスラ缶」という健康器具が「癌に効く」「脳が修復される」「若返る」「髪が生える」「歯が再生する」、などと言って販売されていました。薬機法違反や詐欺ではないかと思えるのですが、摘発されていません。命に関わるコロナやワクチンに関するデマが書かれた書籍が、一般の大型書店にも並んでいます。イチベイはワクチン接種を妨害するため接種会場に侵入した罪で有罪判決を受けましたが、自身のデマについては何の責任も追及されていません。執行猶予中の現在もSNSでデマを流し、陰謀論ビジネスで金を稼いでいます。こうした人たちを抑止する仕組みを、社会の中に作ってほしいです。

陰謀論を信じる母、「否定せず」はしんどい

つゆり

私の育った家には、特別な教えのようなものはありませんでした。母はスピリチュアルとオカルトと自然派の人でしたが、過剰にのめりこむわけでもなく、家族にとって「少し気味の悪い趣味」でしかありませんでした。私自身も嫌いではなかったので、そういうイベントに付き合ったこともあります。

新型コロナウイルスとワクチンの話が具体的に聞こえ始めた頃、母がワクチン陰謀論に傾倒するようになりました。常にスマホを見ていて、「ワクチン危険。人口削減計画だ」という内容のブログや動画

のリンクを送ってくるようになりました。母自身もその内容をきちんと理解しておらず、何を伝えたいのかさえ整理できていないようでした。事実誤認や矛盾を指摘しても、「情報提供をしているだけ」「隠蔽されている」と言うばかりで会話になりません。他の部分は今まで通りなのに、その話題の時だけ見せる異様な様子は、何かに取り憑かれたようでした。求め続けた「知らなかった本当のこと」を手に入れた気分だったのかもしれません。

科学的な説明が無意味なことは、それまでの経験からわかっていました。ただ、対処法としてよく言われる「否定しないこと」は、同居家族としてはとても難しいことでした。自分や家族の感染時リスクを軽減するためのワクチン接種はあきらめ、知らない人みたいな表情で話す母の荒唐無稽な話や迷惑な行動を否定せず許容し続ける、ということを続けるのはかなりしんどいし、リスクもあることです。かといって、否定しても無意味か逆効果なので、「(少なくともその話は)避ける」というところに行き着いてしまい、そのこと自体が拒絶や否定のメッセージになってしまいます。少し経つと母は表面上は静かになって、今のところ大きな問題は起きていません。しかし、それは単に母が過激な行動に出ず、ほかの家族が自分で情報収集することができ、自由に行動できる大人だったからに過ぎないのかもしれません。

おわりに

塚田穂高・鈴木エイト・藤倉善郎

全二五章にわたり、「宗教2世」問題を検討してきた。全体を簡単に振り返っておく。

第Ⅰ部では、「分析・対策編」として、「はじめに」で示された「宗教2世」問題の、①性質・範囲、②構造・背景、③解決の方途、を各分野の専門家が分析・解明した。

「宗教2世」は数多いが、本書はその「問題」の側面に着目するものだ。その社会問題化の背景には、日本の宗教状況・教団構造の変化、メディア環境の変化、虐待や家族問題、当事者主義についての社会認識の進展などがある（→第1章）。他方、この問題は急に湧いて出たのではなく、「カルト問題」の諸事件などのなかに陸続として蓄積されていたものだった（→第2章）。

日本の全体的な宗教状況のみならず、個別の教団のあり方が「2世」問題を大きく規定する。「宗教2世」問題の例として挙がることの多い、統一教会（→第3・4章）、エホバの証人（→第5章）、創価学会（→第6章）の事例分析からは、これらが教義の特性面も含む、それぞれの教団内的要因に大きく左右される構造的な問題であることが示された。

では、眼前に広がる実際の人権侵害や社会問題にどのようにアプローチするか。すでに同種の問題への対応が取られているフランスの例は大いに参考になる（→第7章）。子どもを含む「弱者を守る」理念に裏打ちされたセクト規制法。日本ではどうだろうかと考えさせられる。

「宗教2世」問題の解決や予防のための具体的な道すじはいくつもある（→第8章）。法の不備や行政・捜査・政治の不作為により、苦しむ人が苦しみ続けないために、具体的方策が必要だ。その点で、政治はどう向き合うべきか。そして、統一教会問題の対策・対応に実際どう動いたか（→第9章）。「フルスペックのカルト対策」の実現のために歩みを進めなくてはならない。

「宗教2世」問題の社会的理解や浸透のためには、メディアの果たす役割が重大だ（→第10章）。これまでのよい例・悪い例、それぞれから教訓となることは多い。

問題を抱える「宗教2世」当事者らをどう支援するか。すでにいくつものケースを支援してきた社会福祉士は、支援の内容は他のケースと基本的に変わらないと強調し、周囲も含めて、できることを具体的に示す（→第11章）。幅広いカウンセリングを蓄積してきた臨床心理士・公認心理師は、「宗教2世」問題とアダルト・チルドレン問題との連続性を指摘し、「当事者先行」の専門家のあり方を示す（→第12章）。

第Ⅱ部は、「当事者・実践編」として、「はじめに」で示した④当事者の実態を明らかにすべく、多様な当事者・関係者の声と実践を集め、紹介した。

創価学会（↓第13・14章）、エホバの証人（↓第15・16・17章）、統一教会（↓第18・19章）と、教団ごとの特性もある一方、2世の体験の共通性もやはり認められる（↓第20・25章）。それはまず、幼少期からの教団と家庭における信仰の「強制」であり、抜け出すことの困難さである。そしてもう一方で、教団外社会の冷たさ、よるべなさである。2世の多くは、そのはざまを生きている。

他方、当事者の多様な取り組みにも圧倒される。マンガ（↓第13章）、詩（↓第15章）などは、当事者にとって表現行為が持つ意味が重く、ある種のセラピーになっているのではとも感じる。自助グループ、ピアサポート活動、ホットラインなどの活動の独創性とメディア活用の力にも驚く（↓第16・17・19章）。文筆や新たな仕事（↓第14章）、ケアワーク（↓第18章）、報道（↓第20章）なども、2世の「生」を支えるものだ。彼ら・彼女らは、いずれも「問題」と過去の体験に向き合いながら、それぞれの生きる道を力強く歩み続けている。当事者だからこそ、できることがあるのだ。

オウム真理教にも子どもをめぐる問題が色濃くあったこと（↓第21章）、親が陰謀論に傾倒した二例（↓第25章）などからは、あらためて問題の広がりを確認できるだろう。

仏教界のお寺の跡継ぎ問題は、一般信徒というよりは宗教者の問題で、進路・職業・結婚選択の自由の制限を伴いがちだ（↓第22章）。その点は、キリスト教の牧師の子ども問題も近い（↓第23章）。ただし、一般のクリスチャン2世が抱える苦悩のケースも見逃せない。いずれにしても、「宗教2世」問題は伝統宗教には関係ないとはとても言えないのだ。イスラームの「2世」の場合は、むしろゼノフォビア（外国人嫌悪）の側面が色濃い（↓第24章）。もっともそれも、マイノリティの子どもをめぐる問題であることに変わりはないだろう。

あらためて、「宗教2世」問題にどう向き合うか——。

宗教の問題としては、個別の教団に自浄能力がどれほどあるかという問題はあるが、宗教の公共性が問われているということだ。裏を返せば、安易な政治的・行政的な統制強化には慎重であるべきだが、社会の側がどこまでを「宗教」の社会的行為（布教・教化・献金など）における許容範囲と考えるかを突きつけることだ。そのコンセンサスづくりが必要だと思う。

家族の問題としては、個々の事情に還元するのではなく、介入や支援、福祉の枠組みを充実させることだろう。児童虐待防止法の改定や新法の検討なども重要だ（→第8・9章）。

社会の問題としては、二つの側面がある。一つは、既述のように、法や制度の整備である。フランスのセクト規制法のように社会的行為を問う法を考えるか、あるいは理念法や対策基本法のようなものを考える時ではないか。もう一つは、「宗教2世」問題が、社会の偏見から生み出される面である。主に教育や啓発の側面が重要だが、その改善は簡単ではない。だからこそ、この問題を知ることがまず大切だということを、本書は示してきた。

もちろん、本書の議論のみでこの放置されてきた根深い問題がただちに解決となるわけはない。だが、ヒントやポイントは随所で示されてきた。それを知った読者諸賢は、視野や考え、行動に必ず変化が生じるはずだ。それが社会をきっと動かしていくと思う。

あとがき

なんとしてでも社会に届けなければならない――。

そんな思いで編んだ一冊だ。二〇二二年の夏以降、「宗教2世」問題がようやく社会的に広く知られていくなかで、不安と不満がつのった。もっとこの問題の性質や広がりを、構造的・歴史的・横断的に示す必要があるのではないか。やらなければ、と思った。だが、ひとりではできない。この問題を以前から追ってきたエイトさんと藤倉さんにまず相談し、構想をかためた。その企画を、拙編著『徹底検証 日本の右傾化』（筑摩選書、二〇一七年）にて御世話になった筑摩書房の編集者・石島裕之さんに持ち込んだところ、「ぜひやりましょう」と言ってくださった。同年八月のことだ。

しかし、そこからが苦労の連続だった。なかなか進まない。足並みが揃わない。拙速かつ粗雑なものを出してはならないが、悠長なことを言ってもいられない。心が折れかけた。だがそんな時には、これまで出会った2世の方々の顔や言葉、苦悩を思い起こした。気を引き締め直し、積み上げ、ようやくここまで来た。覚悟を持って、世に問いたい。

執筆者は四〇名以上にのぼった。みなこの企画の意義を感じてくれて、御快諾いただいた。まずは御礼を申し上げたい。編集の石島さんには多大なる御迷惑と御苦労をおかけしたが、最後までともに走ってくださった。深謝申し上げる。この問題に向き合うすべての仲間たちに支えられて、この本は成り立っている。

「宗教2世」問題は人権問題であり、社会問題である。また、子を育てること、人に教えること、文化や価値を伝えること、他者を尊重すること、などがあらためて問われる問題でもある。他人事ではない。

この本が、悩み苦しむ「宗教2世」当事者、必要とするすべての人びとに届くことを願ってやまない。問題との闘いはまだ始まったばかりだ。稿は閉じるが、取り組みは続く。

編者を代表して　塚田 穂高

信田さよ子　1946年生まれ。原宿カウンセリングセンター顧問。日本公認心理師協会会長、臨床心理士。お茶の水女子大学大学院修士課程修了。著書に『家族と国家は共謀する』（角川新書）、『アダルト・チルドレン』（学芸みらい社）など多数。

藤田庄市　1947年生まれ。フォトジャーナリスト。著書に『オウム真理教事件』（朝日新聞社）、『宗教事件の内側』（岩波書店）、『カルト宗教事件の深層』（春秋社）ほか多数。

正木伸城　1981年生まれ。文筆家、マーケター、フリーランス広報。創価学会2世（厳密には祖父の代からの学会家庭のため、創価学会3世にあたる）、著書に『宗教2世サバイバルガイド』（ダイヤモンド社）。

松田彩絵　1989年生まれ。LETS仙台所長、社会福祉士。

松谷信司　1976年生まれ。キリスト新聞社代表取締役、『キリスト新聞』編集長。クリスチャンホーム生まれの宗教2世。著書に『キリスト教のリアル』（ポプラ社）、『宗教改革2.0へ』（ころから）。

もの　1985年生まれ。医療ソーシャルワーカー。統一教会元祝福2世。

山口瑞穂　佛教大学総合研究所特別研究員。著書に『近現代日本とエホバの証人』（法藏館）。

横道誠　1979年生まれ。京都府立大学准教授。元エホバの証人2世。編著に『みんなの宗教2世問題』（晶文社）、『信仰から解放されない子どもたち』（明石書店）がある。

＊第25章「だから、いま、語りたい」に寄稿された方々は、本欄には含まれません。

執筆者紹介（50音順、編著者は奥付を参照）

iidabii　1990年生まれ。詩人。元エホバの証人2世。全曲、宗教2世問題をテーマにしたアルバム、iidabii feat.Buts『地獄に生まれたあなたへ』を2021年にリリース。

石垣のりこ　1974年生まれ。98年、エフエム仙台入社。2019年より、参議院議員（宮城選挙区選出）。主に農業や東日本大震災からの復興政策、消費税制の問題などに取り組む。

猪瀬優理　1974年生まれ。龍谷大学教員。著書に『信仰はどのように継承されるか』（北海道大学出版会）。

金塚オーバン彩乃　1978年生まれ。弁護士（日本・フランス）。共著に『フランス憲法と社会』（法律文化社）、『グローバル化のなかで考える憲法』（弘文堂）等。

菊池真理子　1972年生まれ。漫画家。創価学会2世。著書に『「神様」のいる家で育ちました』（文藝春秋）等。

紀藤正樹　1960年生まれ。弁護士。消費者庁「霊感商法等の悪質商法への対策検討会」委員、全国統一教会（世界平和統一家庭連合）被害対策弁護団副団長等。著書に『カルト宗教』『決定版　マインド・コントロール』（いずれもアスコム）等多数。

郷路征記　1943年生まれ。弁護士。著書に『統一協会マインド・コントロールのすべて』（花伝社）等。

越高陽介　1985年生まれ。『週刊仏教タイムス』記者。政教関係、宗教と動物の関わり、宗教漫画などに特に関心を持つ。

ちざわりん　1974年生まれ。「一般社団法人 宗教2世支援センター 陽だまり」所属、公認心理師・社会福祉士。共著に『信仰から解放されない子どもたち』（明石書店）。

Tea　1978年生まれ。米国の生物医学研究所にて研究助教授を務める。統一教会2世。

匿名2世　報道系の仕事に従事。

永岡英子　1948年生まれ。オウム真理教家族の会（旧称、オウム真理教被害者の会）。

永岡弘行　1938年生まれ。オウム真理教家族の会（旧称、オウム真理教被害者の会）。

西田今日子　1971年生まれ。東京ジャーミイ職員。共訳書に『クルアーン 日本語読解』（東京ジャーミイ出版会）。

塚田穂高（つかだ・ほたか）
1980年生。上越教育大学大学院准教授。専門は宗教社会学。日本の新宗教運動、宗教と政治、政教分離問題、カルト問題、宗教教育などの研究に取り組む。単著に『宗教と政治の転轍点』（花伝社）、編著に『徹底検証 日本の右傾化』（筑摩選書）、共編著に『宗教と社会のフロンティア』（勁草書房）など。

鈴木エイト（すずき・えいと）
1968年生。ジャーナリスト。『やや日刊カルト新聞』主筆。単著に『「山上徹也」とは何者だったのか』（講談社＋α新書）、『自民党の統一教会汚染　追跡3000日』『自民党の統一教会汚染2 山上徹也からの伝言』（ともに小学館）、共著に『徹底検証 日本の右傾化』（筑摩選書）、『統一教会 何が問題なのか』（文春新書）、『自民党という絶望』（宝島社新書）、『日本を壊した安倍政権』（扶桑社）、『カルト・オカルト 忍びよるトンデモの正体』（あけび書房）など。

藤倉善郎（ふじくら・よしろう）
1974年生。ジャーナリスト。『やや日刊カルト新聞』主宰。単著に『「カルト宗教」取材したらこうだった』（宝島社新書）、共著に『徹底検証 日本の右傾化』（筑摩選書）、『2ちゃん化する世界――匿名掲示板文化と社会運動』（新曜社）など。

だから知《し》ってほしい「宗教《しゅうきょう》2《に》世《せい》」問題《もんだい》
二〇二三年八月三〇日　初版第一刷発行

編著者　塚田穂高　鈴木エイト　藤倉善郎
装　丁　古屋郁美
装　画　狩野岳朗
発行者　喜入冬子
発行所　株式会社筑摩書房
〒一一一-八七五五
東京都台東区蔵前二-五-三
電話番号　〇三-五六八七-二六〇一（代表）

印刷・製本　中央精版印刷株式会社

Printed in Japan
ISBN978-4-480-84330-2 C0036